Afiaith yng Ngwent

Afiaith yng Ngwent

Hanes Cymdeithas Cymreigyddion y Fenni 1833~1854

Mair Elvet Thomas

Caerdydd
Gwasg Prifysgol Cymru
1978

British Library Cataloguing in Publication Data
Thomas, Mair Elvet
Afiaith yng Ngwent.
1. Cymdeithas Cymreigyddion Y Fenni — History
I. Title
491.6'6'06242998   PB2101

ISBN 0-7083-0685-3

Cysodwyd gan Afal
Argraffwyd gan South Western Printers, Cyf., Caerffili

I
Elvet
Ac er cof am fy rhieni,
Y Parchedig R. T. Gregory
ac
Elizabeth Gwen Gregory

Cynnwys

Rhagair

Mwynglawdd o wybodaeth sydd yma am Gymdeithas Cymreigyddion fwyaf nodedig ail chwarter y ganrif ddiwethaf. Mae'n rhyfeddod mai yng Ngwent y ffynnodd. Cynhaliodd ddeg o Eisteddfodau, y mwyafrif ohonynt yn rhai rhwysgfawr, a daeth iddynt enwogion o bell ac agos — y Llydawr ifanc la Villemarqúe yn eu plith — yn ogystal â Chymry llengar a cherddgar y cyfnod. Ond gwaith fferyllydd o Ferthyr Tudful, Thomas Stephens, oedd ei chynnyrch pwysicaf er i ysgolheigion o'r Almaen gipio gwobrau gwerthfawr. Ym mhanorama'r Gymdeithas gwelwn mor bwysig fu cyfraniad pobl fel Carnhuanawc, Syr Charles Morgan, Tredegyr, y Chevalier Bunsen, yr Arglwyddes Greenly, Maria Jane Williams, a Gwenynen Gwent (Arglwyddes Llanofer) i greu'r afiaith na bu ei debyg na chynt na chwedyn yng Ngwent, beth bynnag am Gymru.

Dyma'r tro cyntaf i hanes Cymdeithas o'i bath hi gael ei gofnodi mor fanwl.

Hoffwn ddiolch yn gynnes iawn i nifer o bobl am eu cymorth a'u serchowgrwydd i mi wrth baratoi'r llyfr hwn. Diolchaf yn arbennig i'r Dr. R. Brinley Jones ac i Mr. John Rhys am eu cyngor a'u gwrandawiad parod; i Mr. Alun Treharne am ei amynedd bob amser ac am ei waith yn llywio'r cyfan mor ofalus trwy'r wasg; i Mr. J. Brynmor Jones, Llyfrgellydd Cymraeg Llyfrgell Dinas Caerdydd, am ddod o hyd i bopeth y gofynnwn amdano a mwy; i Mr. David Jenkins, Llyfrgellydd y Llyfrgell Genedlaethol, a'i Staff am nifer helaeth o ddarluniau ac i Mr. Niclas Walker, Llyfrgell Amgueddfa Werin Sain Ffagan, am ddod o hyd i ddau ddarlun; ac i'r Dr. Brinley Jones, eto am y llun o benddelw Carnhuanawc sydd yng Ngholeg Llanymddyfri. Hoffwn, hefyd, dalu teyrnged i goffadwriaeth yr Athro Griffith John Williams a fu mor barod ei arweiniad pan oeddwn yn casglu deunydd ymchwil; ac i goffadwriaeth fy rhieni a fu mor hir-ymarhous.

A diolch i'm priod am fy helpu gyda'r proflenni ac am lawer awgrym derbyniol a defnyddiol.

Pennod 1

Hanes Cymdeithas Cymreigyddion y Fenni

Un o'r llcoedd y profwyd yr afiaith Cymraeg a Chymreig mwyaf gwefreiddiol a rhamantus ynddo yn y ganrif ddiwethaf ydoedd ardal y Fenni yng Ngwent. Am bron un mlynedd ar hugain, yn ail chwarter y ganrif, fe ffynnai Cymdeithas Gymraeg yno na welwyd ei thebyg na chynt na chwedyn yn hanes Cymru. Fe'i cychwynnwyd hi gan ryw ddau ddwsin o ddynion y cylch 'er coleddu yr iaith Gymraeg'. Ni freuddwydiodd yr un ohonynt eu bod y nos honno yn rhoi cychwyn i fudiad a barai'r fath afiaith yng Ngwent trwy gyfrwng ei Heisteddfodau, ac a fyddai'n hybu ysgolheictod ac yn peri adfywiad llenyddol yng Nghymru. Cysylltir y Gymdeithas â chlerigwyr, boneddigion, gwŷr busnes a dynion cyffredin, rhai ohonynt yn amlwg yn ei holl weithrediadau hi. Tyrrai cannoedd, yn wir miloedd, i'r Fenni i weld ac i glywed areithwyr o bell ac agos, beirdd, datgeiniaid a thelynorion, i wylio'r gorymdeithiau lliwgar ac i fod yn rhan ohonynt, i groesawu dieithriaid tramor ac i ddangos eu boddhad a'u llawenydd mewn hwyl ac asbri a chymeradwyaeth i'w rhyfeddu. Wrth y llyw yr oedd eneidiau dethol na ellir esbonio'u dyfod ynghyd mewn un ardal ar yr un adeg hon oddieithr trwy ddweud ei fod yn rhagluniaethol. Tri oeddynt — Caradawc (Thomas Bevan), hynafiaethydd, masnachwr, trefnydd heb ei ail, ysgrifennydd cyntaf y Gymdeithas; Carnhuanawc (y Parch. Thomas Price), clerigwr, hanesydd, areithiwr huawdl, gŵr hirben a oedd yn ymwybodol iawn o'r diddordeb cynyddol ar y Cyfandir yn hanes a llên ac ieithoedd y Celtiaid ac a barodd dywys y Gymdeithas i ddewis testunau pwysicaf ei Heisteddfodau i adlewyrchu hynny; a Gwenynen Gwent (Arglwyddes Llanofer), y wraig ryfeddol honno na ellir mesur ei dylanwad ar uchelwyr a boneddigion Deddwyrain Cymru yn arbennig, a'i gallu i'w denu i ddod yn haid i'r Eisteddfodau i'w cefnogi â'u presenoldeb ac â'u harian.

Bu gan y Gymdeithas bedwar ysgrifennydd, ac er mwyn hwylustod, nid am unrhyw reswm arall, rhennir y bennod hon i gyfnodau eu hysgrifenyddiaeth.

CYFNOD 1

Thomas Bevan (Caradawc) o'r cychwyn hyd Ddydd Gŵyl Ddewi, 1839.

Sefydlwyd y Gymdeithas 'yn Nhŷ Mr. Ioan Michell, yn arwydd yr Haul yn y Fenni' nos Wener, Tachwedd 22, 1833. Yr oedd tua dau ddwsin yn bresennol, 'Boneddigion', 'rhai o bleidwyr yr hen Iaith Gymraeg' o'r Fenni a'r gymdogaeth. Credent

y buasau Cymdeithas Cymmreigyddawl o fuddioldeb nid yn unig i drigolion y *Dref* ond hefyd i breswylwyr ymylon mynyddau *Mynwy.*

1

Carnhuanawc: y Parch Thomas Price
1787-1848

Wedi ychydig o ymddiddan ar y mater o'i sefydlu

cytunwyd i gynnal cyfarfod paratöawl idd y perwyl o ymholi yn ei gylch, a Sefydlu cymdeithas or cyfryw natur.

Aethpwyd ymlaen ar unwaith i ethol swyddogion — y Parch. John Evans, 'Periglor Llanover', yn Llywydd; William Price, Yswain, 'Cyfreithiwr yn y Fenni', yn Rhaglywydd; Mr. T. E. Watkins, Blaenafon (Eiddil Ifor), yn Fardd; Mr. Thomas Bevan (Caradawc), Llanwenarth, yn Ysgrifennydd; y Parch. Thomas Price, 'Periglor Cwmdû â Llangatwg Brycheiniawg', sef Carnhuanawc, yn Ohebydd. Mor amlwg ydyw enwau T. E. Watkins a Thomas Bevan yn holl weithrediadau'r cyfarfod hwn fel y gellir casglu'n ddigon sicr mai hwy, ill dau, ac nid neb arall oedd yn bennaf gyfrifol am alw'r 'boneddigion' ynghyd.

Nid oedd Carnhuanawc yn bresennol canys cadwyd llythyr oddi wrtho yn ymddiheuro am na fedrai ddod. Hollol amlwg ydyw mai ei wahodd yno a gafodd. Ond pwysicach yw'r hyn a ddywedir gan Garnhuanawc wrth y Gymdeithas newydd. Dyry bwyslais ar yr hyn y dylai ei hamcanion fod, sef coleddu'r iaith Gymraeg a chynnal gwladgarwch. Mae'n cymell y Gymdeithas i geisio cael cydweithrediad yr holl Gymdeithasau 'Cymroaidd' eraill i drefnu ffordd i blant Cymru gael eu haddysg trwy gyfrwng y Gymraeg yn yr ysgolion dyddiol yn ogystal ag yn yr ysgolion Sul. Oni wnâi'r Cymdeithasau Cymraeg hyn nid oedd iddynt ddiben. Mor llawen oedd y cwmni i dderbyn gair gan Garnhuanawc fel y rhoddwyd ei enw ef gyntaf ar y rhestr aelodau. Yr oedd parch ac edmygedd cyffredinol tuag at y gŵr hoffus hwn.

Yn yr ail gyfarfod ym mhen pum niwrnod cadarnhawyd holl weithrediadau'r cyfarfod cyntaf. Etholwyd Llyfrgellydd a mynegodd yr Ysgrifennydd y bwriadai roi copi o Eiriadur Mawr Pughe i'r Gymdeithas. Yr oedd Carnhuanawc yno'r tro hwn. Daeth â neges oddi wrth Wenynen Gwent, a'i mam (Mrs. Waddington) a'i gŵr, Benjamin Hall, yn mynegi eu dymuniad i ddod yn aelodau, a rhoddwyd y rhifau 31, 32, 30 iddynt. Calonogwyd pawb yn ddirfawr a derbyniwyd y tri gyda brwdfrydedd a llawenydd. Ym mhen pythefnos cawn yr Arglwyddes Coffin Greenly, Llys Titley, Sir Henffordd, mewn llythyr Cymraeg cymeradwy iawn, yn ateb un a dderbyniodd oddi wrth y Llywydd, yn mynegi ei hawydd hithau i ddod yn aelod. Wrth ochr ei henw hi mae'r rhif 41. Cafodd y Llywydd a'r Ysgrifennydd yn awr eu 'hawdurdodi' i ddanfon llythyrau at foneddigion eraill 'er eu hanerch i ddyfod yn Aelodau'. Gwahoddwyd myfyrwyr Athrofa'r Bedyddwyr yn y Fenni i ddod i berthyn, a hynny'n ddi-dâl, ond er mawr 'anfodlonrwydd' gwrthwynebwyd hynny gan y prifathro, y Parch. Micah Thomas.

Ar y dechrau ni weithredai'r Gymdeithas newydd yn wahanol ei phatrwm i Gymdeithasau Cymraeg eraill o'i bath. Ceid trafodaeth ym mhob cyfarfod ar fusnes y Gymdeithas, yna ddadl ar ryw bwnc cymdeithasol neu foesol ynghyd ag araith ambell dro ar ryw bwnc cyfamserol. Gellir casglu oddi wrth y ffigurau a roir mai rhwng ugain a hanner cant a fynychai'r cyfarfodydd ar y dechrau ac nid oedd dal pa un a fyddent bob pythefnos ynteu bob mis. Erbyn y nawfed cyfarfod (Chwefror 19, 1834) yr oedd gan y Gymdeithas 75 aelod a'r nos honno yr oedd deugain ohonynt yn bresennol.

Sonnir yng nghofnodion y trydydd cyfarfod (Rhagfyr 11) i'r Rheolau gael eu darllen. Rhaid troi i'r *Gweithrediadau* amdanynt. Dyma'r gyntaf:

Bod i'r Gymdeithas gymmeryd yr enw o "Gymdeithas Gymmreigyddion (sic) y Fenni," er coleddiad yr Iaith Gymmraeg, trwy wneud casgliad o Lyfrau Gymmraeg (sic), a rhoddi gwobrwyau am areithiau, traethodau, a thraethawdlau, yn Gymmraeg, mewn neu ar amaethyddiaeth, anianyddiaeth, barddoniaeth, daearyddiaeth, dysgeidiaeth, hanesyddiaeth, ag hynafiaeth.

Yr oedd pob un a ddeuai i gyfarfod am y tro cyntaf i dalu swllt, ac os cymeradwyid ef fel aelod dyna fyddai ei dâl aelodaeth, ac wedyn disgwylid iddo dalu chwecheiniog bob pythefnos

i ffurfiaw Drysorfa, er cael arian i ddwyn yn mlaen dybenion y Gymdeithas; sef darparu Llyfrau priodawl idd eu gosawd mewn Llyfrgell Cymraeg, angenrheidiau gofynawl i roddi i lawr cyfrifon y Gymdeithas, cofrestru ac argraffu Gweithredoedd a Rheolau y Gymdeithas; ac hefyd i roddi gwobrwyau (fel goddefa y Drysorfa) mewn arian neu dlysau, am areithiau, traethodau, a thraethawdlau, oll mewn ysgrifen, ac yn Gymmraeg; ar y testunau a ddichon gael eu rhoddi gan y Gymdeithas, mewn neu ar y rhannau hynny o wybodaeth ag a enwir yn y Rheol gyntaf.

Os esgeulusai aelod y cyfarfodydd deirgwaith yn olynol yr oedd i dalu dirwy o chwecheiniog, neu câi ei ddiarddel, ond os talai flwyddyn ymlaen yr oedd yn rhydd tra parhâi ei dâl. Ni chymhwysid hyn at y rheini a drigai fwy na dwy filltir o westy'r Haul, eu man cyfarfod. Nid oedd neb i ysmygu nac i yfed yn y cyfarfodydd 'dan ddirwy o ddau swllt ar bob un a droseddo y Rheol hon', (Rhif X).

Rheol XI ydoedd hon:

Bod y Gymdeithas hon yn ymwrthaw a phob Testunau a fyddaw yn anfoesgar, anffyddlon i'r wladwriaeth, neu a fyddaw yn tueddu at ddadl grefyddawl, wladawl, neu ymrysongar.

A chofio hanes y cyfnod mae'r Rheol hon yn dra phwysig.

Ychwanegwyd pedair arall at y tair ar ddeg cyntaf ar Ragfyr 27. Mae'r rhain yn ymwneud â gwahanol bethau megis benthyca o'r Llyfrgell a bathodau'r swyddogion a

Fod i bob ymddiddan neu lafariad parhaus gael eu dwyn ymlaen yn yr Iaith Gymmraeg yn unig.

Aeth y rheol hon yn angof, do, lawer gwaith.

Yng nghyfarfod Rhagfyr 20 ymdriniwyd â'r testun a'r wobr a gynigid gan y Gymdeithas yn Eisteddfod Caerdydd — chwe englyn ar 'Y Dderwen'. Wedi i Garnhuanawc awgrymu gwobr arall well, sef Geiriadur William Owen Pughe, yng nghyfarfod Ionawr 8 penderfynwyd rhoi hwnnw a dwy gini yn lle'r wreiddiol. Penderfynwyd cynnal Eisteddfod ar raddfa fechan i ddathlu Gŵyl Ddewi 1834. Tri thestun yn unig a gynigiwyd, sef dau draethawd a chwe englyn. Bardd y Gymdeithas, Eiddil Ifor, a enillodd y tair gwobr. Testunau'r traethodau oedd 'Crynoad' o hanesion am dref a chymdogaeth y Fenni, 'yn Ngwent Uwchcoed, gan roddi cyfeiriadau at yr awdurdodau' a 'Hanes Gwent cyn dyfodiad y Rhufeiniaid'. 'Dewi Sant' oedd testun yr englynion. Y beirniaid oedd Carnhuanawc (traethodau) a Brychan. Derbyniwyd Taliesin Williams (ab Iolo) a Brychan a golygyddion rhai o'r papurau Cymraeg yn 'Aelodau Rhyddion' yn rhai o'r cyfarfodydd blaenorol.

Mor gynnar ag Ionawr 8 yr oedd y Gymdeithas wedi derbyn llawenydd a phleser di-ben-draw ar ôl cael llythyr oddi wrth Syr Charles Morgan, Tredegyr,

yn hysbysu ei barodrwydd i ddyfawd yn Aelawd o'r Gymdeithas, yr hwn lythyr a greodd fawr boddlonrwydd i'r Aelodau oll, trwy eu bod yn cael yr anrhydedd o aelodaeth bonheddig ac sydd bob amser yn gwneud cymmaint o les yn ei ardaloedd.

Yr oedd Syr Charles eisoes yn Llywydd Cymdeithas Daleithiol Gwent, a chyn pen dim amser daethpwyd i'w adnabod ac i'w gydnabod fel Ifor Hael Cymdeithas Cymreigyddion y Fenni.

Daeth Carnhuanawc â llythyr arbennig i'r cyfarfod hwn, llythyr a gychwynnodd beth newydd yn hanes y Cymdeithasau Cymraeg, peth a ddigwyddodd trwy gyfrwng y Cymreigyddion. Llythyr ydoedd oddi wrth Lydawr o'r enw François Rio a oedd ar y pryd yn aros naill ai gyda Gwenynen Gwent neu ynteu gyda'i mam, Mrs. Waddington. Yr oedd Rio wedi bod yng Nghymru eisoes. Bwriadasai ddod i gyfarfod Ionawr 8, ond methodd ddod oherwydd anhwyldeb. Gobeithiai ddod i'r cyfarfod nesaf. Dyna a fu, a'r nos honno, Ionawr 22, 1834, cynhaliwyd y gweithrediadau yn Neuadd y Dref lle siaradodd Rio yn Saesneg (gyda chaniatâd),

gan roddi hanes dewrion Llydaw a'u hiaith . . . a chafodd y presennolion oll y pleser a'r hyfrydwch mwyaf, pa rai a ddangosant hynny trwy sirioldeb eu gwedd tra yr oedd yr araeth yn cael ei thraddodi.

Rhoddodd Carnhuanawc ddisgrifiad o Lydaw, gwlad yr oedd ef eisoes yn gyfarwydd iawn â hi. Yr oedd, hefyd, yn gweld y cyfle wedi dod i ddwyn un o'i hoff freuddwydion i ben, sef sefydlu perthynas agos rhwng Cymru a Llydaw.

Llanwyd cwpan llawenydd yr aelodau a oedd yno i'r ymylon pan ddarllenwyd llythyr gan Garnhuanawc oddi wrth yr Arglwyddes Charlotte Guest (yn Saesneg) yn mynegi ei dymuniad hi a'i gŵr i ddod yn aelodau o'r Gymdeithas. Ystyriai hi ei bod yn ganmoladwy iawn a bod diben ei sefydlu yn dda; y byddai'n foddion i 'adfywio, i lewyrchu, ac i goleddu hen iaith ogoneddus Ach Gomer'. Dywedai y byddai 'er cyssur a boddlonrwydd nid bychan' iddi hi a'i gŵr os gallent 'fod yn offerynau i gynorthwyo a llwybreiddio bwriad clodfawr eich Cymdeithas'. Syr John Guest oedd yr unfed aelod a thrigain a'i wraig oedd y nesaf.

Cedwid mewn cysylltiad â digwyddiadau'r dydd gartref ac oddicartref, gan gefnogi'r wasg Gymraeg yr un pryd, trwy bwrcasu i'r llyfrgell gylchgronau'r cyfnod — *Seren Gomer* wrth gwrs; *Greal y Bedyddwyr; Y Cylchgrawn; Yr Efangylydd; Y Gwladgarwr; Y Gwyliedydd; Y Drysorfa; Yr Eurgrawn Wesleyaidd.*

Mae'r cofnodion yn fyr iawn yn awr ac anaml y bu cyfarfod ym misoedd nesaf 1834. Nifer bychan o'r aelodau a ddeuai iddynt hefyd. Ond cynyddu a wna rhif yr aelodau. Yr oedd llawer o'r rheini'n byw ymhell iawn o'r Fenni a phrin y gellid disgwyl iddynt ddod yno. Er hynny braidd yn siomedig yw pethau. Nid oedd yr afiaith a welir yn nes ymlaen yn hanes y Gymdeithas yn eiddo i'r aelodau a ddeuai i'r cyfarfodydd hyn. Ar y llaw arall diolch iddynt hwy am gwrdd â'i gilydd hyd yn oed yn achlysurol. Nid oedd bywyd y bobl gyffredin yn y cyfnod hwnnw yn fywyd hawdd o bell ffordd. Rhaid ymatal, felly, rhag bod yn llawdrwm.

Cynhaliwyd 'Cylchwyl' ar Dachwedd 26, 1834. Ni chofnodir gair am hynny yn y cofnodion. Rhaid troi at *Seren Gomer*. Ymgasglodd pawb yn Yr Haul a mynd erbyn un ar ddeg o'r gloch i Eglwys y Dref a chynnal gwasanaeth crefyddol yno. Wedyn cafwyd cinio yn Yr Haul, ac am hanner awr wedi tri aeth y pedwar ugain a oedd yno i'r Hen Eglwys lle'r oedd llwyfan wedi ei pharatoi i'r beirdd, y dysgedigion, y telynorion a'r datgeiniaid. Cymerwyd y gadair gan ab Iolo gyda chymeradwyaeth fawr ac aethpwyd ati ar unwaith i ymdrin â 'thestunau cystadleuol y Gymdeithas'. Yr oedd saith ohonynt—pedwar traethawd, dwy gyfres o englynion a datganiad gyda'r delyn. Adroddwyd barddoniaeth hefyd a gwrandawyd ar areithiau, ac ar feirniadaethau Carnhuanawc a Brychan. Siaradodd 'y dysgedig Garnhuanawc' am y Gymraeg, ei bod

wedi sefyll pob gwrthwynebiadau ac erledigaethau, ac er y cwbl oll wedi cadw ei gwisgoedd sidanaidd yn ddifrycheulyd oddiwrth bob llygredigaeth; a dywedai hefyd gyda'r eondra mwyaf, — Nid anmhosibl etto i'r Gymmraeg ganu Marwnad i'r Saesneg!!!

Croniclir yn *Seren Gomer* iddo ddweud ymhellach y byddai'n ddymunol ganddo weled y dydd cyn ei farw, 'ond nid tebygol'. Bu raid iddo droi i'r Saesneg am fod yno gymaint o ymwelwyr na fedrent ddim Cymraeg.

Yn ôl yr un rhifyn o'r *Seren* croniclir i'r Gymdeithas yng nghyfarfod Rhagfyr 10 benderfynu danfon 'i'r ddau Dŷ o Senedd'

Erfyniadau . . . i ddeisyf am gael Esgobion Cymmreig, Barnwyr Cymmreig, ac i'r Iaith Gymmraeg gael ei myfyrio yn y prif ysgolion, Rhydychain a Chaergrawnt, &c. gan daer ddeisyfu ar yr holl Gymdeithasau Cymmroaidd trwy y Dywysogaeth i gydweithredu.

Rhwng 'Cylchwyl' 1834 ac un 1835 ni cheir ond un cofnod, enwau'r swyddogion am y flwyddyn. Erbyn hyn yr oedd yn rhaid cael Trysorydd, sef Ioan Michell, perchen Yr Haul.

Yn y flwyddyn 1835 cynhaliwyd yr ail 'Gylchwyl' ar Dachwedd 25 a 26. Gwelir ynddi'r patrwm a gymerodd y 'Cylchwyliau' o hynny ymlaen ond bod y rhai diweddarach ar raddfa fwy o lawer. Y Llywydd y tro hwn ydoedd Josiah John Guest. Tyrrodd pobl i'r Fenni o bell ac agos a llanwyd y strydoedd â bonedd a gwreng. Daeth y boneddigion yn eu cerbydau, daeth eraill ar gefn eu meirch a daeth llaweroedd ar draed. Bu paratoi manwl ar neuadd 'Yr Ysgol Râd Rammadegawl' ac ar y dref ei hun. I gychwyn gweithgareddau'r diwrnod cyntaf gorymdeithiodd pawb i'r Angel i gwrdd â'r Llywydd a'i gyfeillion. Bardd y Gymdeithas a arweiniodd yr orymdaith 'yn cario ceninen orfawr', wedyn daeth y telynorion yn dwyn eu telynau, addurnwyd y swyddogion eraill

ag ysnodenau, ar ba rai yr oedd arwyddeiriau Cymreig yn argraphedig

a'r tu ôl i bawb daeth yr aelodau. Ciniawyd mewn dau westy — y boneddigion a'r swyddogion yn un a'r aelodau cyffredin yn y llall. Derbyniwyd y trefniant hwn fel peth cwbl naturiol; beth bynnag, nid oedd lle i bawb mewn un gwesty.

Yn ystod y cyfarfodydd eisteddai'r gwŷr mawr ar y llwyfan. Rhoes y Llywydd araith bwrpasol iawn yn Saesneg. Pwysleisiodd mai Cymro ydoedd er na fedrai'r Gymraeg yn ddigon da i'w hannerch ynddi. I Gymru yr oedd yn ddyledus am bopeth. Ymdynghedodd o flaen y dorf i ddyrchafu'r Gymraeg ac i'w hamddiffyn hi bob amser canys dyna oedd ei ddyletswydd. Gwefreiddiwyd pawb a oedd yno a thorrwyd ar yr araith o hyd ac o hyd gan fanllefau o gymeradwyaeth fyddarol.

Siaradodd Carnhuanawc 'yn hirfaith a synwyrlawn' am yr Iaith Gymraeg, gan ddweud ei bod hi'n haeddu sylw gan mai hi oedd 'sylfaen Llëenyddiaeth ddiweddar', a haerai fod Cervantes wedi rhoi enwau Cymraeg i'w 'wroniaid'. Ef oedd y mwyaf poblogaidd o bawb ac wedi iddo orffen eisteddodd 'yn mhlith y bloeddion mwyaf cynhyrfus o gymmeradwyaeth'.

Daeth y Llydawr François Rio i'r Eisteddfod hon a rhaid oedd cael araith ganddo yntau. Cyfarchodd y dorf yn enw ei wlad ei hun ac yn enw Cymru gan na ellid enwi'r naill wlad heb y llall. Cafodd gymeradwyaeth fyddarol a thorrwyd ar ei araith yntau lawer tro gan guro dwylo brwdfrydig. Yn wir, ni chafodd areithwyr gorau'r oes erioed fwy o effaith ar eu gwrandawyr, yn ôl yr hanes yn y *Seren*.

Ni roir fawr o sylw i'r cystadlaethau yn y cofnodion ond mae rhestr yno o'r rhai yr yfwyd llwnc-destunau neu 'giblion' iddynt — y Brenin a'r Frenhines a'r teulu brenhinol; Arglwyddes Guest a Noddesau'r Gymdeithas; Aelodau Seneddol Sir Fynwy; Swyddogion gwahanol y Gymdeithas a llawer o noddwyr wrth eu henwau. Adroddwyd llawer o farddoniaeth o safon ddigon isel ac yng ngwesty'r Haul fe fu llawer o siarad

ar amryw byngciau pwysfawr, megys y llesiant deilliedig i Gymru trwy ei hundeb a Lloegr.

Y teimlad oedd nad oedd un 'Gylchwyl' mor rhagorol a godidog wedi ei chynnal 'er's canoedd o flynyddoedd, os nad *erioed*.' Ymadawodd pawb â'r Fenni wrth eu bodd gan deimlo fel y gorffenna cofnodion Caradawc, 'Parhaed y Llwyddiant.'

Dathlwyd trydedd 'Gylchwyl' y Gymdeithas ym mis Tachwedd 1836, 23 a 24. Y bore cyntaf cyfarfu'r aelodau yn Yr Haul tua deg o'r gloch, yn ystafell y Gymdeithas,

ac o ddeutu unarddeg, y dechreuent y cerbydau o bob parth o Esyllwg, bentyru idd y dref gyda rhwysgfawredd, boddhaol i holl aelodau y Gymdeithas, yn dwyn bonedd a rhiainod Gwent . . . ac yr oedd yma nifer mawr o foneddigion a boneddigesau penaf yr ardaloedd . . .

Dyma enwau rhai ohonynt: W. A. Williams, A.S., a'i wraig, Benjamin Hall, A.S., ei wraig a'i fam-yng-nghyfraith a'i ferch fach, Syr C. Salusbury, I. L. Scudamore a'i wraig, Thomas Wakeman o Gaerloyw, Madame Rio (gynt Miss Apollonia Jones, Llys Llanarth) a'i brodyr, W. Williams, Aberpergwm a'i ddwy chwaer. Ymhlith y beirdd ceir enwau Cawrdaf, Gwilym Ilid, Iolo Mynwy, Rhydderch Gwynedd, Cawr Cynon, Gwrwst.

Yn wir gellwn ddywedyd yn ddibetruster idd ein meddyliau gael eu llenwi a syndod a gorfoledd annhraethadwy, wrth ganfod yr olygfa hardd a gweddaidd, wrth weled boneddigesau a rhianod cyfoethocaf ac anrhydeddusaf Gwent, wedi mabwysiadu ein hen wisgoedd Cymreig, ac yn neulluol hen ddull ein cyn famau yn Nghwent a Morganwg, er cyn cof ein dyddiau ni, Sef dillad gwlenyn a chycyllau duon.

François Rio oedd i lywyddu'r Eisteddfod ond ni fedrodd fod yno. Llywyddwyd yn ei le gan yr Aelod Seneddol W. A. Williams, Castell Llangybi. Ceir enwau rhoddwyr y gwobrau a'u maint ynghyd ag enwau'r buddugwyr. Cyfanswm y gwobrau oedd tua £160.

Siaradodd Carnhuanawc yn frwd ac yn fywiog, meddir,

ac yr oedd pawb a'u llygaid arno, gan dderbyn pob gair oi enau, mal pe buasent yn sugno diliau mel. Amddiffynai ddybenion y Cymry yn cynal y cyfrhyw Gyfarfodydd, ac atebai wrth-ddadleuon y rhai hynny ac ynt yn ein diystyru . . .

Anerchwyd y gynulleidfa mewn englynion gan y beirdd Gwilym Ilid, Eiddil Ifor, Gwrwst, Rhydderch Gwynedd a Chawr Cynon. Daeth merch wladaidd iawn yr olwg ymlaen i ganu gyda'r delyn. Ni ddisgwyliai neb yno y gallai ganu nodyn. Fodd bynnag cafodd pawb foddhad mawr yn ei chlywed yn canu 'Nos Galan',

mewn modd hyfrydlawn a rhwyddaidd.

O Ferthyr y deuai a dyma'r tro cyntaf o lawer tro y swynodd y dorf â'i llais. Gwelir ei henw'n aml ymysg y buddugol — Morfudd Glan Taf.

Traethodd Carnhuanawc yn huawdl iawn ar roi cyfle i'r tlawd gael addysg pan ddangosent allu anghyffredin. Galwodd ar ddau fachgennyn, plant i fwynwr o Ferthyr o'r enw Emanuel, a ddangosai athrylith mewn ieithoedd. Gallai'r hynaf gyfieithu o'r Roeg i'r Gymraeg yn rhwydd, meddir, a medrai ieithoedd eraill, tra gallai'r lleiaf ddarllen yn Gymraeg a Saesneg o lyfrau nad oedd wedi eu gweld erioed o'r blaen. Yna ymbiliodd ar y boneddigion a oedd yno i roi'r plant mewn 'rhyw Ysgoldy rhad'. Nid oes cofnod am yr ymateb ond ym 1837 fe gawn y Gymdeithas yn cyfrannu deg gini at Ysgol Rad Gymraeg a Saesneg Llanwenarth ac yn addo parhau i wneud hynny, tra gallent, bob blwyddyn.

Wrth roi ei feirniadaeth ar y traethawd ar y testun 'Ysgrifeniadau Gryfydd ab Arthur . . .' fe ddywedodd Carnhuanawc fod y wobr yn llawer rhy fach am waith a olygai wybodaeth o ieithoedd Ewrop ac o 'ddysgeiddiaeth gyffredinol Ewrop' heblaw gweithiau'r beirdd Cymraeg,

> canys ymddengys yn eglur fod holl ddysgeidiaeth Ewrop wedi ffynhonellu yn nhraddodiadau a ffugchwedlau Cymreig, a phe bai y Cymdeithasau Cymreigyddawl yn ymuno i rhoddi gwobr o £50, caem weled holl ddoniau y dysgawdwyr Ewropaidd yn dyfod idd y gystadleuaeth.

Tlws gwerth tair gini a gwobr o ddwy gini gan Thomas Phillips y bargyfreithiwr a'r awdur o Gasnewydd-ar-Wysg oedd y wobr. Cawn weld y bydd y gystadleuaeth hon yn ymddangos ddwy waith eto yn Eisteddfodau'r Fenni, wedi ei geirio'n wahanol ac yn cael gwobrau mwy o lawer a thrwy hynny'n denu ysgrifenwyr mwy hyddysg na David Lewis o'r Blaenau. Nid oedd gan Garnhuanawc ddim i'w ddweud ond bod yr ymgeisydd wedi gwneud cymaint o ymdrech ag a allai er bod y testun yn un 'anhawdd iawn ymdrechu ac ef'.

Difyrrwyd y dorf gan ddatgeiniaid a thelynorion er mwyn torri ar yr areithio ac i ysgafnhau'r gweithgareddau dipyn. Canwyd rhai alawon ag enwau Saesneg, megis 'Sweet Richard' ac eraill ag enwau Cymraeg megis 'Glân Meddwdod Mwyn'. Cawn enwau John Jones, Clifton, gynt o Aberhonddu, John Thomas, William Morgan, y ddau o Ferthyr, a Robert Williams, Blaenafon.

Rhoir y beirniadaethau o'r llwyfan a daw'r buddugol yn eu tro i dderbyn eu gwobrau ac i gael eu harwisgo â'r tlysau gan y gwŷr a'r gwragedd a oedd yn eistedd ar y llwyfan am mai hwy oedd y noddwyr a rhoddwyr y mwyafrif llethol o'r gwobrau a'r tlysau. Cafodd y bardd Cawrdaf groeso brwd iawn pan gododd ef i roi ei feirniadaethau. Roedd afiaith y dorf yn byrlymu trosodd.

Ni cheir sôn yn y cofnodion ac ni welwyd dim yn *Seren Gomer* am ddigwyddiad pwysicaf 1836. Ond, yn ôl cofnod yn llaw W. J. Rees, Cascob, ar gefn copi o bamffled ab Iolo, *A Short Review of the Present State of Welsh Manuscripts, Written by E. Williams*, sydd ymhlith papurau'r Tonn yn Llyfrgell Dinas Caerdydd, ceir i W. Williams, Aberpergwm, gynnig yng nghyfarfod blynyddol Cymreigyddion y Fenni, Tachwedd 24, 1836, 'that a Society should be formed for the purpose of printing ancient Welsh MSS.' Ffurfiwyd pwyllgor dros dro: W. Williams, Benjamin Hall, Carnhuanawc, yr Arglwyddes Greenly, W. J. Rees, W. A. Williams a John Bruce, Dyffryn. Dyma'r pwyllgor a aeth ati i sefydlu'r *Welsh MSS. Society* a ddeilliodd o'r Gymdeithas ei hun eithr a weithiodd yn annibynnol arni.

CYMDEITHAS

CYMREIGYDDION

Y FENNI.

Sefydlwyd, Tachwedd 22ain, 1833.

CYFRES O'R TESTUNAU,

FFUG-ENWAU CYFANSODDWYR, &c.,

ERBYN Y

BEDWAREDD GYLCHWYL,

YR HON A GYNHELIR

YN HEN EGLWYS Y DREF,

AR DDYDD MERCHER, A IAU,

Hydref 18 & 19, 1837,

B. HALL, YSW., A. S.

LLYWYDD.

Crughywel:

ARGRAFFWYD GAN THOMAS WILLIAMS.

1837.

Wyneb-ddalen Cymraeg rhaglen Eisteddfod 1837

Materion ariannol a pharatoadau ar gyfer yr Ŵyl nesaf sy'n mynd â sylw'r aelodau sy'n cyfarfod yn weddol reolaidd yn eu hystafell yn Yr Haul. Mae'r drysorfa wedi gwella canys dechreuir talu hanner can swllt i Ysgrifennydd y cofnodion, Ieuan ab Gruffydd, a decswllt y noson i'r telynor a ddeuai i'w difyrru yn eu cyfarfodydd. Danfonwyd cylchlythyr dwyieithog ar ddechrau 1837, (a argraffwyd gan Thomas Williams, Crucywel), yn gofyn am y pwnc yr oedd pob un wedi addo rhoi gwobr amdano yn Eisteddfod 1837 a maint y wobr, er mwyn hysbysebu'r cyfryw yn *Seren Gomer* ddwy waith (Chwefror a Mawrth). Ym mis Gorffennaf cawn y 'Cofiadur' yn cael ei orchymyn i ddanfon cylchlythyr eto at y rhai a wnaeth yr addewidion, yn gofyn am yr arian ac am eu tanysgrifiad blynyddol, ac yn eu hysbysu pryd y cynhelid yr Ŵyl. Hysbysebwyd gwobr ychwanegol yn *Seren Gomer, Greal y Bedyddwyr, y Gwyliedydd, y Gwladgarwr, y Diwygiwr* a'r *Haul* am fis Awst, sef fod y Gymdeithas yn cynnig tlws gwerth dwy gini a gwobr o un gini am ddau englyn i'w gosod ar fur porth Llys Llanofer (a oedd bron wedi gorffen cael ei adeiladu). Yr oedd un englyn i groesawu'r 'Dyfodwr' a'r llall i ffarwelio ag ef ac i ddymuno'n dda iddo ar ei daith. Roedd y rhain a'r holl gyfansoddiadau eraill i ddod i law erbyn Medi 9, 1837, (oddieithr y traethawd cyntaf y gohiriwyd ei dderbyn tan Fehefin 1, 1838, 'o herwydd ei bwysigrwydd a byrdra yr amser i gyfansoddi ar bwnc mor ddyrys'). Ar yr un pryd codwyd y wobr amdano i £63. Gwrthodid pob gwaith a ddeuai'n hwyr a phob gwaith nad oedd y 'llythyrdoll' wedi ei dalu arno. Mynegir yn groyw na dderbynnid yr un cyfansoddiad oni byddai'n 'unawl a'r rheolau hysbysiedig'.

Mewn cyfarfod ar Awst 2 penderfynwyd argraffu 500 copi o lyfryn dwyieithog — math o raglen y dydd — yn cynnwys y testunau, rhif y cyfansoddiadau a oedd wedi eu derbyn, ffugenwau'r cystadleuwyr ac ati ar gyfer yr aelodau ac eraill, a chodi chwecheiniog ar y rhai nad oeddynt yn aelodau. Dewiswyd hefyd ddirprwyaeth o blith yr aelodau i fynd at Ficer y dref (y Parch. W. Powell) ar Awst 11 i ofyn iddo ddod i'r cyfarfod blynyddol a'u cynorthwyo i gael caniatâd i adeiladu neuadd newydd. Yn yr un cyfarfod eto gwysiwyd y 'Cofiadur' i anfon i'r un papurau ag a enwyd yn y paragraff blaenorol lythyr yn hysbysu trefn yr Ŵyl ar ddydd Mercher a dydd Iau, Hydref 18 a 19, 1837, yn yr Hen Eglwys, gyda Benjamin Hall yn Llywydd. Rhoddwyd y manylion i gyd — yr amseroedd a'r lleoedd i ymgynnull a sut i ymddwyn. Disgwylid prydlondeb ar ran pawb oll. Yr oedd y telynorion a'r datgeiniaid a fwriadai gystadlu i gofrestru eu henwau nos Fawrth ac i gael 'eu rhesu yn eu lleoedd priodawl yn brydlawn'. Ni wnâi bore Mercher y tro i Garadawc. Yna ychwanegwyd rhestr faith o'r rhai y disgwylid eu gweld yn bresennol — yn fonedd, yn feirdd, yn delynorion, yn ddatgeiniaid ac yn feirniaid. Ymhlith yr ugain o foneddigion yn y rhestr y pwysicaf oedd Syr Charles Morgan, J. J. Guest, Aneurin Owen ac Angharad Llwyd (a elwir yn 'Ofyddes Wladgarawl'). Yn ôl yr hanes am yr Eisteddfod a roddwyd yn y

11

cofnodion daeth llawer mwy o'r 'gwŷr mawr' nag a ddisgwylid am fod Benjamin Hall a'i wraig yn dathlu gorffen adeiladu eu tŷ newydd â 'House-warming' a 'Ball'. Os dod i'r dathlu hwnnw rhaid dod hefyd i'r Eisteddfod. Yr oedd sicrwydd y deuai torf ac nid oedd ball ar weithgarwch a threfniadaeth Caradawc. Erbyn hyn aethai'r Eisteddfodau yn fawr ond yr oedd rhai mwy i ddod.

O dudalen 59 hyd dudalen 67, yn llaw Ieuan ab Gruffydd ceir manylion am y bedwaredd Ŵyl hon. Y mae'r disgrifiadau o'r dorf, o'r llawenydd, o'r miri ac o'r afiaith yn wefreiddiol. Dywedir bod pawb y noson cyn yr Ŵyl wrth eu bodd. Yr oeddynt

> yn llawen a charedigawl, megys yn Nyddiau Dedwydd *Dyfnwal Moelmud* gynt, neu megys Cymdeithas Bwrdd Crwn y *Brenin* Arthur . . . Wedi treuliaw rhan fawr o'r Nôs gyda'r fath hyfrydwch, (yr hyn oedd megys rhyw weledigaeth i'r meddwl, neu Drawssymudiad ôldreigliawl i blith yr Hên *Siluriaid* dedwydd gynt) dechreuid cofio fod y Boreu yn dôd, ac amrai a ymadawent or lle hudawl hwn, rhai er rhoddi eu hunain dros ychydig amser yn nghadwynau *Mr. Cwsg*; ac ereill i groesawu y *Wawr*, a syllu o'u hamgylch

ac felly ymlaen, yn ôl yr hanes. Fore trannoeth

> yr oedd Ostl yr Haul yn lled debyg i Dŵr Morgrug

ac yr oedd yr holl gerbydau ar y ffordd yn debyg i genedl wedi casglu ynghyd i goroni ei brenin.

Llawenhâi pawb wrth weld disgyblion Ysgol Rad Gymraeg a Saesneg Llanwenarth yn yr orymdaith yn ymddwyn mor weddus ac 'yn arddel arferion a iaith eu Cyndadau'. Gwisgai'r merched (36 ohonynt) wisgoedd Cymreig a roddwyd iddynt gan Mrs. Morgan, Tŷ Mawr, Llanwenarth.

Yr oedd yr Hen Eglwys wedi ei haddurno â blodau a gwyrddlesni a chymerodd y Llywydd ei le ymysg bánllefau o gymeradwyaeth. Atgoffwyd y gynulleidfa ganddo o'r ffordd y cychwynnwyd y Gymdeithas. Nid yr uchelwyr a eisteddai ar y llwyfan, meddai, oedd yn gyfrifol am hynny eithr cwmni bychan o ddau ddwsin, Cymry cyffredin

> oedd yn onest a llafurus, er trwy fawr ymegniad yn llafurio, eto y rhai gydag ysbryd er clod ac anrhydedd iddynt eu hunain, hwy a sefydlasant Gymdeithas Cymreigyddion y Fenni.

Yn fuan wedi hynny

> darfu i rai o raddau uwch ufuddhau ir alwad.

Teimlai iddo ef yn bersonol gael anrhydedd mawr i fod ymhlith y cyntaf o'r rhai hyn. Yr oedd gan y Gymdeithas yn awr 140 o aelodau, ac yr oedd 170 o gystadleuwyr yn yr Eisteddfod hon a'r gwobrau'n werth 150 gini. Cyn gorffen cyfeiriodd at eiriau François Rio *Y Brenin Arthur Nid yw Farw*, ac ychwanegodd yntau fod 'Awen Cymru' eto'n fyw. Yn Saesneg y siaradodd wrth gwrs.

Cyflwynwyd y tlysau a'r gwobrau i'r buddugol gyda geiriau pwrpasol i bob un yn Gymraeg. Er mwyn amrywiaeth ceid datganiadau ar y delyn 'yn awr ac eilwaith.' Yr oedd i'r telynorion a'r datgeiniaid eu llwyfan eu hunain, ar wahân i lwyfan y boneddigion.

Am y tro cyntaf yr oedd ysgrifau wedi dod o America a dyna gyfle i Garnhuanawc draethu arnynt, nid o lwyfan yr Eisteddfod eithr ar ôl y cinio am bump o'r gloch yng ngwesty Siôr. Fe welai Gymry yn danfon cynhyrchion i Eisteddfodau America! Am saith o'r gloch dyma gwrdd eto yn yr Hen Eglwys dan lywyddiaeth Ioan Tegid a ddifyrrodd y cwmni â'i areithiau a ddangosai ehanged ei wybodaeth o hanes ei wlad a'i genedl. Yma unwaith eto cafwyd llawer o ganu â'r tannau. Nid digon hyn i'r mwyafrif o'r beirdd, y telynorion a'r datgeiniaid. Rhaid oedd mynd i'r Haul i gadw 'llawenydd a digrifwch' hyd y bore bach. Yr oedd pawb yno 'yn Gymry aiddgar a brwdfrydawl.'

Gymaint oedd y dyrfa drannoeth yn yr Hen Eglwys fel y bu raid i'r Llywydd a'i gyfeillion fynd i mewn trwy'r ffenestr! Dilynwyd yr un drefn â'r diwrnod blaenorol tan bedwar o'r gloch pan giniawodd y Llywydd ac amryw gyfeillion iddo yn Y Milgi, tra aethai'r aelodau a lliaws o ymwelwyr i'r Haul. Bu yn y ddau le lawer o areithiau ond yn Yr Haul fe gafwyd hefyd 'gerddi Cymräeg,' hyd saith o'r gloch. Bu cyfarfod hwyrol gydag ab Iolo yn y gadair. Wedi hynny aeth y cwmni arferol i'r Haul i gadw gwylnos ac i fod 'yn orfoleddus y rhan fwyaf o'r nôs'. Ar y llaw arall casglodd 'torf luosog o *Oreuron y Deyrnas,* yn Arglwyddi a Phendefigion' yn nhŷ newydd Benjamin Hall a Gwenynen Gwent i ddathlu'r 'House-warming' trwy ddawnsio hyd oriau mân y bore.

Yn yr Ŵyl hon yr enillodd Maria Jane Williams am ei chasgliad o alawon Gwent a Morgannwg. Dyma'r gystadleuaeth y rhoddodd yr Arglwyddes Greenly'r wobr amdani — tlws gwerth tair gini a 'gwobr' o ddwy gini. Nid oes arwydd i neb ar y pryd weld dim arbennig yng nghamp Maria Jane Williams. Eithr am y tro cyntaf mewn cysylltiad â'r Eisteddfodau hyn cyhoeddodd Cawrdaf y cynhelid Gorsedd ym mhen un dydd a blwyddyn yn yr Ŵyl nesaf ym 1838.

Cyn diwedd 1837 rhoddwyd i'r 'Cofiadur' anrheg o £21 'am ei ymdrech digyffelyb dros y Gymdeithas bob amser'. Ac yng nghyfarfod Rhagfyr 6 penderfynwyd rhoi cyflog iddo o hanner can gini bob blwyddyn, i ddechrau o Dachwedd 22, 1837. Dyna dâl ardderchog ac ystyried yr amserau.

Ysywaeth daw blas drwg i hanes y cofnodion. Ar gais rhai o'r 'cyfeillion' gwnaethpwyd penderfyniad annheilwng dros ben a chofio mai i goleddu'r Iaith Gymraeg y sefydlwyd y Gymdeithas. Arweiniodd y penderfyniad i bethau gwaeth.

Penderfynwyd, er boddiaw y Brodyr yn gyffredinawl, i restru y Cofnodau o hyn allan yn *Gymraeg a Saesneg,* er rhwydduneb i bob Aelod ddeall gweithrediadau y Gymdeithas; nid ir

13

CYMDEITHAS
CYMREIGYDDION
Y FENNI.

Sefydlwyd Tachwedd 22ain, 1833.

CYFRES O'R TESTUNAU

&c. &c. &c.

ERBYN

Y BUMED GYLCHWYL,

YR HON A GYNHELIR

YN OSTRI SANT SIOR,

FENNI,

AR DDYDD MERCHER A IAU,

HYDREF 10 A 11, 1838.

SYR CHARLES MORGAN, BARWN.

O DREDEGAR,

LLYWYDD.

CRUGHYWEL:

ARGRAPHWYD GAN THOMAS WILLIAMS,

1838.

Wyneb-ddalen Cymraeg rhaglen Eisteddfod 1838

diben o foddau cywreinrwydd ein Cyfeillion Saesonaeg, ond megis *llithiad* idd eu tywys i sylwi ar, ac i ddysgu yr hen *Omeraeg* addurnwech, gydseiniawl, ardderchawg, a chynwysfawr, er eu budd adeiladawl, au haddysgedd myfyrdodawl. — Rhwyddineb iddynt, a boed i Efrydwyr ynddi luosogi, a dal i'w harferyd, ei defnyddiaw, ei choleddu, a'i meithrin.

Nid yw'n anodd canfod y diflastod a'r pryder y tu ôl i'r geiriau hyn.

Fodd bynnag, fe gofir i benderfyniad gael ei wneud ar y dechrau a'i gorffori yn y rheolau mai yn Gymraeg yn unig y byddai'r holl ymddiddan yn y cyfarfodydd. Felly yn Gymraeg yr oedd y cofnodion. Ysywaeth yr oedd y cyfarfodydd cyhoeddus yn ddwyieithog ac yn defnyddio mwy o Saesneg nag o Gymraeg am fod mwyafrif llethol noddwyr y Gymdeithas, llaweroedd o'r ymwelwyr a rhai o'r aelodau hefyd yn anabl i siarad Cymraeg nac i'w deall. Sicrhâi Gwenynen Gwent fod y gwragedd bonheddig yn gwisgo i'r Ŵyl ddillad o wlanen Cymru. Tybiai Ieuan ab Gruffydd eu bod yn falch i'w gwisgo a'u bod 'yn ymhyfrydu yn holl weithrediadau' 1837. Iddo ef edrychent

yn hollol Gymröaidd yn eu Gwisgoedd, eu Hymdrechiadau, a'u Hamcanion, er bod rhai o honynt (*er eu galar*) yn anwybodus o'r hên orwychawl *Iaith Gymraeg!!!*

Yr oedd Eisteddfod 1838 ar raddfa fawr. Dyma'r fwyaf lliwgar hyd yn hyn yn ystod cyfnod Caradawc. Mawr fu'r paratoadau ar ei chyfer yn ystod misoedd y flwyddyn honno. Yn y cyfarfodydd cyffredinol, er bod yr amser hytrach yn fyr i feddwl amdani, ymdriniwyd yn bennaf â'r bwriad i adeiladu ystafell i'r Gymdeithas a fedrai ddal 1,200 i 1,500 o bobl; ond er cylchlythyru i geisio casglu tanysgrifiadau a chael gan bobl brynu cyfran-ddaliadau gwerth 10 punt yr un ni lwyddwyd i gasglu digon o arian i'w hadeiladu ar gyfer Gŵyl 1838 heb sôn am gael digon o amser.

Cynhaliwyd y bumed Eisteddfod hon yn Ostl Siôr, Hydref 10 ac 11 ar ôl danfon i'r papurau hysbysiadau llawn amdani. Cofnoda Ieuan ab Gruffydd mai dyma'r wychaf a gynhaliwyd ers cannoedd o flynyddoedd yng Nghymru os nad erioed. Y prif reswm am hynny ydoedd ymweliad pump o Lydawiaid dan arweiniad gŵr ifanc rhamantus o'r enw Le Comte Hersart de la Villemarqué 'o raddoliaeth arglwyddawl, ac wedi ei ddanfon ar ddymuniad pennodol Louis Philippe, Brenin Ffrainc'. Dyma enwau'r pedwar arall fel y'u ceir yn y cofnodion:

M. Dumarhallach, M. de Francheville, M. de Jacquolot du Beisrouvroy, M. de Mauduir.

Y noson cyn i'r Ŵyl ddechrau rhaid oedd i'r datgeiniaid a'r telynorion ymgynnull yn Yr Haul i gofrestru eu henwau os bwriadent gystadlu, a dyna a fu i sŵn tannau soniarus. Ar doriad gwawr fore trannoeth gwelwyd trigolion y dref yn addurno'u tai â 'llawryf a garlantau' tra heidiai ymwelwyr i'r heolydd i weld yr olygfa. Canwyd y clychau am naw o'r gloch i alw ynghyd bawb a oedd i orymdeithio i fynd allan i gwrdd â'r Llywydd, Syr Charles Morgan, Tredegyr, ar ffordd Mynwy. Yr oedd popeth wedi ei drefnu fel y gwyddai pob unigolyn ei le.

"OES Y BYD I'R IAITH GYMRAEG."

ABERGAVENNY
CYMREIGYDDION SOCIETY.

THE

FIFTH ANNIVERSARY
OF THIS SOCIETY,

WILL BE HELD AT THE GEORGE HOTEL,
ON **WEDNESDAY AND THURSDAY**,

The Tenth and Eleventh Days of October, 1838,

SIR CHARLES MORGAN, BART.
OF TREDEGAR,

PRESIDENT.

In addition to the Bards, Harpers, and Datgeiniaid of Gwent and Morganwg, who will attend the Meeting, several from North Wales are expected.

JUDGES OF THE COMPOSITIONS, &c.

FIRST ESSAY, No. 1, H. HALLAM, Esq., F. R. S.
WELSH ESSAYS, Rev. T. Price, Crickhowel;—BARDIC, Mr. Taliesin Williams, [Ab Iolo] and Mr. W. E. Jones, [Cawrdaf]—MUSICAL COMPOSITIONS, HARP AND PENNILLION SINGING, J. Parry, Esq., [Bardd Alaw] London;—WELSH FLANNELS AND HATS, Messrs. W. Watkins, J. Morgan, W. Williams, and J. Daniel, Abergavenny;—CONDUCTOR, Mr. J. G. Peene, [Alawydd,] Abergavenny.

Abergavenny, Aug. 30th, 1838.

CARADAWC, SECRETARY.

The Members of the Society will assemble at the Sun Inn, at Nine o'Clock each Morning, from thence they will proceed to the place of Meeting. The Harpers, Minstrels, and Datgeiniaid, who intend to compete for the Prizes, are respectfully requested to attend on MONDAY EVENING, October 8th, in order that their names may be entered on the List.

Tickets of admission, 2s. 6d.—For the Platform, 5s.—To be had of Mr. J. Hiley Morgan, Stationer, High Street, and at the Hotel.
To prevent mistakes there will be no admission without Tickets.

An Ordinary at the George Hotel, on each Day, at which the President will attend, as also the Bards, and other Members and Visitors at the Cymreigyddion; Dinner on the Table at Four o'Clock.

N. B. Ladies and Gentlemen desirous of giving Prizes for competition, Literary or Musical, at the Anniversary of 1839, are requested to determine upon the subjects, in order that they may be announced at the present Meeting.

FIRST DAY.——WEDNESDAY :

THE DOORS TO BE OPENED AT HALF-PAST TEN O'CLOCK,

(NO ADMITTANCE TO THE PLATFORM TILL THE ARRIVAL OF THE PRESIDENT,)

THE PROCEEDINGS OF THE MEETING WILL COMMENCE AT ELEVEN O'CLOCK PRECISELY,

WITH

ADDRESSES IN WELSH AND ENGLISH,

TOGETHER WITH

THE RECITATION OF SUCH ENGLYNION

AS MAY HAVE BEEN COMPOSED FOR THE OCCASION.

AFTER WHICH THE FOLLOWING PRIZES WILL BE AWARDED:

1. BY MONSIEUR RIO, AND THE FOLLOWING GENTLEMEN :—
C. H. LEIGH, ESQ. OF PONTYPOOL PARK, LORD LIEUTENANT OF THE COUNTY,
W. A. WILLIAMS, ESQ. M. P. OF LLANGIBBY,
SIR BENJAMIN HALL, BART. M. P., OF LLANOVER,
F. JONES, ESQ. OF LLANARTH,
E. J. BLEWITT, ESQ. M. P. OF LLANTARNAM ABBEY,
W. JONES, ESQ. OF CLYTHA, AND OTHER FRIENDS OF THE SOCIETY.

"For the best Essay on the Influence which the Welsh Traditions have had on the Literature of Europe."

A PRIZE OF SIXTY GUINEAS.

Consisting of a Gold Seal Ring, value £10. 10s. and a premium of £52. 10s.
The Essay to be written either in Welsh, English, French, German, Italian, or Latin, or be accompanied with a translation in one of those Languages. The Copy-right to be the property of the author.

565

Poster yn hysbysebu Eisteddfod 1838

Am y tro cyntaf gwelwyd yn yr orymdaith bethau fel y canlynol:

y Goron a'r Deyrnwialen, ar glustog sidan porphoraidd, a gynnelid gan wadn-golofn euraidd . . . Bwyeill euraidd . . . Baner ag arni V.R. . . . Baner a'r arwyddair 'Ein Hiaith a gadwn,'

ynghyd â baneri eraill, a

Dwy Geninen fawrion, yn gynnaliedig gan Rosynau ac Ysgall.

Ni allai neb gyhuddo'r Cymreigyddion, er eu holl wladgarwch, o anghofio fod Cymru'n rhan o Brydain ac o fod yn annheyrngar i'r Goron. Yn dilyn deuai dynion yn cario rhagor o faneri, y tro hwn gyda'r Ddraig Goch a'r delyn Gymreig ac 'arwydd eiriau' pwrpasol arnynt. Gwelid rhagor eto o faneri rhwng pob mintai yn yr orymdaith. Yr oedd yno hefyd gerbyd yn cael ei dynnu gan bedwar march ysblennydd ac arno ddeuddeg telynor yn canu eu telynau yng nghanol addurniadau o lawryf a blodau. Y tu ôl iddynt deuai dau Archdderwydd yn eu gwisgoedd priodol ac yn 'addurniadau eu swyddogaeth.' Cerddodd y cyfan yn weddus a rheolaidd i gwrdd â'r Llywydd. Pan gyfarfuont dyma weiddi ar uchaf eu lleisiau i'w groesawu nes bod y bryniau a'r mynyddoedd yn diasbedain. Traddododd Ieuan ab Gruffydd (a oedd yn un o'r Derwyddon) araith frwd i'w rhyfeddu dros bawb yn Gymraeg oddi ar lwyfan wedi ei pharatoi i'r pwrpas. Dechreuodd drwy gyfarch y Llywydd fel *Ifor yr Iforiaid* ac aeth ymlaen yn huawdl. Dyma rannau o'r araith fel y'i ceir yn y cofnodion:

Nid i goffâu gweithredoedd oerfäawl, a gwaedlyd, y mae Meibion Gwalia wedi ymgyfarfod heddyw . . . Nid i enyn dial, nac i attolygu Maddeuant, nid i blygu y glin nac i grymu y wâr, nid i ddioddef diraddiad, cosbedigaeth, na phoen. Ond, Syr, er mwyn estyn aden hynaws amddiffyniad dros gu Glerwriaeth Cymru er mwyn rhoddi cynnud i'r elfen Farddawl . . .

Croesawodd y Llywydd am ei fod megis tad i lên Cymru yn olyniaeth ei hynafiaid. Aeth ymlaen yn ddramatig:

ymholant y dyddiau hyn, — "A fydd Marw yr Hên Omeraeg?" Cymreigyddion y Fenni a attebant — *"Na Fydd!"* . . . Mynydd a drosglwydda attebiad i fynydd, Bryn i fryn, Dyffryn i ddyffryn, Afon i afon, Nant i nant — *"Na Fydd!!!!"* *"Eu Hiaith a Gadawnt."* Law yn llaw, Galon yn nghalon, nyni a gadwn gariad Cymru, ei gobaith a'i llawenydd — *"Oes y byd i'r Iaith Gymraeg."*

Rhaid oedd rhoi'r araith yn Saesneg ac fe'i darllenwyd gan John Daniel, Llywydd y Gymdeithas am y flwyddyn, gan fod yno gynifer na ddeallent y Gymraeg 'seinber er eu bod yn chwannog i gefnogi ei meithriniad'. Atebodd Llywydd yr Eisteddfod mewn geiriau dethol, ac wedi i'r banllefau o gymeradwyaeth ddistewi trodd yr orymdaith — tua 2,000 i gyd — yn ôl yn drefnus trwy filoedd o bobl a oedd wedi dod allan i sefyll ar ochrau'r ffyrdd i'w gweld. Dilynwyd y gwŷr traed gan y cerbydau — dros ddeugain ohonynt, meddir, ac ynddynt foneddigesau a boneddigion y cofnodir eu henwau yn y cofnodion. Yn eu plith ceir nifer o enwau newydd — chwaer Gwenynen Gwent a'i gŵr, y Chevalier Bunsen fel y'i gelwid, y Bendefiges Albinia

17

"OES Y BYD I'R IAITH GYMRAEG."

Cyferfydd yr Aelodau yn ystafell y Gymdeithas, am naw o'r gloch yn y boreu, yn nhŷ Mr. John Michael, Arwydd yr Haul, er trefnu y pethau a fyddont angenrheidiol yr amser hwnnw.

Dysgwylir i holl Aelodau y Gymdeithas ddyfod yno yn brydlawn, y dydd cyntaf, a'r ail. Bydd yn ofynol anhebgorol i'r holl Delynorion, a'r Datgeiniaid, fod yno prydnhawn Dydd Llun, blaenorol i'r Wyl, i'r dyben iddynt gael eu rhesu yn eu lleoedd priodawl; ac fel y rhoddir eu henwau i'r Cofiadur yn y cyfamser, ac nid boreu dydd Mercher.

Dysgwylir y bydd i'r Beirdd, Telynorion, a'r Datgeiniaid canlynol, fod yn gyd-ddrychiol ;—

𝔅𝔢𝔦𝔯𝔡𝔡.

Ioan Tegid.
Ab Iolo.
Cawrdaf.
Gwilym Ilid.
Iolo Fardd Glâs.
Gwilym Ddu Glan Cynon.
Iolo Mynwy.
Iago Emlyn.
Gwilym Mai.
Cynydr.
Rhydderch Gwynedd.
Eiddil Ifor.
Ieuan Ddu Glantawy.
Dewi Glan Tâf.
Eiddil Gwent.
Ieuan ab Iago.

Cawr Cynon.
Cilfynydd.
Ieuan Gryg.
Ioan Emlyn.
Sallwg.
Dewi ab Iago.
Ieuan ab Iago.
Meudwy Glan Tâf.
Eos Glan Rhymni.
Ysbryd y Rhaw.
Essyll.
Gwilym Gellideg.
Cawr Morlais.
Ab Iago.
Gwilym Llywel.

Tudalen 4, Rhaglen 1838.

Rhestr o'r Beirdd a ddisgwylid yn yr Eisteddfod. Aeth enwau llawer iawn ohonynt hwy ac o rai'r Telynorion a'r Datgeiniaid yn angof bellach a phrin yr adwaenir eraill mwyach.

Cumberland, y Bendefiges Louisa Bromley, yr Arglwydd a'r Arglwyddes Bateman, Esgob Caerloyw a Chaerodor, yr Athro Lepsius o'r Almaen, Mr. a Mrs. Berrington a'r Doethur James Cowles Prichard. Ni welsid erioed o'r blaen yng Nghymru gynifer o uchelwyr a'u gwragedd wedi casglu ynghyd i fynd i Eisteddfod. Yr oedd pawb a'u gwyliai wedi eu gwefreiddio gan y fath wychder anghyfarwydd. Ond er yr holl gyffro ac ysblander a rhwysg, a phresenoldeb cymaint o bobl mewn lle braidd yn gyfyng nid oes yr un awgrym yn y cofnodion nac yn yr hanes am yr Ŵyl yn y wasg i ddim damwain na dim amhriodol ddigwydd. Yn wir yr unig argraff a geir ydyw i bopeth fynd ymlaen yn hwylus ac yn drefnus yn union fel y bwriadwyd iddynt er cyfynged y lle ac er cymaint y torfeydd. Ni chrybwyllir faint o amser a gymerwyd i ddadlwytho'r cerbydau ac i gael pawb i'w heisteddleoedd na pha bryd y dechreuodd priod waith y dydd, sef rhoi'r gwobrau i'r buddugol.

Pan gymerodd Syr Charles Morgan ei le ar y llwyfan dyma gyfle eto i'w groesawu gyda banllefau. Pan gododd i siarad mynegodd yn ddidwyll gymaint yr anrhydedd a gâi, ei fod y tu hwnt i fesur ac nad anghofiai hynny byth. Ychwanegid at yr anrhydedd hwn gan bresenoldeb 'cynrychiolwyr' Brenin Ffrainc, 'gwŷr o urddas, gwybodaeth a doniau' Fe ddaethant er mwyn cadarnhau'r 'cyfundeb rhwng y ddwy wlad' sef Cymru a Llydaw. Gobeithiai y byddai effeithiau ymdrechion y Gymdeithas yn dwyn ffrwyth ac yr âi yn enwog trwy Ewrop oll, gan ei bod yn awr yn cynnwys doniau a oedd yn cael eu cynorthwyo gan gyfoeth 'pob graddau or wladwriaeth'. Chwarae teg iddo, dywedodd wrth ei gynulleidfa mai pwrpas sefydlu'r Gymdeithas oedd

oesoli llëenyddiaeth ac iaith ein gwlad, trwy ddwyn allan lawysgrifau a ddangosant ddoniau ac athrylith ein hynafiad.

Pan gododd Carnhuanawc cyfeiriodd yn gyntaf at y Llydawiaid (a elwid ganddo yntau yn 'gynrychiolwyr' Brenin Ffrainc) ac yna soniodd am weithrediadau llwyddiannus 'y gangen arall o'r Gymdeithas hon', sef yr un 'Er cyhoeddi hên lawysgrifau Cymreig'. Cyhoeddodd fod rhan gyntaf y *Mabinogion* eisoes wedi ymddangos. Traethodd François Rio yn huawdl, 'fywiog ac effeithiawl ryfeddawl . . . nes cyffroi yr holl gynnulleidfa'.

Traddododd y beirdd 'anerchiadau barddonawl' yn Gymraeg wrth fodd calon pawb yno a'u deallai. Canwyd â thannau ac â llais a chlywyd araith Ffrangeg gan M. Jacquelot

mewn dull hylaw, ond yn annealladwy i'r cyffredinolrwydd o'r gwrandaw-wyr.

Yna dosbarthwyd y gwobrau a gwisgwyd y buddugol â'r tlysau, yn eu tro, pob un gan ryw foneddiges wahanol a alwyd ymlaen i wneud hynny. Nid oes sôn am feirniadaethau. Ond dyna lle bu'r dorf tan yn hwyr y prynhawn, pan aethpwyd ati i baratoi'r lle ar gyfer y cinio am chwech

Y Dydd cyntaf.—Mercher.

*Dechreuir gorchwylion y Gylchwyl, am 11eg
o'r gloch, trwy Anerchiadau, a chanu
Pennillion gyda'r Delyn, yn ol trefn
Gwent a Morganwg, a'r drefn Ogleddawl;
ac yna gwobrwyir yr Ymgeiswyr llwydd-
iannus, ar y Testunau canlynol :—*

—o—

1. Gan M. RIO, a'r Boneddigion canlynol :—
   C. H. LEIGH, Ysw. o Bontypool, Arglwydd Rhag-
   law Swydd Fynwy.
   W. A. WILLIAMS, Ysw. A. S. o Langiby.
   Syr B. HALL, Barwn. A. S. o Lanofer,
   P. JONES, Ysw. o Lanarth.
   R. I. BLEWITT, Ysw. A. S. o Lantarnam.
   W. JONES, Ysw. o Clytha, ac ereill.

Am y Traethawd goreu ar yr Effeithiau a
gafodd y Traddodiadau Cymraeg, ar Lenoriaeth
Ewropa.

GWOBR O 60 GINI,

Yn cynwys Modrwy Gwyrfathawl, gwerth P10 10
A Gwobr o 52 10

                                P63 0

Y Traethawd i fod naill ai yn Nghymraeg,
Saesonaeg, Ffrangaeg, Ellmynaeg, Italaeg, neu
Lladin; neu gyda Chyfieithad yn un o'r ieithoedd
hynny. Y gyfysgrif i fod yn eiddo yr Awdwr.

o'r gloch. Eisteddodd dau gant a hanner wrth y byrddau. Syr Charles Morgan a lywyddai o hyd, ac ar ei law aswy eisteddai'r Llydawiaid tra eisteddai Syr Samuel Rush Meyrick a chyfeillion eraill ar ei law dde. Wedi symud y llieiniau llanwyd y gwydrau er mwyn cynnig niferoedd o lwnc-destunau. Yn gyntaf 'Oes y Byd i'r Iaith Gymraeg', yna'r Llywydd, y Frenhines, y Llydawiaid, Syr Samuel Rush Meyrick ac yn y blaen. Dywedodd yr olaf ychydig o eiriau pwrpasol iawn yn mynegi ei ofid fod cymaint o lawysgrifau Cymraeg wedi eu cloi 'mewn cistiau allan o olwg y cyffredin.' Nid oedd y gwragedd yno i ddiolch am y llwnc-destunau iddynt eithr atebai eu gwŷr drostynt. Dywedodd Syr Benjamin Hall un peth y gellid sylwi arno, i'w wraig ennill gwobr yn Eisteddfod Caerdydd a dyna pryd 'yr ymunodd a'r rhai sydd yn anrhydedd i'w Gwlad'. Pan ddiolchodd y Chevalier Bunsen dros ei wraig yntau soniodd fod yr Almaenwyr yn ymddiddori ym marddoniaeth gynnar Cymru ac yn ei chymharu â'u barddoniaeth hwy eu hunain. Gwelai Syr Charles Morgan fod 'dyddiau euraid y Dywysogaeth' wedi dechrau a mynegodd bleser mawr pan siaradai am 'ail undeb Cymru a Llydaw.' Pan gododd Carnhuanawc talodd deyrnged (nid am y tro cyntaf) i François Rio.

yr hwn a roddodd fywyd yn eu gweithrediadau, ac a helaethodd eu cylch . . . Daeth yn annysgwyliadwy . . . Efe a oleuodd wreichionen, ac y mae yn awr wedi myned yn fflam yr hon a oleua holl Ewrop.

Cododd Rio i ddiolch am y llwnc-destun iddo a phwysleisiodd y berthynas agos rhwng y Llydawiaid a'r Cymry. Cyfeiriodd at ddwy 'bryddest' wedi eu cyfansoddi gan ddau o'r Llydawiaid ac at 'ddernyn' arall gan Lamartine. Yna darllenodd la Villemarqué'r gân a gafodd y fath effaith ar ei wrandawyr, er na ddywedir am hynny yn y cofnodion nac yn *Seren Gomer* yr ysgrifennodd Ieuan ab Gruffydd yr holl hanes iddo. Rhannodd yr awdur gopïau o'r gân ymhlith y gwrandawyr. Wedi cynnig llawer rhagor o lwnc-destunau ymadawodd pawb. Yn yr Hen Eglwys y nos honno yr oedd 'cydgerdd' am saith o'r gloch yn ôl *Seren Gomer* lle cafodd y gynulleidfa foddhad mawr yn gwrando ar y datgeiniaid a'r telynorion. Yng ngwesty'r Angel yr oedd dawns.

Drannoeth am un ar ddeg o'r gloch daeth y Llywydd i'r Eisteddfod a chanwyd 'Hyfrydwch gwŷr Harlech' i'w groesawu gan gôr o delynorion. Ysgrifennodd Ieuan yn ei gofnodion na welwyd erioed

y fath degwch llyfndeg ar fath gynllun angylaidd o berffeithrwydd dynawl

ar y llwyfan. Yr oedd y lle wedi ei addurno â holl faneri'r diwrnod cynt. Cyflwynwyd Corn Hirlas (a gynlluniwyd gan Garnhuanawc) i la Villemarqué gan Syr Charles Morgan yn enw'r Gymdeithas a dyna gyfle i'r dorf eto fynegi ei boddhad mawr trwy roi banllefau o gymeradwyaeth. Atebodd la

GAN J. BAILEY, IEUAF, YSW. A. S.

44. I'r Telynor goreu ar y Delyn Deir-rhes, ac efe yn dywyll.—Telyn Deir-rhes newydd, gwerth 20 Gini.

Y Telynau a fyddant o'r gwneuthuriad goreu, gwedi eu gwneuthur yn fwriadawl i'r Gymdeithas, gan Mr BASSET JONES, o Gaerdydd.

Y mae yn ofynawl fod yr Ymgeisyddion am y tri Gwobr, Rhif. 42, 43, 44, yn drigiannol o fewn talaeth Cadair Morganwg; sef, GWENT A MORGANWG, EUAS, ERGING, ac YSTRAD Yw. A chan mai un o wrthddrychau y Gymdeithas yw coleddiad peroriaeth cynhenid y wlad, a gosod Telynau Teir-rhesawl, o wneuthuriad da, yn nwylaw y rhai a'u harferant, ni chaniateir i neb a fu yn ymarferyd â'r Delyn Droedlenog gwedi y Gylchwyl ddiweddaf, i ymgysdadlu am y Gwobrwyon hyn; nac ychwaith y neb a fyddo eisioes gwedi ennill Telyn Wobrwyawl mewn cyfarfod o'r Gymdeithas hon.

Yr Ymgeisyddion am y Camp-wobrwyon, Rhif. 42, a 43, i chwareu un neu ragor o'r tair Tôn canlynol gydag amrywiadau, (yr hyn a benderfynir trwy goelbren,) sef, *Codiad yr Hedydd*, *Ar hyd y Nos*, a *Nos Galan*. Y ddwy gyntaf yn nghywair D, a'r olaf yn G.

Villemarqué mewn araith yn Ffrangeg, meddir, gan addo cadw'r Corn yn ofalus tra byddai byw. Byddai'n mynd ag ef i bob gwledd genedlaethol yn ei wlad.

O'r diwedd dechreuwyd ar waith priodol yr Eisteddfod, a dosbarthwyd y gwobrau i'r cystadleuwyr buddugol nad oeddynt·wedi eu derbyn y diwrnod cynt. Cyn i bawb ymadael cafwyd braslun o ragolygon ariannol yr Eisteddfod nesaf gan Benjamin Hall — disgwylid y byddai gwobrwyon gwerth £350 o leiaf. Pan waeddodd un o'r Llydawiaid 'Hwra i'r Cymry' gymaint oedd y cyffro 'nes bod y lle yn crynu'. Nid oes yr un cofnod am y beirniadaethau — ymddangosodd eiddo Cawrdaf yn llawn yn *Seren Gomer* wedi hynny. Ni ellir ond casglu nad oedd amser yn caniatáu eu rhoi o'r llwyfan gan gymaint yr areithiau a'r amser a roddid i ganu â llais a thant er difyrrwch i'r gynulleidfa enfawr ac er mwyn ysgafnhau'r gweithgareddau. Beirniad y prif draethawd ydoedd yr hanesydd Hallam, eithr ni welodd ef yn dda ddod i draethu ei feirniadaeth. Yr oedd dawns y nos hon yn Llys Llanofer.

Fore trannoeth, yn ôl yr addewid, cynhaliwyd Gorsedd am y tro cyntaf yn hanes Eisteddfodau'r Gymdeithas. Yr oedd yn fore oer a chawodog gyda gwynt llym yn chwythu o'r gogledd-ddwyrain, ond er gwaethaf hynny yr oedd y to wedi ei symud 'yn y Claws' y tu cefn i westy Siôr er mwyn sicrhau fod y ddefod 'yn wyneb haul a llygad goleuni'. Dechreuodd y seremoni pan gyrhaeddodd la Villemarqué tuag un ar ddeg o'r gloch gyda Ioan Tegid a Charnhuanawc. Erbyn hynny yr oedd nifer lluosog wedi dod ynghyd. Cawrdaf oedd yn arwain mewn gwisg laes gyda rhesi o borffor ar hyd ymylon ei lewys, a gwregys lydan, borffor am ei ganol 'wedi ei amgylchu a rhidens'. Dros ei ysgwyddau yr oedd 'rhimyn llydan o sidan glâs, gyda seren euraidd yn crogi wrtho'. Hefyd gwisgai

gap o fali porphor a chylch euraidd llydan oddiamgylch iddo, a choron euraidd ar ei gŵr isaf; ac yn nhraed ei hosanau, gan na oddefid i neb fyned i'r Cylch Cysegredig yn ei esgidiau.

Ar y garreg yng nghanol y cylch o gerrig bach yr oedd cleddyf yn ei wain ac wedi ei orchuddio ag 'ysnoden lâs'. Gafaelodd Cawrdaf ynddo, ac wedi gofyn pwy oedd yno eisoes wedi derbyn 'Gradd Bardd Cadeiriawg' daeth Ioan Tegid, Rhydderch Gwynedd, Caradawc a Chynidr ymlaen i addef hynny. Aeth y ddau flaenaf i mewn i'r cylch ar ôl diosg eu hesgidiau, gafaelodd Cawrdaf yng ngharn y cledd gan alw 'Pwy sydd yma yn ymofyn Gradd Bardd yn ôl Braint a Defod Beirdd Ynys Brydain?' Arweiniwyd la Villemarqué i mewn yn bennoeth ac yn nhraed ei hosanau. Ychydig o'i holi a gafodd gan fod digon o brawf gan 'y Gorseddogion' o'i alluoedd barddonol. Wedi i Tegid a Rhydderch fynd i mewn i'r cylch 'cyfrin' yn nhraed eu hosanau i dynnu'r cledd o'i wain gafaelodd y 'Prif-fardd' yn llaw dde la Villemarqué â'i law chwith, (y ddau hyn eto wedi diosg eu hesgidiau er gwaetha'r tywydd oer a gwlyb), a rhoddi'r carn ynddi gan alw a wyddai neb

23

yno am ddim yn erbyn i la Villemarqué gael gradd bardd 'yn ôl Braint a Defod Beirdd Ynys Brydain.' Ni chafwyd un ateb wrth gwrs; ac urddwyd y Llydawr ifanc yn Fardd gyda'r enw *Bardd Nizon.* Aeth yntau ar ei lw na thynnai gleddyf byth i dywallt gwaed. Rhwymodd Ioan Tegid a Rhydderch Gwynedd 'ysnoden lâs am ei fraich' ac adroddent englynion o'u cyfansoddiad eu hunain tra gwnaent hynny. Yna urddwyd pump o Gymry'n Feirdd 'ar brawf a holiad' sef Iago Emlyn, Ioan Emlyn, Sallwg, Gwilym Gellideg a Nathan Dyfed. Cyhoeddwyd y byddai Gorsedd ym mhen un dydd a blwyddyn a rhoddwyd y cleddyf yn ôl yn ei wain. Dyna ddiwedd y seremoni. Yna traddododd la Villemarque araith yn Llydaweg 'yr hon a ddeallai y rhan fwyaf o'r Cymry oeddynt bresennol.' Am y sonnir am hon yn llawn yn y bennod ar la Villemarqué ni ddywedir ond hyn amdani yma — iddi wefreiddio a chyffroi pawb a oedd yno ac i la Villemarqué orfod siglo llaw â phob un a oedd o fewn cyrraedd iddo.

Cafwyd araith Gymraeg gan un R.Ll.Morris o Lerpwl wedyn a roddodd lawenydd i bawb. Adroddwyd englynion lawer er anrhydedd i'r Bardd newydd o Lydaw. Ni chafodd yr un o'r Llydawiaid eraill unrhyw sylw, yn wir ni ddywedir fawr o ddim amdanynt, oddieithr am M. Jacquelot, yn ystod yr holl hanes am yr Ŵyl.

Rhaid dyfynnu unwaith eto o'r cofnodion cyn dod â hanes y bumed 'Gylchwyl' hon i ben:

Efelly y diweddwyd un o'r Eisteddfodau mwyaf hyfryd a gogoneddus, ac un o'r pwys trymaf yn ei chanlyniadau a gynnaliwyd erioed yn y Dywysogaeth, er mwynâd neillduawl i gyfeillion y Gymdeithas, yn enwedig ei sefydlwyr, y rhai ni anghofiasant "ddydd y pethau bychain," pan y mae yr unig wedi mynd yn lluosawg, a'r fechan yn Fil!!!

Yna ceir ffigurau i ddangos y cynnydd hwn:

Cylchwyl 1834:
Llywydd ab Iolo.   24 aelod.
7 testun   28 cyfansoddiad
Gwobrau gwerth £13.10s.

Cylchwyl 1835:
Llywydd Syr John Guest.   41 aelod.
18 testun   38 cyfansoddiad
(6 thelynor a 10 datgeiniad)
Gwobrau gwerth £66.6.6.

Cylchwyl 1836:
Llywydd W.A.Williams.   59 aelod.
25 testun   64 cyfansoddiad
(7 telynor a 16 datgeiniad)
Gwobrau gwerth £119.13.6.

Cylchwyl 1837:
Llywydd Benjamin Hall.   110 aelod.
37 testun   192 cyfansoddiad
(13 telynor a 17 datgeiniad)
Gwobrau gwerth £175.7.0

Cylchwyl 1838:
Llywydd Syr Charles Morgan.   225 aelod.
49 testun   193 cyfansoddiad
(18 telynor a 45 datgeiniad)
Gwobrau gwerth £345.10s.

Priodolai Ieuan yr holl gynnydd i'w gyfaill Caradawc,

yr hwn sydd yn wastad yn llafuriaw megis *Hu Gadarn* er lles ei Wlad, ei Iaith, a'i Genedl.
Boed iddo Ef hir hoedl a hawddfyd, ac i'r Gymdeithas rwydduneb cynyddawl, a pharhad
cyfartal a'r Ddaear. Amen.

Yr oedd sôn am y Gymdeithas wedi mynd ar led yn bellach nag y
breuddwydiodd neb o'i sylfaenwyr cyntaf. Tybid yn gyffredinol iddi dynnu
sylw gorsedd Ffrainc. Perthynai iddi wŷr llengar ac eneiniedig. Yr oedd nifer
y cystadlaethau a'r cystadleuwyr a chyfanswm y gwobrau wedi mynd ar
gynnydd. Yr oedd yr Eisteddfodau'n denu torfeydd o bob dosbarth nes bod
eu man cyfarfod dan sang a dweud y lleiaf. Noddid hwynt gan bobl gefnog,
rhai parod i'w cynorthwyo â'u da ac â'u dylanwad. Yn ddi-os yr oedd pob
argoel y byddai i'r Gymdeithas oes hir i wasanaethu Cymru mewn llawer
modd. Hyd at hynny, fodd bynnag, nid oedd dim o werth llenyddol, ar
wahân i weithgarwch y *Welsh MSS. Society,* wedi ei gynhyrchu. Ond yr oedd
yr Eisteddfodau wedi rhoi cyfle i Gymry Cymraeg o bob gradd gystadlu, a
thrwy hynny wedi symbylu ac wedi cadw'n fyw ddiddordeb llaweroedd yn y
pethau Cymraeg. Yr oedd hynny'n bwysig mewn cyfnod pan oedd bywyd yn
galed er yr holl gynnydd mewn diwydiannau o bob math. Nid oedd gan y
Gymdeithas fangre iddi ei hun a fyddai'n ddigon mawr i ddal yr holl
dorfeydd a ddeuai i'w Heisteddfodau a rhaid oedd iddi fodloni ar yr
ystafelloedd mwyaf a oedd ar gael yn nhref y Fenni er mor anfoddhaol y
rheini'n aml. Nid oedd un awgrym fod prinder arian. Ysywaeth, yr oedd
gormod o'r aelodau heb wybod yr iaith Gymraeg — y mwyafrif llethol o'r
rhai y dibynnai'r Gymdeithas arnynt i'w noddi, ac eraill hefyd. Gan hynny,
yn yr Eisteddfodau clywyd Saesneg yn amlach na Chymraeg oddi ar y
llwyfan. Wrth gwrs adroddai neu darllenai'r beirdd eu cyfansoddiadau yn
Gymraeg a geiriau Cymraeg a genid gan y datgeiniaid. Yr oedd nifer y
rheini'n cynyddu o dipyn i beth bob blwyddyn a dyna gyfle i'r merched a'r
gwragedd gystadlu. Y delyn deir-res oedd y delyn a welid a'r pris uchaf am
un newydd ydoedd £20. Câi plant — yn ferched ac yn fechgyn — gyfle i
gystadlu ac i ennill telyn. Ym 1838 yr oedd cystadleuaeth arbennig i
delynorion dall a rhoddwyd ail a thrydedd wobr am ambell gystadleuaeth ar y
delyn. Enillodd Maria Jane Williams y wobr ym 1837 am gasgliad o alawon
gwerin Cymraeg a rhoi cychwyn i rywbeth yn nhraddodiad cerddorol Cymru
nad oedd y Gymdeithas fel y cyfryw wedi sylweddoli ei werth. Yr oedd
cystadlaethau wedi dechrau am samplau o wlanen Cymru ac am hetiau befar
ond bach iawn oedd y gwobrau amdanynt.

25

Yr argraff a gawn ydyw mai'r gorymdeithiau lliwgar ar adeg yr Eisteddfodau oedd bwysicaf. Trefnid hwynt yn fanwl iawn gan Garadawc ac yr oeddynt yn ddigon o ryfeddod i'r rhai a rythai arnynt o'r heolydd. Ni ellir canfod fod pawb a heidiai i'r Fenni yn deall beth oedd amcan yr holl sioe, sef hyrwyddo iaith a llên a diwylliant Cymru, ond a oeddynt yn wahanol i laweroedd sy'n heidio heddiw i rythu ar seremonïau'r Orsedd? Gofalai'r Gymdeithas ddangos dyledus barch yn ei holl weithgareddau i'r Goron er cymaint ei gwladgarwch. Ond gwladgarwch diwylliannol ydoedd ac nid gwladgarwch politicaidd, ac eglwyswyr oedd ei phrif arweinwyr megis yn hanes y Cymdeithasau Taleithiol hwythau, eithr yr eglwyswyr prin hynny a welai werth amhrisiadwy'r iaith Gymraeg ym mywyd Cymru, yn ddiwylliannol, yn grefyddol ac yn gyfreithiol hefyd. Yr oedd pawb wrth eu bodd yn dangos eu brwdfrydedd mewn afiaith ac asbri hyd oriau mân y bore yn aml, ac mewn 'banllefau o gymeradwyaeth' pan ddywedai rhyw siaradwr eiriau gwladgarol o'r llwyfan neu mewn cinio, boed yn Saesneg neu yn Gymraeg. Carnhuanawc oedd eilun pawb ond câi'r dieithryn, hefyd, flas o'u boddhad yn ddigon parod.

Ar ôl Gŵyl fawr 1838 nid anghofiwyd dathlu 'Cylchwyl wirioneddol' y Gymdeithas, sef ei phen-blwydd, ar Dachwedd 21, yn ei hystafell yn Yr Haul. Rhaid oedd cael cinio yn ôl yr arfer ar yr achlysuron blynyddol hyn, ac wedi bwyta a chlirio'r byrddau rhaid oedd yfed llwnc-destunau. Dyma un ohonynt i 'Gymreigyddion Caerludd'.

> Cyfodai Ieuan drachefn, gan ddywedyd fod iddynt Chwaer Fechan arall, (eithr ni ddywedai nad oedd bronau ganddi), ond ei bod yn *Hesp* er ystalm, er hyny gobeithiai y deuai adfywiad cynhyrfiawl ysbryd gwladgarawl i'w hail wresogi, ac y ceid maethlonrwydd iachusawl eto ganddi yn ei henaint.

Buasai Ieuan yn ysgrifennydd i'r Gymdeithas hon pan drigai yn Llundain.

Cynhaliwyd pwyllgorau ar ddiwedd 1838 a dechrau 1839 i ddewis swyddogion am y flwyddyn i ddod. Yr oedd pob aelod ohonynt o'r Fenni, a Charadawc unwaith eto yn Gofiadur. Ymdriniwyd â rhyw fân bethau hefyd. Ddydd Gŵyl Ddewi, 1839, ym mhwyllgor y nos honno, ymddiswyddodd Caradawc am fod ei fasnach wedi cynyddu i'r fath raddau fel na allai 'dalu y dyfalwch gofynawl i wasanaeth y Gymdeithas'. Derbyniwyd ei ymddiswyddiad heb air o siom nac o werthfawrogiad.

Yn naturiol ddigon ei olynydd ydoedd Ieuan ab Gruffydd, a dyma gychwyn ail gyfnod y Gymdeithas.

CYFNOD 2
John Evans (Ieuan ab Gruffydd) o Ŵyl Ddewi, 1839, hyd Ragfyr 7, 1843.

Penderfynwyd, ar gais yr ysgrifennydd newydd, y câi 22½ y cant yn gyflog o'r swm a gesglid yn dâl aelodaeth blynyddol. Ni wnaethpwyd dim o bwys wedyn tan Fai 16 pan benderfynwyd danfon pigion o gynhyrchion Eisteddfod 1838 i'r papurau Cymraeg, a rhoi caniatâd i ab Iolo gyhoeddi y byddai

Gorsedd yn y Fenni ym 1840. Ond y cofnod am bwyllgor Mehefin 3 oedd y pwysicaf ers tro am i Ieuan benderfynu o'i ben a'i bastwn ei hun nad oedd yn mynd i ysgrifennu'r cofnodion yn ddwyieithog mwy. Cwynai fod oerfelgarwch wedi gafael yn y rhan fwyaf o breswylwyr y Fenni ac yn aelodau'r Gymdeithas. Cynigiai resymau am hynny — caledi'r amseroedd, diffyg eiddgarwch a gwladgarwch, er gwaethaf ei' holl weithgarwch ef ei hun. Yn fynych ni ddeuai neb i gyfarfod a phan ddeuai rhywrai yno ni wnaent ddim ond ysmygu a gwrando ar ganu'r delyn. Yr oedd y misoedd rhwng yr Eisteddfodau wedi mynd yn hollol ddiramant iddynt. Cyfaddefai Ieuan fod y cyfarfodydd cyffredin wedi mynd ar eu gwaeth ac wedi lleihau mewn nifer ers tro. Felly penderfynodd mai yn Gymraeg yn unig y byddai ei gofnodion o hynny ymlaen. Mae ei frawddeg olaf am hyn yn Saesneg yn ddeifiol:

... as we are called *Cymreigyddion*, I shall enter the same in the Ancient British Language, and that only, and let those who wish to read, and does (sic) not understand that Language, learn it.

Byr yw'r hanes am ddathlu pen-blwydd y Gymdeithas ym 1839 hyd yn oed yn y papurau. Cynhaliwyd y cyfarfod ar Hydref 9. Yr oedd areithio fel arfer. Daeth dau ŵr o estron yno, y Chevalier Bunsen a chyfaill iddo, yr Athro Lepsius, yr Eifftegwr a'r ieithegwr o'r Almaen. Cyfarfu pawb yng ngwesty'r Milgi y tro hwn. Tri cherbyd yn unig a ddaeth yno, erbyn pedwar o'r gloch, gyda'r Llywydd, (Syr Charles Morgan), Syr Benjamin Hall a'u cyfeillion. Yr oedd gwledd o ddanteithion mewn ystafell wedi ei haddurno â blodau a llawryf. Ceir enwau'r boneddigion hyn yn yr hanes — Syr James Hamlyn Williams, P. Jones, Ysw., Llanarth, J.E.Rolls, Ysw., ac Arthur James Johnes, Ysw. Yno hefyd yr oedd Carnhuanawc, Ioan Tegid, Caledfryn ac amryw lenorion eraill. Difyrrwyd y gwesteion, i'w mawr foddhad, gan ddatgeiniaid a thelynorion.

Cofiai Syr Charles Morgan am ardderchowgrwydd Gŵyl 1838. Yfwyd llwnc-destunau i'r Iaith Gymraeg ac i'r Frenhines. Clywyd alawon megis 'Codiad yr Haul', 'Ymdaith Caerffili', 'Ar hyd y Nos'. Datganwyd 'Syr Harri Ddu' gan John Thomas a'i gôr o Ferthyr Tudful. Wedyn atgoffodd Syr Charles hwy am Eisteddfod Llynlleifiad (Lerpwl). Teimlai mai sefydliadau buddiol dros ben oedd y Cymdeithasau Cymraeg gyda'u hysbryd brawdgarol. Yr oedd ef a'i gyfaill Syr John Guest yn noddwyr Eisteddfod Lerpwl ac felly rhoddent bob cymorth a chefnogaeth i'r Arglwydd Mostyn.

Siaradodd Carnhuanawc am yr effaith ddaionus a gawsai Cymreigyddion y Fenni yn agos ac ymhell — mor bell ag America ac yn sicr ar y Cyfandir. Diolchodd, yn afaelgar ac yn wlatgar, mewn ateb i lwnc-destun iddo gan Ioan Tegid. Diolchodd Caledfryn am y llwnc-destun iddo yntau, a hynny mewn araith Gymraeg. Gellir casglu mai yn Saesneg yr oedd yr areithiau eraill, hyd yn oed eiddo Carnhuanawc, am mai am hon yn unig y dywedir ei bod yn Gymraeg. Croniclodd Ieuan i Galedfryn ddweud, ym mhlith pethau eraill clodwiw, pam y dylent ddefnyddio'r Iaith Gymraeg — am mai hi oedd iaith eu mamau, iaith eu gwlad, iaith eu teimlad, iaith eu crefydd. Adroddodd Caledfryn am ei deimladau personol ef pan ddaethai trwy Sir Henffordd a gweld enwau Cymraeg 'ar hyd y parwydydd' ac wynebau Cymreig gan y trigolion, ond heb yr Iaith Gymraeg ar eu gwefusau. Adroddodd ddau englyn yr oedd wedi eu cyfansoddi wrth ddod trwy'r sir:—

Wylo uwchben adfeilion yr iaith
   Yr wyf yn hiraethlon,
   Ni welir prin ei holion,
   Nag ei rhith drwy'r fangre hon.

Canu'n iach i'w hacenion hi ellir,
   Maent oll wedi'u boddi,
   Swn arall cas yn oeri
   Y galon oll a glyw'n ni.

Canwyd penillion i annerch Gwenynen Gwent wedi eu cyfansoddi gan Ioan Tegid ar yr alaw 'Ar hyd y Nos.'

Canwn oll, yn hollawl lawen . . .
Ac yn gynhes i'n Gwenynen, . . .
Haedda gân gan Gymreigyddion,
Gyda bloedd o eigion calon,
A sain telynau'r telynorion . . .

Gwenynen Gwent yw'r testun ini, . . .
Pwy na chana gerddi iddi? . . .
Moeswch, Feirdd, eich mêl-ganiadau,
A'r telynwyr eich telynau,
A'r datgeiniaid, unwch chwithau, . . .

Etto ganiad i'n Gwenynen, . . .
Gyda gwëad egni Awen . . .
Hi yw mamaeth iaith ein tadau,
Teilwng gwaeddu, o'n calonau,
Gwenynen Gwent, a'r Eisteddfodau . . .

Dangosodd J.Hiley Morgan gymaint o ddaioni ac o les ariannol a wnaethai Cymreigyddion y Fenni i fasnach y dref a'r gymdogaeth. Argraffydd ydoedd Hiley Morgan a gwelir ei enw ar raglenni Saesneg yr Eisteddfodau'n aml.

Casglodd pawb, tuag wyth o'r gloch, yn yr Hen Eglwys, a'r Llywydd yno ydoedd y Parch. John Evans, offeiriad Llanofer, a Llywydd y Gymdeithas. Difyrrwyd y gynulleidfa gan saith o delynorion a'r holl ddatgeiniaid. Yr oedd merch Caradawc, Meillionen Glan Wysg, ymysg y telynorion. Bassett Jones a wnaeth ei thelyn a ragorai 'ar holl delynau Cymreig yr oes'. Yr oedd rhagor o areithiau gan y siaradwyr arferol. Ychwanegodd Ieuan yn yr hanes yn *Seren Gomer* (Tachwedd, 1839), glod iddo ef ei hun am barhau'r hyn a wnaethpwyd mor wych gan y cyn-ysgrifennydd, Caradawc, gŵr y bu ei holl ymdrechion yn foddion i ddyrchafu'r Gymdeithas goruwch holl

Gymdeithasau Cymreigyddol 'y Dywysogaeth'. Ei ddymuniad ydoedd y byddai iddi barhau am byth. Chwarae teg iddo, i bob golwg, ychydig o gymorth a gawsai yn ystod y flwyddyn a aethai heibio gan neb bron o aelodau'r pwyllgor.

Pwnc llosg yn y ganrif ddiwethaf ydoedd Orgraff yr Iaith Gymraeg. Aeth â chryn dipyn o amser y Cymreigyddion yn ystod y cyfnod hwn. Cynhaliwyd pwyllgor yn ystafell y Gymdeithas, Hydref 10, 1839, i ymdrin o ddifrif â'r pwnc ac i geisio meddwl am ffordd i sefydlu un gyfundrefn 'arddeledig' a fyddai'n safon yr orgraff. Penderfynwyd mai'r ffordd orau i fynd ati fyddai sefydlu pwyllgor cymwys o bum aelod a gâi'r mwyafrif o bleidleisiau gan bob awdur a golygydd Cymraeg. Cymeradwywyd y cynllun gan Ioan Tegid, Caledfryn a Charnhuanawc. Cylchlythyrwyd gan Ieuan ab Gruffydd bob awdur, golygydd ac 'ysgrifennydd Cymreig' hysbys iddo. (Cwynai mai Carnhuanawc a luniodd y cylchlythyr ac felly nad eiddo ef y beiau ynddo!). Ym mhen blwyddyn ffurfiwyd y pwyllgor canlynol — Ioan Tegid, Caerfallwch, Caledfryn, Aneurin Owen a Samuel Evans (golygydd *Seren Gomer)*. Yn y *Seren*, Hydref 1840, mewn llythyr at Samuel Evans, hydera Ieuan y byddai pob Cymro gwlatgar yn cefnogi ac yn cynorthwyo'r pwyllgor. Ysywaeth ni chlywyd mwy amdano.

Ni wnaethpwyd dim o bwys am dipyn oddieithr trefnu ar gyfer Gŵyl fawr 1840, chweched Eisteddfod y Gymdeithas. Mae un cofnod eto sy'n peri tristwch — cofnod am nos Fercher, Rhagfyr 11, 1839. Methodd yr ysgrifennydd â chael neb i ddod i bwyllgor y nos honno ac felly ni fedrwyd gwneud dim. Ceisiodd yn Chwefror, 1840, alw pwyllgor eto a llwyddodd y tro hwn. Medrwyd gwneud rhai penderfyniadau ynglŷn â'r Ŵyl. Wedi hynny ni fedrodd gael digon i ddod at ei gilydd trwy gydol y misoedd rhwng hynny ac Awst 19, a bu raid trefnu'r pethau mwyaf angenrheidiol o bryd i bryd gan y trysorydd a'r ysgrifennydd a rhyw un neu ddau o'r aelodau eraill. Bu llawer o gyfarfodydd ar y funud olaf, ym Medi, i wneud y trefniadau terfynol. Yr oeddynt yn disgwyl torf i'r Fenni oherwydd argraffwyd 500 o docynnau pum swllt, 1,000 o rai hanner coron a 150 o rai rhyddion, gan ofalu fod cant o leoedd gwag i'r telynorion a'r datgeiniaid a'r cerddorion eraill ynghyd â'r beirdd.

Cynhaliwyd y chweched Eisteddfod Hydref 7, 8 a 9, 1840. Yr oedd milwyr yn cerdded bob ochr i'r gorymdeithwyr ac yr oedd yno seindorf hefyd — y cyfan yn gorymdeithio'n rheolaidd o'r Haul i gwrdd â'r Llywydd J. Rolls, Yr Hendre, a ddaeth yn ei gerbyd i gwrdd â hwy. Arhosai'r orymdaith eto ar gydiad ffordd Mynwy a ffordd Pontypŵl. Dywedir wrthym gan Ieuan fod dros saith mil yn yr orymdaith hon. Dilynwyd yr un drefn ag ym 1838. Y flwyddyn hon, fodd bynnag, yr oedd yr Eisteddfod mewn adeilad nad oedd yn dal mwy na dwy i dair mil o bobl, ar faes gwastad yn ymyl y dref ar ffordd Henffordd. Yr oedd yr adeilad hwn wedi ei addurno â blodau a

84   Darn cyntaf a darn olaf llythyr oddi wrth yr Arglwyddes Charlotte Guest at y Parch. John Evans, Llanofer, yn cadarnhau ei hymlyniad wrth y Gymdeithas ac yn cynnig gwobr o ddeg gini yn Eisteddfod 1840.

gwyrddlesni a baneri lliwgar megis yn yr Eisteddfodau blaenorol.

Yn bresennol am y tro cyntaf yr oedd neb llai na Connop Thirlwall, Esgob Tyddewi. Nid oedd wedi bod yn Nhyddewi ond ychydig fisoedd a dyma ef yn awr yn anrhydeddu Cymdeithas Cymreigyddion y Fenni â'i bresenoldeb. Ni fuasai ei apwyntiad yn boblogaidd o gwbl yng Nghymru am nad oedd yn Gymro Cymraeg, ond yr oedd Dewi o Ddyfed wedi ei rybuddio'n blaen na fyddai'n gallu gwneud ei waith fel esgob yn iawn am na wyddai Gymraeg. Felly daeth yr esgob yn awr i'r Eisteddfod hon wedi dysgu tipyn o Gymraeg cyn dod. Yr oedd y Llywydd wedi paratoi araith ofalus yn rhoi hanes y Gymdeithas o'i dechreuad, gan ddangos ei datblygiad trwy'r blynyddoedd; yn naturiol ddigon cafodd gymeradwyaeth wresog iawn. Anogodd ei holl gyfeillion yno i gyfrannu deuddeg swllt yr un yn flynyddol er mwyn sicrhau cronfa a fyddai, ynghyd â'r tanysgrifiadau, yn ddigon i dalu'r treuliau arferol a gadael peth arian yn weddill i dalu am gyhoeddi, bob blwyddyn, un neu ddau o'r cyfansoddiadau mwyaf teilwng (nid yn unig yn Gymraeg eithr mewn cyfieithiadau Saesneg hefyd). Ysywaeth ni ddaeth dim o'r awgrym hwn. Adroddwyd englynion cyfarch gan amryw feirdd. Gwrandawyd ar Garnhuanawc yn astud pan lefarai yn huawdl ac yn addysgiadol yn ôl ei arfer. Dywedodd fod Oes Aur newydd yn gwawrio yng Nghymru. Hon fyddai'r drydedd, meddai, canys bu dwy o'r blaen — un yn y chweched ganrif a'r llall yn y ddegfed — a manylodd arnynt. Gwnaethai'r Gymdeithas lawer i hyrwyddo'r Oes Aur newydd hon. I esbonio hynny aeth ati i enwi'r gweithiau a ddaethai eisoes o'r wasg fel canlyniad i'w gweithgarwch. Yr oedd wedi dod â sawl un ohonynt gydag ef ac wrth eu henwı fe'u codai hwynt i fyny er mwyn i'r dorf eu gweld.

Unwaith eto difyrrwyd pawb gan gôr John Thomas yn canu 'Syr Harri Ddu'. Yr oedd llawer o ganu â'r llais a'r tannau hefyd.

Caledfryn oedd Beirniad y farddoniaeth, a chafwyd beirniadaeth fanwl a thrylwyr ganddo. Fe'i ceir yn *Seren Gomer* Rhagfyr. Yr oedd yn atal y wobr am bump o gystadlaethau er mawr anfodlonrwydd a siom i'r beirdd. Rhaid oedd iddynt gyfaddef, serch hynny, fod y feirniadaeth yn hollol deg. Yr oedd llawer o gyfansoddiadau gwael wedi dod i law yn y blynyddoedd cynt a mynnai Caledfryn godi'r safon. Beiai ddiffyg chwaeth y beirdd, y geiriau llanw diddiwedd, y gwallau gramadeg a chynghanedd, a syniadau a ffigurau tywyll a di-nod eu cyfansoddiadau. Rhoddodd ddigonedd o enghreifftiau ohonynt i ddangos ble yn union yr oedd y gwendidau hyn ond ni pheidiodd â dangos, hefyd, lle y rhagorent. Yn ôl *Seren Gomer* cyhoeddodd aelodau pwyllgor y Cymreigyddion, mewn cyfarfod arbennig, eu bod yn llwyr gytuno â'r feirniadaeth, ac yn diolch i'r beirniad am ffurf foneddigaidd a boddhaol ei ymdriniaeth. Ni allent lai na dweud hynny, a phrofwyd mai buddiol ydoedd i'r beirdd a wrandawodd arno.

Darllenodd yr ysgrifennydd gyfarchiad yn enw'r Cymreigyddion, eu cyfeillion a'u cydwladwyr i'r Esgob Connop Thirlwall. Diolchodd iddo am ddod a mynegodd foddhad pawb ei fod ef, gŵr mor uchel ei safle ac mor ddysgedig a dawnus, yn noddi llenyddiaeth Gymraeg ac yn anrhydeddu eu 'Gwledd Genedlaethol' hwy â'i bresenoldeb. Canmolodd ef am ddysgu'r Gymraeg mor dda ac yntau newydd ddod i fyw yma. Ar yr un pryd yr oedd am i'r Esgob wybod nad ef oedd y cyntaf i ennill cariad y Cymry trwy wneud hynny, a gobeithiai nad ef fyddai'r olaf. Dymunodd o galon oes hir iddo i lywyddu dros esgobaeth Tyddewi. Cododd yr Esgob yng nghanol cymeradwyaeth o'r mwyaf i ateb y cafarchiad hwn. Cyfaddefodd nad oedd wedi deall pob gair ohono eithr yr oedd yn derbyn y cyfan fel arwydd o barch i'w swydd ac nid iddo ef yn bersonol. Teimlai hi'n rheidrwydd ac yn ddyletswydd sanctaidd arno ddysgu'r Gymraeg. Nid dod yno i weld y wlad yr oedd nac ychwaith i fwynhau lletygarwch teulu Llanofer, eithr er mwyn dangos nad oedd yn ddihidio am les pobl y rhan honno o'r wlad. Dymunai, hefyd, ddilyn ôl troed ei ragflaenydd, yr Esgob Burgess. Sylwasai mai arwyddair y Gymdeithas ydoedd 'Oes y Byd i'r Iaith Gymraeg' ac yr oedd gwerth yn yr iaith a'i llên. Canmolodd waith Charlotte Guest a gwaith argraffwasg Llanymddyfri. Trwy gydol yr araith hon bu aml fonllef o gymeradwyaeth.

Carnhuanawc oedd beirniad y traethodau ac eithrio'r prif ddraethawd. Bunsen oedd beirniad hwnnw ond am na fedrai fod yno rhoddwyd y feirniadaeth gan Garnhuanawc. Almaenwr, Albert Schulz o Bromberg, a enillodd y wobr, yr estron cyntaf i ennill yn yr Eisteddfodau hyn. Cafodd £84 am ysgrifennu am yr effeithiau a gawsai chwedlau Cymru ar lên Ffrainc, yr Almaen a Llychlyn.

Aeth y cyfarfod hwn ymlaen tan bedwar o'r gloch y prynhawn pan ymrannodd pawb. Casglodd tua chant o'r boneddigion am chwech yn Yr Angel ac wedi gorffen gwledda cynaliasant gyfarfod i wrando ar areithiau ac i yfed llwnc-destunau niferus i'r bobl arferol. Ni sonnir am gyfarfod y beirdd a'r telynorion a'r datgeiniaid ond mae'n siŵr fod un wedi'i gynnal.

Drannoeth dechreuwyd y gweithgareddau am un ar ddeg o'r gloch. I agor darllenodd y Llywydd gân Saesneg symol ddigon dan y teitl 'Cambria's Holiday'. Gwnaeth y tro yn lle araith, ond ni wyddys ai ef a'i cyfansoddodd ai peidio. Siaradodd Carnhuanawc eto, yn Gymraeg, a siaradodd eraill yn ogystal, yn eu plith Syr Benjamin Hall. Cyflwynwyd y gweddill o'r gwobrau a chlywyd pytiau o feirniadaethau ar y cystadlaethau yn eu tro. Bu tipyn o ganu'r delyn deir-res fel arfer.

Gwelir enwau newydd yn yr hanes am yr Eisteddfod hon — yn eu plith, W.J.Rees, Casgob a Syr Thomas Phillips, Middle Hill.

Diolchwyd yn arbennig i Garnhuanawc am ei holl weithgarwch dros y Gymdeithas. Mae'n amlwg ddigon mai yn ei ddwylo ef yr oedd yr holl drefniadau yn y neuadd. Nid oedd ball ar ei frwdfrydedd drosti. Yn wir ef oedd y gŵr a ofalai am ei holl weithgareddau cyhoeddus ac amlwg ydyw ei fod yn paratoi ei waith yn ofalus.

Canwyd cyfieithiad Cymraeg Gwilym Mai o 'God Save the Queen' i orffen. (Ychwanegwyd gan Ieuan i'r cynulliad wneud hynny, hefyd, y diwrnod cynt). Rhoddwyd banllefau o gymeradwyaeth i Garnhuanawc, Gwenynen Gwent a'r Esgob ac i eraill nas ceir mo'u henwau. Yn nhyb Ieuan a phawb a oedd yno dyma'r Eisteddfod odidocaf a welwyd erioed yn y Fenni ac efallai yn y Dywysogaeth.

Ond nid dyma'r diwedd. Ciniawyd eto yn Y Llew, gyda Ioan Tegid yn y gadair. Bu dawns i'r bonedd yn Yr Angel. Fore trannoeth ar faes yr Eisteddfod cynhaliwyd Gorsedd. Derbyniodd Ieuan 'radd' yno. Gwobrwywyd ei lafur.

Bu cinio yn Yr Haul, Tachwedd 23, 1840, i ddathlu seithfed pen-blwydd y Gymdeithas, neu 'seithfed Gylchwyl' fel y dywedid. Ni ddigwyddodd dim yno yn wahanol iawn i ddathliadau'r chwe blynedd cyntaf. Ond y tro hwn yr oedd yr addurniadau yn yr ystafell yn wychach. O'r nenfwd hongiai corn gwerth pum gini wedi ei addurno ag arian y bwriadwyd ei gyflwyno'r nos honno i Bassett Jones (Ieuan Delynawr) am ei fedr i wneud telynau'r Gymdeithas. Ond bu raid gohirio'r cyflwyniad gan fod Bassett Jones yn methu dod. Etholwyd swyddogion ac aelodau'r pwyllgor am y flwyddyn 1841. Yfwyd llwnc-destunau, fel arfer, a chafwyd araith wlatgar a brwd gan Garnhuanawc, y Llywydd, er mawr foddhad i bawb. Yr oedd y telynorion yno'n canu'n seinber 'yn ôl dull Gwent a Morganwg a Gwynedd'. Cafwyd amser ardderchog.

Y pryd hwn yr oedd y Gymdeithas mewn cryn ddyled a bu raid benthyca £150 trwy i'r swyddogion a'r gweddill o'r pwyllgor roi £10 yr un yn fenthyg ar log o bump y cant. Yna talwyd y gweddill o'r gwobrau a'r biliau ('dylebion' y'u gelwir yn y cofnodion) nas talwyd. Ond parhâi'r aelodau yn ddihidio ac ni thyciai unrhyw ymbil ar ran Ieuan i'w dwysbigo i ymddiddori yng ngweithrediadau diramant y misoedd rhwng yr Eisteddfodau. Ni ddeuai odid neb i'r pwyllgorau a alwyd ganddo a dymunai'r hen 'Gofiadur' Caradawc i bawb wybod nad oedd a fynnai ef ddim â'r Gymdeithas. Tybed a deimlai nad oedd hi'n awr yn deilwng o'i deyrngarwch a'i bod wedi anghofio'r amcanion y sefydlwyd hi i'w hyrwyddo, yn bennaf dim 'er coleddu'r iaith Gymraeg'? Ond na feiwn Ieuan ab Gruffydd am hyn.

Ni chynhaliwyd Eisteddfod ym 1841 eithr dathlwyd yr wythfed pen-blwydd er bod 'y Pwyllgor wedi llwyr gysgu' dros y rhan fwyaf o'r flwyddyn. Eithr y nos hon, yn ôl tystiolaeth y cofnodion, fe brofwyd nad marw'r Brenin Arthur nac ychwaith fod gwladgarwch y Cymreigyddion hwythau wedi llwyr ddiffodd. Cyfarfu tua thrigain i wledda yn ystafell y Gymdeithas am hanner awr wedi wyth ac am nad oedd digon o le yno bu raid i ugain arall fynd i'r parlwr. Llywyddwyd unwaith eto gan Garnhuanawc. Cyfeirir ni at y

Monmouthshire Merlin am yr hanes. Dywedodd y Llywydd y carai ei iaith ac y carai ei wlad yn angerddol a dymunai'n fawr weld llwyddiant a chynnydd a hapusrwydd iddi. Canmolai'r Cymdeithasau Cymraeg am ddod â'r bonedd a'r werin yn nes at ei gilydd. Yr oedd galwedigaethau rhai o'r pwyllgor yn ddiddorol — dau groser, crydd, dau dafarnwr a gwerthwr hadau.

Yn ôl y *Merlin,* er bod gwladgarwch y cwmni'n amlwg pan yfwyd llwnc-destun i'r Iaith Gymraeg, amlygwyd mwy o frwdfrydedd a theyrngarwch pan yfwyd y llwnc-destun i'r Frenhines.

Cyhoeddwyd rhestr o destunau Eisteddfod 1842 yn *Seren Gomer* ddwy waith ar ddiwedd 1841, ond er bod y pwyllgor yn gwybod am hynny anwastad oedd rhif yr aelodau a ddeuai i baratoi ar gyfer yr Ŵyl honno. Galwyd naw cyfarfod i drafod y babell — sut un i'w chael a ble i'w rhoi a'r gost ac ati. Torcalonnus iawn i'r Ysgrifennydd ydoedd diffyg diddordeb ei bwyllgor. Mae'n sicr iddo bryderu llawer a fyddai Eisteddfod ai peidio. Daeth Carnhuanawc i lywyddu pwyllgor Awst 18, a phenderfynwyd yn derfynol ble i godi'r babell sef ar y clwt tir o flaen 'Ostl Grofield' y man mwyaf cyfleus fe dybid. Llogwyd pabell oddi wrth Thomas Edgington, yr Old Kent Road, Llundain — hyd can troedfedd, lled un droedfedd ar bymtheg ar hugain, uchder ugain troedfedd, a daliai ddeunaw cant o bobl. Cafwyd tipyn o drafferth ynglŷn â hi — cododd problem ei phris, ei chael mewn pryd a'r gost o'i haddurno am £20. Penderfynwyd cael seindorf Llanofer a thalu pedair punt a chweugain a gwerth coron o ddiod am eu gwasanaeth. Bu raid gofyn i John Thomas a'i gôr dderbyn llai o dâl na chynt. Hysbysebwyd yr Eisteddfod yn y papurau Saesneg — y *Merlin,* y *Cambrian,* y *Merthyr Guardian,* y *Beacon,* a'r *Hereford Times.* Ond ar ôl yr holl bryder a'r holl waith ar y funud olaf fe gynhaliwyd seithfed Eisteddfod y Gymdeithas ddydd Mercher a dydd Iau, Hydref 12 a 13, mewn tywydd ffafriol a chyda'r rhwysg arferol, fel y gellid ei galw, yn ôl y cofnodion, yn 'Wledd Genedlaethol.' Ni allai Ieuan ymatal rhag ychwanegu fod popeth wedi ei wneud trwy lafur ac ymdrech fawr.

Y flwyddyn hon daeth gŵr dieithr iawn i'r Fenni — tywysog o'r India, Hindŵ o'r enw Chundermohun Chatterjee, gŵr ieuanc hardd mewn dillad lliwgar dwyreiniol a nai i Dwarkanauth Tagore, y marsiandwr enwog a'r dyngarwr, tad-cu'r bardd Tagore. Yr oedd wedi bod ym mhalas Buckingham a'i dderbyn gan y Frenhines ei hun. O'r herwydd yr oedd yn ŵr mwy rhamantus fyth ac yn llawer pwysicach. Uchafbwynt pob anrhydedd oedd cael mynd i wyddfod Ei Mawrhydi.

Megis yn yr Eisteddfodau blaenorol nid oedd ball ar addurniadau'r dref — yn flodau, yn ganghennau gwŷdd ac yn faneri lliwgar o bob math. Nid J. Vaughan, Courtfield, oedd y Llywydd wedi'r cyfan eithr Rhys Powell, Wonastow (Llanwarw yn Gymraeg), ac aeth yr orymdaith fawr allan i gwrdd ag ef yn ôl yr arfer. Cyfarchwyd ef yn Gymraeg ac yn Saesneg. Yr oedd y cerbydau a'r gwŷr traed yn cyrraedd o un pen y dref i'r llall ymron. Rhythai pawb allan o ffenestri eu tai ac o ochrau'r ffordd arni'n ymlwybro tua'r babell ar faes Grofield, ac yn ymyl y lle hwnnw yr oedd torf enfawr yn aros i weiddi eu croeso pan gyrhaeddai'r gwŷr mawr yn eu cerbydau — dywedir bod yno chwech ar hugain ohonynt. Gwisgasai'r Derwyddon yng ngwisgoedd eu hurdd. Yr oedd eu baneri yno yn dwyn eu harfbeisiau a'u harwyddair. Rhaid oedd rhoi sylw arbennig i Dywysog Cymru — ar un faner yr oedd *Eich Dyn* ac ar un arall *Ich Dien*, ond yr orau ydoedd honno a'r geiriau *Ein Tywysog ni ein Hunain* arni. Yr oedd dwy faner a dreigiau arnynt a'r enwau Cadwaladr a Maes Bosworth ac un a chenhinen arni.

Derbyniwyd y Llywydd i'r babell fawr i sain utgorn. Daethai, gyda'r boneddigion arferol, un o aelodau teulu Bute, sef yr Arglwydd James Stuart, ac eisteddodd ef a'r tywysog o'r India un ar bob tu i'r Llywydd ar y llwyfan. Yna cymerodd pawb eu lleoedd yn y neuadd a addurnwyd yn wych, meddir. Nid anghofiwyd dangos teyrngarwch i Victoria — yn wir bu gofal arbennig i'w ddangos trwy roi'r llythrennau V.R., wedi eu llunio o flodau 'dahlia', yn amlycach na dim ar ddeupen y babell. Bu gofal mawr a chelfyddyd neilltuol yn y ffordd y trefnwyd yr addurniadau — ar ganol y babell yr oedd coron ar glustog a thelyn wedi ei llunio o'r 'dahlias.' Crogai baneri trawiadol o bob math o'r to.

Traddododd Rhys Powell araith ganmoladwy iawn. Dywedodd i'r dywysoges Victoria a'i mam fynd i Eisteddfod Biwmaris ym 1832; fod y Cymreigyddion wedi gwneud mwy nag un Gymdeithas arall i hyrwyddo'r delyn deir-res ac i roi telynau i'r rheini na allent fforddio'u prynu eu hunain. Rhagluniaeth, meddai, a roes i genedl y Cymry ei hiaith. Yr oedd y gallu a feddai'r Cymreigyddion i roi i'r beirdd wobrau am eu medr i'w defnyddio i'w edmygu'n fawr. Genedigaeth-fraint pobl rydd oedd eu hiaith ac yr oedd difodiant iaith yn arwydd o bydredd yng nghymeriad cenedl. Am fod gan y Cymry iaith hynafol wedi ei chadw hyd y dydd hwnnw yr oedd ganddynt y modd i ddilyn astudiaethau ieithyddol pobl fwyaf deallus Ewrop yn y dyddiau hynny — yr ysgolheigion yr oedd astudio ieithoedd wedi dod yn hoff waith iddynt.

Cododd Carnhuanawc yng nghanol cymeradwyaeth fyddarol i draddodi ei araith yntau. Yn ôl ei arfer fe roddodd i'r cynulliad wybodaeth bellach am y llyfrau a'r gweithiau eraill yr oedd y Gymdeithas a'r *Welsh MSS. Society* wedi eu cynhyrchu eisoes. Y tro hwn *Liber Landavensis* oedd un o'r llyfrau a gododd i fyny yn ei law ac y traethodd am ei bwysigrwydd. Cyfeiriodd at weithiau a oedd ar y gweill ac at gyfieithiad Mrs. Berrington, chwaer Syr Benjamin Hall, o draethawd Schulz, gwaith a gawsai eisoes effaith ar ysgolheigion Ewrop. Nid oedd ball ar gymeradwyaeth y dorf. Yn nes ymlaen yn ystod y gweithgareddau fe enwodd Maria Jane Williams a hysbysodd fod ei chasgliad hi o hen alawon cenedlaethol Gwent a Morgannwg i'w argraffu yn y dyfodol agos. Pe na bai'r Cymreigyddion yn gallu ymffrostio mewn dim arall, meddai, yr oedd wedi cynorthwyo i achub yr hen alawon hyn rhag mynd i ddifancoll.

Pan gododd ab Iolo i siarad fe glywodd y gynulleidfa am y Derwyddon a'u seremoni o gyflwyno graddau 'yn Wyneb Haul a Llygad Goleuni'. Yr oedd ganddo ddiddordeb mawr yn Iwerddon a dywedodd fod y Gwyddyl hwythau yn awr yn dechrau talu sylw i'w llenyddiaeth hwy eu hunain.

Gwnaeth Caledfryn y sylw fod gwaith y beirdd, ar ôl ei feirniadaeth ar gynhyrchion 1840, yn 'llawer rhagorach' yn yr Eisteddfod hon. Enillodd Ioan Tegid y wobr o £30 am farwnad i Lwydlas, testun y 'Gadair' meddai'r beirniad. Cafodd estron, Almaenwr unwaith eto, y wobr am y prif draethawd, sef Carl Meyer. Edward Jones, Bardd Alaw, oedd y beirniad cerdd a Hopkin Morgan, Glangrwyne, oedd beirniad y gwlanenni. Cyflwynwyd anerchiad gan Garnhuanawc yn enw'r Gymdeithas i'r tywysog Chundermohun Chatterjee i'w drosglwyddo i'w ewythr Dwarkanauth Tagore.

Am chwech o'r gloch yr hwyr hwnnw ymgynullodd y gwŷr mawr 'o fri' a'u cyfeillion yn Yr Angel i gael cinio ardderchog mewn ystafell a oedd hithau wedi ei haddurno â blodau, canghennau gwyrddlas a baneri amryliw, Ymborth arbennig y noson ydoedd caws wedi ei dostio a dysgl fawr o gwrw gyda sbeis ynddo. Cymerai pob un yn ei dro ddracht o'r ddysgl fawr a'i hestyn i'r nesaf ato er mwyn iddo yntau gymryd dracht, ac felly ymlaen nes i bawb gael blas o'r gwirod. Yna'r llwnc-destunau — y rhai arferol a rhai newydd ac ymysg yr olaf yr oedd yr Arglwydd Ebrington, James Stuart a Granville Somerset, y Capten Gore a'r cyfeillion yn Iwerddon, Esgob Tyddewi a'r rheini a gyfrannodd tuag at y gwobrau. Cynhaliwyd cyfarfod gan y telynorion a'r datgeiniaid yn y babell, gyda Charnhuanawc ffyddlon yn llywyddu. Ychwanegodd Ieuan na chafodd y rhai a garai gerddoriaeth erioed y fath wledd.

Drannoeth, ail ddiwrnod yr Ŵyl, dechreuwyd ar waith y dydd am ddeuddeg o'r gloch. Cyflwynwyd y gweddill o'r gwobrau, yn eu plith rai am wlanenni y dywedodd y beirniad nad oedd y gwobrau a gynigid amdanynt yn unrhyw symbyliad i neb gystadlu. Awgrymodd roi gwobrau mwy eu gwerth a llai o gystadlaethau a chymeradwywyd ei awgrym yn wresog.

Hysbyswyd na fyddai Eisteddfod yn y Fenni am dair blynedd am fod rhai yng Nghaerfyrddin, yn Lerpwl ac ym Manceinion yn y tair blynedd nesaf. Fe roddai hynny gyfle i bawb eu cefnogi.

Wedi i holl waith Eisteddfodol yr Ŵyl ddod i ben cafwyd cinio yn Y Llew, adloniant yn y babell, a dawns 'orwych' yn Yr Angel i'r boneddigion, tua chant a phedwar ugain ohonynt, nes i'r wawr dorri. Dywedir yn y *Merlin* fod gan y gwragedd wisgoedd ysblennydd. Mae'n syn gweld yn yr un papur am y Sadwrn, Hydref 15, mai tenau iawn oedd y cynulliad yn y babell ar y ddau ddiwrnod ac nad oedd pob sedd yn llawn ar y llawr nac ar y llwyfan.

A mwy syn fyth yw darllen nad oedd y brwdfrydedd a nodweddai'r Eisteddfodau blaenorol yno. Ni cheir yr un awgrym o hyn yn y cofnodion. Yno mae tystiolaeth i'r holl siaradwyr ennyn digon o gymeradwyaeth heb sôn am y gymeradwyaeth wrth enwi'r buddugol a chyflwyno'r gwobrau. Yr oedd i deuluoedd Llanofer, Tredegyr, Aberpergwm, Rhiw'rperrai a Thregunter fanllefau o groeso a diolch. Onibai fod yno afiaith a hwyl, digon i'w fodloni, ni fuasai Ieuan wedi dymuno i'r Gymdeithas barhau am oesoedd i gefnogi llên a cherddoriaeth Cymru 'am yr hyn y maent wedi bod mor enwog hyd yma'. Cofnoda fod pawb yno wedi bod wrth eu bodd. Cyfeiria ni at *Seren Gomer* Tachwedd am yr holl hanes.

Fe ddathlwyd nawfed pen-blwydd y Gymdeithas ddiwedd mis Hydref yn y ffordd arferol. Cafwyd cinio yn Yr Haul, etholwyd swyddogion a phwyllgor, Ieuan ab Gruffydd i barhau yn ysgrifennydd. Yfwyd llwnc-destunau, cafwyd areithiau yn Gymraeg ac yn Saesneg a sicrhaodd pawb ei gilydd fod y cyfan yn brawf bod yr aelodau'n dal 'yn ymdrechgar, gwrol a divlinaw i weithredu dros, ac o ran Cymru, Cymro, a Chymraeg'. Ond ychydig o linellau'n ddiweddarach yn y cofnodion fe gwyna'r ysgrifennydd i ryw farweidd-dra a chysgadrwydd cyffredinol ddod dros bawb o'r aelodau fel na ddeuai neb ohonynt ynghyd ar unrhyw adeg er iddo grefu'n daer arnynt.

Nid oes cofnod o gwbl yn awr tan ddechrau Awst, 1843, ac ychydig o aelodau'r pwyllgor a ddaeth ynghyd. Yr unig bethau y cafwyd ymdriniaeth arnynt oedd y biliau nad oeddynt hyd hynny wedi eu talu, yn eu plith £15 i Ieuan. Bu pwyllgor arall ddiwedd yr un mis pan wnaed penderfyniad i argraffu rhestr testunau Eisteddfod 1845 — cant yn Gymraeg a chant yn Saesneg — a phwy oedd i'w hargraffu. Ddechrau mis Hydref yr oedd biliau eto heb eu talu. Penderfynwyd y nos hon fod y rhestrau Cymraeg i gael eu hargraffu gan Thomas Williams, Crucywel, er mwyn i Garnhuanawc gadw golwg ar y gwaith 'gan (mae'n debyg) y creda y Pwyllgor nad oes neb arall yn deilwng i hyny, neu yn alluawg!!!' Ni allai Ieuan lai na chwyno fod gwaith y pwyllgor blaenorol wedi ei ddadwneud yn llwyr. Yn yr un cyfarfod ymgynghorwyd ar bwy oedd i fod yn ysgrifennydd yn lle Ieuan. Addawodd y Parch. John Evans, Llanofer, ymgymryd â'r ysgrifenyddiaeth am chwe mis hyd oni phenderfynid pwy oedd i ddilyn yn swyddogol. Ymadawodd pawb yn unol ac yn frawdgarol, meddir.

Bu dathlu'r degfed pen-blwydd yn Yr Haul am wyth o'r gloch nos Wener, Tachwedd 10, 1843. Pris tocyn oedd hanner coron, a daeth saith a thrigain o ddynion yno i gyfranogi o ddanteithion gorau'r tymor a huliwyd ar fyrddau 'gorlwythawg'. Carnhuanawc oedd y Llywydd. Etholwyd swyddogion a phwyllgor am 1844, yr un rhai, ymron, a'r mwyafrif llethol ohonynt o'r Fenni. Er bod Ieuan yn bwriadu ymddeol ym mis Ionawr, 1844, fe dderbyniodd yr ysgrifenyddiaeth er mwyn bodloni ei gyfeillion, meddai. Pan gododd y Llywydd i annerch y cynulliad fe'i derbyniwyd 'gyda gwresogrwydd cymröaidd' a siaradodd yn ddwys ac yn effeithiol a medrus yn ôl ei arfer. Canmolodd pawb ei gilydd a'r Gymdeithas, a bu canu'r delyn yn ôl trefn 'Gwent a Morganwg, a Gwynedd a Phowis' nes iddi fynd yn hwyr iawn. Ymadawodd pob un gan benderfynu cynorthwyo'r Gymdeithas hyd yr eithaf ar ôl y fath noson wrth eu bodd. Nos Fercher, Rhagfyr 6, bu cyfarfod o'r pwyllgor pan orchmynnwyd bod dau o'u plith yn mynd i neuadd yr Hen Eglwys i'w mesur, er mwyn iddynt fedru barnu beth a ddylai maint y neuadd fod yr oeddynt yn arfaethu gofyn i Mr. John Lewis o'r Fenni ei hadeiladu i ddal y torfeydd a ddeuai i'r Eisteddfodau. Yr oeddynt un ac oll yn bendant na ellid cynnal y Gymdeithas oni ellid codi ystafell i gynnal yr Eisteddfodau ynddi. Mae'n hollol amlwg, felly, mai pennaf ddiddordeb y pwyllgor ydoedd yr Eisteddfodau. Gorchmynnwyd Ieuan i ddod â holl lyfrau'r Gymdeithas i'r Pwyllgor nesaf. Yr oedd un pwysig iawn yn eu plith, sef yr un a gynhwysai restr o'r testunau, y cyfansoddiadau a dderbyniasid, enwau'r awduron, darluniau o'r tlysau (i gyd wedi eu cynllunio gan Garnhuanawc). Yr oedd cist hefyd, meddir. Bu tri chyfarfod o'r pwyllgor ym mis Ionawr. Yn yr ail ohonynt, Ionawr 6, ymadawyd yn ffurfiol â Ieuan ab Gruffydd gyda llawer o ddiolch iddo am ei wasanaeth a'i eiddgarwch dros y Gymdeithas. Trefnwyd bod swper iddo ar Ionawr 24 cyn iddo 'ymadael o dîr Gwent'. Pris tocyn i'r swper oedd dau swllt.

O hyn ymlaen mae'r cofnodion yn gyfan gwbl Saesneg, heb sôn am eu diffyg graen. Derbyniodd Gwenynen Gwent y swydd o Drysorydd Cronfa'r Eisteddfod. Gofynnwyd i Brychan fod yn ysgrifennydd ym mis Mawrth ond bu raid aros am ei ateb tan Fedi'r 11eg, a hwnnw'n ateb nacaol. Penderfynwyd gofyn i Henry Morgan o'r 'Bell Inn, Llangroyne', fel person 'fit and proper' i'r swydd, fod yn ysgrifennydd, a bod hynny i'w hysbysu mewn cylchlythyr i bob un o aelodau'r Gymdeithas.

CYFNOD 3
Henry Morgan, Hydref 29, 1844, hyd Ebrill 24, 1846.

Dywedai'r *Monmouthshire Merlin* am Henry Morgan ei fod yn Gymro ieuanc deallus iawn a llawn ynni, a'i fod yn ddiamau yn debyg o wneud ei ddyletswyddau yn effeithiol.

Yn gynnar ym 1844 benthycodd y Gymdeithas ragor o arian. Yn wir, ni chafodd yr ysgrifennydd newydd gyfle o'r dechrau i gael trefn ar bethau er i'r Gymdeithas gynnal Eisteddfod ym mhen blwyddyn wedi ei apwyntiad. Ni fedrwyd cynnig mwy na'u treuliau i feirniaid Eisteddfod 1845 ac ni wnaed un ymgais i ysgrifennu ei hanes yn y cofnodion. Rhaid chwilio amdano yn y papurau Saesneg, yn arbennig *Monmouthshire Merlin*, ac yn *Seren Gomer*. Ond cyn hynny cynhaliwyd gwledd yn Yr Haul i ddathlu unfed pen-blwydd ar ddeg y Gymdeithas ym 1844. Cyhoeddwyd yno fod Mr. Edward Lewis bron â gorffen yr ystafell — y fwyaf yn y Fenni — ac fe'i gelwid hi yn 'New

Cymreigyddion Hall' yn y papur. Yn y gorffennol fe gawsent anhawster mawr i bwrcasu lle digon o faint i ddal y rhai a ddeuai i'r Gwyliau heb sôn am y beirdd a'r telynorion a'r datgeiniaid a'r holl foneddigion. A bu cael lle gweddol addas y troeon diwethaf yn gost fawr ac yn bryder i'r pwyllgorau. Traethodd Carnhuanawc yn huawdl ar bwysigrwydd eu Cymdeithas i'r Fenni a'r cylch, ac am y gwaith mawr a gyflawnodd eisoes a'r dylanwad a gawsai rhai o'i chynhyrchion pwysicaf ar yr Almaen. Ymddengys unwaith eto mai yn Saesneg yr oedd yr holl areithio canys ceir y frawddeg hon yn y *Merlin,*

This was replied to in a Welsh speech.

Yn un o rifynnau cyntaf *Seren Gomer* am y flwyddyn 1845 protestir mewn llythyr gan un a'i galwai ei hun *Meirionwyson* yn erbyn arferiad y Cymreigyddion yn ddiweddar o gyhoeddi testunau'r Eisteddfodau yn y cyfnodolion Saesneg yn unig, ac am yr holl Saesneg a glywid yn y cyfarfodydd. Mynegodd ei ofn y byddai'n 'edwi' cyn bo hir pe bai'n parhau i wneud felly a pheidio â chyhoeddi ei weithredoedd yn iaith 'trigolion Gwalia, tra gelwir hi yn Gymdeithas *Gymreigyddawl'*.

Fodd bynnag, ar dudalennau'r *Merlin* o ddechrau Awst hyd ddiwedd Medi, 1845, y mae llythyron yn mynd yn ôl ac ymlaen rhwng rhyw fradwr o Gymro a'i geilw ei hun 'A Gentleman of the Principality' a rhai o aelodau'r Cymreigyddion, yn arbennig yr ysgrifennydd, Caradawc a Charnhuanawc. Cyhudda'r 'Gentleman' hwn y Gymdeithas o fod yn Gymdeithas anghyfreithlon wedi ei sefydlu gan un dyn er hyrwyddo'i syniadau personol ei hun, ac i roi ffugbwysigrwydd i sefydliad di-nod. (Ochr yn ochr â hwn yr oedd llythyr gan un a'i galwai ei hun yn 'Gantwr Glan Wysg' yn gofyn i bob dosbarth o bobl gefnogi'r Gymdeithas gan iddi ddod i'r adwy pan oedd yr Awen yn dihoeni, yr iaith Gymraeg yn marw a'r delyn yn dawel). Yn ei ateb i'r 'Gentleman' dywedodd Henry Morgan mai Caradawc oedd sylfaenydd y Gymdeithas ond nad er budd a chlod iddo'i hun eithr i hybu cerddoriaeth Cymru a'r fasnach wlanen a dawn lenyddol ei gyd-wladwyr. Masnachwyr y Fenni a'i cadwai ar ei thraed. Ysgrifennodd Caradawc mai gwladgarwch a'i symbylodd ef i'w sefydlu a bod y fasnach wlanen wedi cynyddu ar ei phum canfed; bod y Gymdeithas yn adnabyddus dros Ewrop benbaladr a bod canlyniadau buddiol yr Eisteddfodau yn cael eu gwerthfawrogi'n fwy gan estroniaid na chan rai o feibion Gwalia. Atebodd un a'i galwai ei hun yn 'Fenni' fod y Gymdeithas wedi ysbrydoli meddyliau cannoedd o werin a chrefftwyr Cymru ac na fuasai hynny wedi digwydd onibai amdani hi a'i bath. Yr oedd hi wedi rhoi dros £1,300 mewn gwobrau a rhoddodd enwau rhai o'r gwŷr mawr a'u rhoesai. Fodd bynnag, nid oedd taw ar haerllugrwydd, rhagfarn ac anwybodaeth y 'Gentleman'. Chwarddai am ben y syniad i Frenin Ffrainc ddanfon 'three or four yeomen of Brittany' i Eisteddfod 1838, am ben synau aflafar y telynau a'r datgeiniaid — 'horribly discordant ululations' — am ben y beirdd (am eu bod ar hyd yr oesoedd wedi bod yn wŷr anllad ac yn ddylanwadau drwg ar y werin bobl, meddai), ac am ben ymdrechion yr Eisteddfodau i hybu'r fasnach wlân. Galwai'r Gymdeithas yn 'humbug' ac yn sefydliad barbaraidd. Ymunodd rhywun a'i galwai ei hun 'Gwachel' ag ef ond ar ôl atebion pwyllog a hir a chynhwysfawr Carnhuanawc am hanes a gweithgareddau'r Gymdeithas fe gafwyd taw ar y 'Gentleman' rhagfarnllyd hwn. Ysywaeth ni ddarfu ei hiliogaeth o'r tir.

Cynhaliwyd yr wythfed Eisteddfod ddydd Mercher a dydd Iau, Hydref 15 ac 16, 1845, yn neuadd newydd y Cymreigyddion a oedd dan sang. Yn wir, ni allod llaweroedd gael lle ynddi. Dathlwyd yr Ŵyl fawr hon â diwrnod o wyliau i bawb yn y dref, a hynny am y tro cyntaf yn hanes yr Eisteddfodau. Yr oedd y Fenni'n llawn o ymwelwyr a phrin y gallai'r bobl enwog a ddaeth yno gael lle i osod eu pennau i lawr i orffwys un noson. Y prif atyniad, meddai'r *Merlin*, oedd ymweliad pobl 'distinguished from distant lands'. Yr un a ddaethai bellaf o bawb yno ydoedd Dwarkanauth Tagore ei hun. I goroni'r cyfan yr oedd y tywydd yn hyfryd.

Yn un o'r papurau Saesneg dywedir wrthym fod pobl y Fenni a'r ymwelwyr wedi eu deffro'r bore cyntaf gan drwst magnelau, a bod eu sŵn i'w glywed yn gyson, er mwyn ychwanegu at bwysigrwydd yr Ŵyl hon. Canodd clychau Eglwys y Santes Fair yn y bore i alw pawb ynghyd. Yr oedd pob man posibl wedi ei addurno yn wychach, os oedd hynny'n bosibl, nag yn y blynyddoedd cynt. Rhoddwyd lle amlwg i'r genhinen a chanai mwy nag un seindorf. Syr Charles Morgan, Rhiw'rperrai, oedd y Llywydd, ac ymgynullodd torf i fynd i gwrdd ag ef. Yr oedd torfeydd yn ogystal ar bob ochr i'r ffordd ac yn ffenestri'r tai yn rhythu ar ysblander y gwisgoedd, y baneri a'r wageni. Tua hanner awr wedi un ar ddeg clywyd cerddoriaeth o bell yn cyhoeddi dyfod gorymdaith o gerbydau yn cludo'r gwŷr mawr, gweithwyr o'r gweithfeydd cyfagos ar droed, a dwy wagen. Yr oedd un ohonynt yn cludo, am y tro cyntaf, argraffwasg gyda dau argraffydd, yn gwisgo gwisgoedd gwlanen, wrth eu gwaith yn argraffu'r anerchiad i'r Llywydd ac yn taflu copïau allan cyn iddynt sychu ymysg y torfeydd a ddaethai o bob twll a chornel i weld yr olygfa hon a roddai liw i'w bywydau digon anodd. Ar y wagen arall yr oedd gwehydd wrthi'n brysur wrth ei wŷdd. Yna dilynai aelodau'r Gymdeithas bob yn ddau ac yn y gwt rhwng deugain a hanner cant o gerbydau'r uchelwyr o bob rhan o Went a Morgannwg yn cael eu tynnu gan geffylau porthiannus. Gorymdeithiwyd trwy'r dref ben bwy gilydd nes i'r ddau filwr a oedd ar y blaen gyrraedd y neuadd newydd. Cafodd Syr Benjamin Hall a Gwenynen Gwent anhawster mawr i gael mynediad iddi gan wasgfa'r dorf a ddaethai yno. Y tu mewn yr oedd addurniadau mwy ysblennydd nag erioed — V.R., wrth gwrs, yn amlwg iawn. Yr oedd y neuadd â chyfleusterau goleuo modern y cyfnod, sef lampau nwy a *chandeliers* hardd. Yr oedd rhes o delynorion — yn wryw ac yn fenyw

— ar oriel arbennig ac yn gwisgo gwisgoedd Cymreig,

and pouring forth a flood of matchless harmony from their triple harps.

Yr oedd cerflun yno o Daliesin a gerfiwyd gan un 'Mr. Jones a native artist.' Yr ochr arall i'r neuadd yr oedd oriel i'r Llywydd a'i osgordd o gyfeillion, yn eu plith

his Excellency Count Pollon, the Sardinian minister, and his Excellency Count Reventlow, minister from Denmark

yn ogystal â Tagore.

Siaradodd Syr Benjamin am lwyddiant y Gymdeithas a'r lles a ddaethai i Forgannwg a Gwent trwyddi. Rhoes Carnhuanawc ddarlun o'i hanes ac o'r amcanion y bwriadwyd hi i'w hyrwyddo. Y flwyddyn honno yr oedd wedi ychwanegu'r celfyddydau cain at lên, cerddoriaeth a'r fasnach wlân. Unwaith eto uniaethodd y Gymdeithas â'r *Welsh MSS. Society* a chododd o'r bwrdd wrth ei ochr ei chynhyrchion bob yn un ac un. Canmolodd nawdd cynyddol yr uchelwyr — 'the patronage of the aristocracy' — fel ysbrydoliaeth i drigolion y Dywysogaeth. Heriai unrhyw Gymdeithas arall yng Nghymru i ddweud iddi gynhyrchu corff mor fawr o lenyddiaeth ag a wnaeth Cymdeithas Cymreigyddion y Fenni o fewn cyfnod mor fyr. Nid oes ryfedd yn y byd iddo gael cymaint o gymeradwyaeth.

Mynegodd John Francis Vaughan, Courtfield, ei farn bersonol ef ar agweddau gweithgarwch y Gymdeithas. Pwysleisiodd y cynnydd yn y fasnach wlanen yn yr ardal a'i heffaith ymarferol

of rescuing the Welsh youth from the evil contamination and from the demoralizing results of crowded factories.

Credai fod amcanion y Gymdeithas yn ddigon i gyfiawnhau ei bodolaeth a chredai fod y gyfathrach rhwng gwahanol haenau cymdeithas yn yr Eisteddfodau yn llesol — yr uchel ei stad a'r isel radd yn cyd-gwrdd, y cyntaf yn symbylu'r lleill i wneud defnydd o'u doniau trwy eu noddi â'u cyfoeth. I'r gŵr ffroenuchel hwn dyma brif werth y Gymdeithas ac am y rheswm hwnnw y bu iddo dderbyn yr anrhydedd o fod yno. Ond — a dyma unig nodyn cras yr Eisteddfod hon — iddo ef yr oedd y Gymdeithas yn rhy genedlaethol. Credai fod hynny'n debyg o beri mwy o ddrwg nag o les. Iddo ef nid oedd dim gwahaniaeth rhwng teimlo gwladgarwch tuag at Loegr a theimlo gwladgarwch tuag at Gymru neu Iwerddon neu'r Alban:

Indeed I can acknowledge no patriotism which does not extend itself to the United Kingdom — to all parts of our beloved country.

Cyfeiria at Derfysgoedd Beca a'r Siartwyr i ddangos mor barod yr oedd y Cymry i gael eu cyffroi gan ddynion cyfrwys, ac felly

the less this spirit of nationality and pride of exclusiveness are cultivated by this society, perhaps the better.

Brân wen oedd y Fychan hwn.

Medrodd bachgen ieuanc tuag un ar bymtheg oed gyfarch Tagore yn ei iaith ei hun. Cymro ydoedd o'r enw David Williams a anwyd yng Nghwm-du eithr a dreuliasai ran o'i fywyd ymysg trigolion mynyddoedd yr Himalaya. Anerchodd Carnhuanawc Tagore yn Gymraeg a galw'r Eisteddfod yn 'Hen Ŵyl Genedlaethol'. Dywedodd fod gwladgarwch yn beth na ellid mo'i ddinistrio ac na ellid diffodd ei dân. (Ateb i'r gŵr o Courtfield, mae'n siŵr). Ymysg banllefau o gymeradwyaeth, hyd yn oed yn ystod ei eiriau o ddiolch i Garnhuanawc a'r Gymdeithas, dywedodd Tagore mai i Arglwyddes Llanofer yr oedd yn ddyledus am y pleser o gael bod yno. Yr oedd caredigrwydd pawb tuag ato, meddai, yn drech nag ef — a dyna ymchwydd arall o fonllefau byddarol. Ar ddiwedd gweithgareddau'r diwrnod cyntaf hwn rhoddwyd pleidlais o ddiolchgarwch i Wenynen Gwent gyda chymeradwyaeth barhaus gan y dorf. Am y tro cyntaf fe geir cofnod iddi ddweud ychydig o eiriau, a dyma hwy, yn Saesneg, fel y'u cafwyd o'r *Merlin* —

Ladies and Gentlemen, my heart is in Abergavenny, and in Wales. I thank you for the flattering manner in which you have received my name.

A therfynwyd y gweithgareddau gyda *God Save the Queen* — 'in Welsh'. Yn yr hwyr cynhaliwyd cyfarfod yn y neuadd a oleuwyd â nwy.

Bu cinio godidog yn ystafell hir Yr Angel gyda Benjamin Hall yn llywyddu. Fel arfer, ni cheid ond dynion yno — pedwar ugain ohonynt, gan gynnwys Tagore a'r llys-genhadon a phersonau eraill o fri. Yfwyd llwnc-destunau niferus wedi clirio'r byrddau a thalwyd teyrnged arbennig i Syr Charles Morgan oedrannus, eu Hifor Hael. Yfwyd y llwnc-destun iddo ef yn driphlŷg gyda chymeradwyaeth o'r mwyaf. Mae'n hollol sicr nad oedd yr un wraig yn bresennol canys atebodd Benjamin Hall i'r llwnc-destun i'w wraig trwy ddweud mai hi a fu'n 'main-spring and support' y Cymreigyddion; 'her zeal is great, and her energy not easily repressed'. Drannoeth derbyniodd Carnhuanawc brif wobr yr Eisteddfod am draethawd Saesneg ar 'The Comparative Merits of the Remains of Ancient Literature in the Welsh, Irish, and Gaelic Languages, and their value in elucidating the Ancient History, and the Mental Cultivation of the Inhabitants of Britain, Ireland and Gaul'. Y beirniad ydoedd James Cowles Prichard, awdur *The Eastern Origin of the Celtic Nations* (1831), yr un gŵr ag a feirniadodd draethawd Carl Meyer ym 1842.

Talwyd teyrnged i Wallter Mechain, patriarch llenorion Cymru, a mynegwyd gobaith y gwelid rhyw Degid neu Price yn Athro'r Gymraeg ym Mhrifysgol Rhydychen. Cafodd hyn, yn naturiol ddigon, gymeradwyaeth fyddarol.

Siaradodd Charles John Kemeys-Tynte, (a ddaethai am y tro cyntaf i un o Eisteddfodau'r Fenni), o Gefn Mabli, a fyddai'n Llywydd yr Eisteddfod nesaf a gâi ei chynnal ym 1848. Fe'i galwai ei hun yn Gymro a dywedodd na pheidiai hen gartref ei gyndeidiau ag atseinio i nodau pêr y delyn tra byddai ef byw. Edrychai ymlaen at y dydd pan fyddai ffatrïoedd yn y cylch yn cael eu gyrru ag ager yn lle bod edafedd yn cael ei ddanfon i Sir Efrog i gael ei weu. Addawodd na fyddai'n gadael heb ei wneud ddim a hyrwyddai les y Gymdeithas, a chafodd gymeradwyaeth hir ac uchel iawn.

Gwahanol iawn ydoedd geiriau J. Rolls, Yr Hendre, i eiddo'i fab-yng-nghyfraith, J.F.Vaughan, Courtfield. Yr oedd ef erioed, meddai, wedi hyrwyddo lles y Cymreigyddion. Diolchodd Carl Meyer i werin Cymru am gadw'r iaith Gymraeg yn fyw er gwaethaf cymaint o anawsterau fel y gallai ef wneud ei ymchwil a'i ddarganfyddiadau amdani. Siaradodd Ioan Tegid yn Gymraeg a'i brif sylw ef ydoedd at *Heraldic Visitations* . . . Lewys Dwnn yr oedd Syr Samuel Rush Meyrick yn brysur yn ei baratoi ar gyfer y wasg.

Canodd côr John Thomas alaw Gymraeg — 'the effect of this exquisite music was electrifying' ebe un papur Saesneg.

Am y tro cyntaf daeth cynrychiolydd o Ogledd Cymru i'r Fenni i ddymuno'n dda i'r Cymreigyddion — Syr Love Jones-Parry, Madrun. Diolchodd i bawb a fu wrthi mor ddygn yn paratoi'r fath wledd ardderchog. Cyfeiriodd at ddeiseb a gyflwynasai i Dŷ'r Cyffredin yn enw'r Cymry — yn erfyn ar i'r Barnwyr ddysgu Cymraeg neu ynteu i Saesneg gael ei dysgu i'r Cymry er mwyn iddynt fod yn rheithwyr ac yn dystion gwell yn y llysoedd. Ond, ebe ef, ni ddylid aberthu'r Gymraeg er dim.

Enw newydd arall y flwyddyn hon ydoedd enw'r Parch. D. Rhys Stephen, Casnewydd, gweinidog gyda'r Bedyddwyr ac awdur llawer o weithiau llenyddol a diwinyddol, gŵr a adwaenid, hefyd, wrth yr enw 'Gwyddonwyson'. Traddododd araith a roes foddhad o'r mwyaf i bawb a oedd yn gwrando arno.

Llongyfarchwyd Bassett Jones, gwneuthurwr telynau swyddogol y Gymdeithas, ar ei benodiad yn brif wneuthurwr telynau i'r Frenhines ac i Dywysog Cymru.

Cynhaliwyd cyngerdd rhagorol yn y neuadd newydd nos Iau, yr 16eg, a bu dawns ysblennydd yn yr un lle nos Wener, yr 17eg i tua dau gant a hanner o foneddigion a boneddigesau pennaf y deyrnas. Ciniawodd nifer helaeth o gyfeillion a chefnogwyr yr Eisteddfod gyda'i gilydd bob dydd mewn gwahanol dafarnau yn y dref.

Ym mhen mis cyfarfu'r aelodau unwaith eto yn Yr Haul i ddathlu deuddegfed pen-blwydd y Gymdeithas. Dywedwyd yno na fuasai'r Gymdeithas wedi ffynnu onibai am Arglwyddes Llanofer. Yfwyd llwnc-destun i Garnhuanawc ymhlith llawer o rai eraill — ond mae'n werth cofnodi'r hyn a ddywedwyd amdano ef a'i ateb i hynny. Yr oedd, meddid, wedi ei uniaethu ei hun â'r mudiad 'cenedlaethol' hwn, ac wedi dod â gallu meddyliol o galibr nid bychan ac o ddysg aruthrol i'w lafur drosti. Yr oedd wedi cefnogi'r Gymdeithas â'i ysgolheictod ac â'i sêl ddiflino. Yn ei ateb soniodd

Carnhuanawc am yr ymdeimlad cenedlaethol a welsai'n graddol gynyddu. Gellid dinistrio llyfrau, meddai, a gallai Cymdeithasau ddod i ben, ond ni ellid dinistrio'r ymdeimlad hwn o wladgarwch ac nid âi byth eto ynghwsg. Sylwasai fod gwragedd trwsiadus wedi cystadlu yn yr Eisteddfod ddiwethaf, arwydd iddo ef eu bod yn meithrin cerddoriaeth o gariad a dewis ac nid er cynhaliaeth. Yr oedd llawer o wŷr busnes y Fenni a'r cyffiniau yn bresennol.

Penderfynasai'r Gymdeithas gynnal Eisteddfod o hyn ymlaen bob tair blynedd, ac felly ni fyddai'r nesaf tan 1848. Byddai Eisteddfod yng Nghaernarfon ddechrau 1846 ac am fod y Gymdeithas wedi cael y fath gefnogaeth sylweddol gan deulu Tregunter, teulu o gymaint o ddylanwad yn rhinwedd y tiroedd a feddiannai, fe gynigiodd Carnhuanawc lwnc-destun i rai o'i aelodau, sef Mrs. a Miss Madocks, ac i lwyddiant yr Eisteddfod yng Nghaernarfon. (Dyma ddisgynyddion y William Alexander Madocks y cafodd Porthmadog a Thremadog eu henwi ar ei ôl. Yr oedd ei wraig yn orwyres i Hywel Harris, trwy ei fab hynaf Joseph, ei thad-cu, ac etifeddodd ei mam, sef merch Joseph, stad Tregunter oddi wrth ei Hewythr, Thomas Harris, ail fab Hywel Harris). Bu cymaint o flas ar y cyfarfod fel nad aeth neb adref tan y bore.

Yr oedd y Gymdeithas, bellach, yn rhydd o hualau'r hen ddyled a'i llyffetheiriodd cyd. Felly yr oedd yr argoelion y byddai iddi oes hir o wasanaeth pellach i ddiwylliant Cymru yn dda. Eithr ar dudalen 178 o'r cofnodion ceir y geiriau hyn mewn pensel ar ymyl mewnol y tudalen lle cofnodwyd gweithrediadau pwyllgor Hydref 23, 1845:

The Death Blow to the Society was given tonight.

Nid oes yr un awgrym ar y tudalen hwn nac un eglurhad beth a ddigwyddodd i beri ysgrifennu'r geiriau hyn, ac ni ddileodd neb hwynt.

Er i Eisteddfod 1845 ymddangos yn llwyddiant mawr yn ôl yr hanes amdani yn y wasg Saesneg yn bennaf, ni bu cynnydd yng ngweithgarwch y pwyllgor, ac ni chafwyd mwy o drefn ar y cofnodion. Gwag yw llawer o'r tudalennau ac er trefnu i gynnal ambell bwyllgor ni cheir sôn am ddim. Cyfyngwyd yr holl ohebiaethau i'r papurau Saesneg er bod sôn am dalu arian i'r *Diwygiwr*, y *Drysorfa*, *Seren Gomer* a'r *Bedyddiwr* ar ôl Eisteddfod 1845. Derbyniwyd ymddiswyddiad Mr. Henry Morgan Ebrill 24, 1846, a dechreua ysgrifennydd olaf y Gymdeithas ar ei waith, sef y Parch. John Evans, Llanofer.

CYFNOD 4
Y Parch. John Evans, o Fehefin 10, 1846, hyd y diwedd.

Bu farw Syr Charles Morgan, Tredegyr, ddydd Sadwrn, Rhagfyr 5, 1846, colled aruthrol i'r Cymreigyddion. Heblaw ei gefnogaeth gyson a ffyddlon iddynt bu'n feistr tir caredig, yn ŵr hael i'r tlawd a'r hen, yn ogystal ag i'r Gymdeithas yn y Fenni, yn dirfeddiannydd gofalus a chydwybodol, ac yn noddwr amaethwyr y fro. Y flwyddyn cyn ei farw rhoddwyd iddo dysteb o bron £3,000 gan ei gyfeillion a'i denantiaid.

Yn ystod ysgrifenyddiaeth y Parch. John Evans cynhaliwyd dwy Eisteddfod olaf y Cymreigyddion — ym 1848 ac ym 1853. Cafwyd hanes am y gyntaf o'r ddwy yn *Seren Gomer* ond cafwyd yr hanes llawnaf yn yr *Hereford Times.* Dywedodd William Rees, Llanymddyfri, argraffydd y *Welsh MSS. Society,* mewn llythyr at Wallter Mechain, mai dyma'r cyfarfod mwyaf o bell ffordd a welsai ef yn y Fenni. Ynddi enillodd Thomas Stephens wobr Tywysog Cymru am ddraethawd beirniadol Saesneg a argraffwyd ym 1849, trwy haelioni Syr J. J. Guest, dan y teitl *The Literature of the Kymry.*

Yr oedd llawer o bersonau enwog a phwysig yno — yr Arglwydd Fielding, Ardalydd Northampton, yr hanesydd Hallam, y Tywysog Calinski o Dwrci, y Barwn de Rutzen a Mrs. Berrington, chwaer Benjamin Hall, a gyfieithodd ddraethawd Schulz o'r Almaeneg i'r Saesneg. Dyna barti Llanofer, ac yr oedd yno bartïon eraill hefyd. Yr oedd yr olygfa yn y dref a'r tu mewn i'r neuadd yn lliwgar a gwych fel o'r blaen. Y flwyddyn hon yr oedd yno afr braf Gymreig, gyda'i chyrn wedi eu haddurno, yn cerdded yn yr orymdaith. Canai'r seindorf ei cherddoriaeth orymdeithiol ac yn y canol yr oedd cerbyd yn cludo telynorion. Unwaith eto yr oedd argraffwasg ac argraffydd wrth ei waith ar wagen a gwehyddion wrth eu gwaith hwythau ar wagen arall. Ni welwyd erioed gymaint o gerbydau — dywedir wrthym fod yno dros bedwar cant ohonynt o bob math — a chyd-gerddai dau lumanwr o flaen cerbyd y Llywydd yn dwyn baneri Cefn Mabli. Yr oedd y ceffylau wedi eu haddurno'n orwych ac amlwg oedd y genhinen arnynt hwy ac ar ddillad y gwŷr a'r gwragedd. Gwisgai'r olaf wisg genedlaethol Cymru, meddir. Ar draws yr heolydd yr oedd sawl bwa — ar un yr oedd llun mawr o ferch yn gwau hosanau.

Digwyddiad mwyaf cyffrous yr holl Eisteddfod ydoedd beirniadaeth yr Archddiacon John Williams ar ddraethawd Thomas Stephens. Cafwyd nifer mawr o areithiau, yn Saesneg gan mwyaf, ysywaeth. Dyma'r tro cyntaf i Hallam ddod i un o'r Eisteddfodau er iddo feirniadu yn un 1838. Y pryd hwnnw ni ddaethai am na theimlai unrhyw gydymdeimlad â gweithgareddau'r Gymdeithas. Erbyn hyn yr oedd wedi newid ei feddwl am ei bod, er ei brwdfrydedd yn hyrwyddo'r diwylliant cenedlaethol, yn parhau'n deyrngar i Goron Prydain. Cafodd fanllefau o gymeradwyaeth am ddweud hynny. Cododd yr Archddiacon i siarad gan bwysleisio fod y Cymry'n ddinasyddion teyrngar iawn ac nad oeddynt am fod ar wahân i Loegr, eithr, hefyd, eu bod yn dymuno byw

on equal terms with their friends beyond the Severn. (Cheers)

Siaradodd y Parch. D. Rhys Stephen ar bwysigrwydd yr hen feirdd ac y dylid cyhoeddi eu gwaith a oedd mewn llawysgrifau. Dywedodd fod llythyrau Goronwy Owen yn ddogfennau pwysig mewn unrhyw astudiaeth o'i waith.

OES Y BYD I'R IAITH GYMRAEG.

"CAS NI CHARO Y WLAD A'I MAGO."

PROGRAMME OF THE EISTEDDFOD,

AND

TWENTIETH ANNIVERSARY

OF THE

ABERGAVENNY CYMREIGYDDION,

TO BE HELD

IN THE CYMREIGYDDION HALL,

On Wednesday & Thursday, 12th & 13th October 1853.

PRESIDENT.

CHARLES MORGAN OF TREDEGAR, ESQ. M.P.

The Members of the Society will meet at the Greyhound Inn, at Nine o'clock in the morning of each day, from whence they will also proceed to the place of meeting. The Harpers, Minstrels, and Datgeiniad, who intend to compete for the Prizes, are requested to attend on Monday and Tuesday afternoon, October 10th and 11th, at the Greyhound Inn, in order that their names may be entered on the list.

Morning Tickets for the Platform, 5s. each, for the Body of the Hall, 2s. 6d. each; to be had of Mr J. Hiley Morgan, Mr. Denton, and Mr. Davies, Booksellers; and at the Bars of the Angel and Greyhound Hotels.

NO ADMISSION WITHOUT TICKETS.

A Dinner at the Angel Hotel on Wednesday, and at the Greyhound Inn, on Thursday, at Five o'clock each day, and Evening Meetings in the Cymreigyddion Hall, at Half-past Seven o'clock. Admittance to which will be 2s. 6d. and 1s.

☞ Ladies and Gentlemen desirous of giving Prizes for competition, at the next Eisteddfod, are requested to determine on the subjects, in order that they may be announced at the present meeting

Wyneb-ddalen rhaglen Eisteddfod 1853.
Benjamin Hall, Arglwydd Llanofer, oedd y Llywydd, nid Charles Robinson Morgan, (a rhoi iddo'i enw llawn), A.S. Tredegyr. Sylwer ar y nodyn ar waelod y tudalen. Ni bu Eisteddfod arall.

FIRST DAY,

WEDNESDAY, OCTOBER 12th, 1853.

THE

GRAND PROCESSION OF THE SOCIETY

TO THE PLACE OF MEETING,

(The Yspitty, One Mile out of the Town on the Monmouth Road,)

WHEN A CONGRATULATORY ADDRESS

Will be delivered to the President in Welsh and English.

RETURN OF

The Procession with the President and his Friends

TO THE

CYMREIGYDDION HALL

WHERE HE WILL BE RECEIVED WITH A

GRAND CHORUS OF HARPS.

AFTER THE PRESIDENT HAS TAKEN THE CHAIR

THE EISTEDDFOD

WILL BE

OPENED BY SOUND OF TRUMPET.

After the President's Introductory Speech, the Bards will recite Englynion, Annerch, &c., then the meeting will be addressed in Welsh and English by various Gentlemen, after which the award of Prizes will commence.

Tudalen 4, Rhaglen 1853.
Gweithrediadau diwrnod cyntaf yr Eisteddfod.

Barnai y dylid gwneud rhywbeth pendant i gofio am Iolo Morganwg tra oedd pobl yn fyw a'i hadwaenai. Dyma a ddywedod am Garnhuanawc

our own Carnhuanawc . . . I say *"our own Carnhuanawc"* — for he is all ours — he scarcely is his own, so intensely is he ours, and so entirely does he belong to Wales.

Ychydig a sylweddolai neb yno y byddai Carnhuanawc wedi eu gadael am byth ym mhen rhyw fis. Yr oedd yn amlwg yn ddyn claf ond ni rwystrodd hynny ef rhag codi a siarad yn ei ddull dihafal ei hun, gan ganolbwyntio'i sylwadau ar waith y bardd Owain Cyfeiliog fel y bardd telynegol gorau ymhlith y beirdd Cymraeg. Yr oedd wedi cynnig am y wobr a enillwyd gan Thomas Stephens ond nid oedd na chenfigen nac eiddigedd yng nghalon offeiriad Cwm-du tuag at fferyllydd Merthyr. Yr oedd yn rhy ddiymhongar a Christnogol a haelfrydig i goleddu'r fath deimladau â'r rheini. Dywedodd Ioan Tegid bethau pwysig am yr ysgolheigion yn yr Almaen a oedd yn astudio'r iaith Gymraeg. Ni welodd yntau Eisteddfod 1853.

Nid oes dim yn y cofnodion yn werth sylwi arno bellach. Maent yn llawn o hanes y pwyllgorau a'r paratoadau ar gyfer yr Eisteddfod olaf. Ni cheir ynddynt air o'i hanes.

Ymddengys ei hanes mewn papurau Saesneg, yn eu plith y *Cambrian Journal*. Mae'n lled faith yno ond yn fyr iawn yn *Seren Gomer,* er dweud yno nad oedd hon yn Eisteddfod lai godidog na'i rhagflaenwyr. Yr oedd gorymdaith ac argraffwasg, gwŷr traed a cherbydau. Syr Benjamin Hall oedd y Llywydd, yn drawiadol iawn.

Traddododd Dewi o Ddyfed, Warden Coleg Llanymddyfri, ar y daioni a ddeilliodd yn Ne Cymru, yn arbennig yng Ngwent a Morgannwg, trwy gyfrwng y Gymdeithas hon. Fe ddaeth Talhaiarn yno er na chafodd feirniadu, a siaradodd ar feirdd a barddoniaeth Cymru. Yr oedd enw Carn Ingli yn amlwg yno am y tro cyntaf. Enillodd Thomas Stephens wobr o £70 am draethawd maith ar y testun 'Trial by Jury'. Y beirniad oedd Bunsen.

Yr oeddynt wedi llwyddo i gael estron newydd i ddod y tro hwn — y Tywysog Ladislaus Czartoriski. Creodd ef dipyn o wefr megis y tywysogion eraill a ddaethai i'r Fenni yn y blynyddoedd a fu. Yr oedd y brwdfrydedd yma o hyd a'r afiaith a gofnodwyd dro ar ôl tro yn yr hanesion am yr Eisteddfodau, ond mae'r gwacter ar ôl Carnhuanawc i'w deimlo er bod y Llywydd yn ei araith yn ffyddiog ac mor obeithiol ag erioed y byddai'r Gymdeithas yn parhau am na allai byth fethu. Fe'i sylfaenwyd ar egwyddorion da, meddai, ac yr oedd wedi gweithredu yn gyson â'r amcanion y'i bwriadwyd hi i'w cyflawni. Gobeithiai a chredai, bob blwyddyn y cyfarfyddent yn y neuadd, y byddai eu nifer yn mynd ar gynnydd a'u brwdfrydedd heb leihau. Ychydig a feddyliodd ef na neb arall yno na fyddai'r un Eisteddfod yn nhref y Fenni byth mwy dan nawdd Cymdeithas y Cymreigyddion, er bod nifer o gystadlaethau wedi eu hawgrymu ar gyfer y nesaf.

Ionawr 14, 1854, cyfarfu'r pwyllgor i dderbyn yr adroddiad blynyddol gan

4

THE

GREAT SUBSCRIPTION PRIZE

OF

SEVENTY POUNDS.

BY THE FOLLOWING CONTRIBUTORS.

	£	S.	D.
His Excellency the Chevalier Bunsen	10	10	0
Lady Hall of Llanover	10	10	0
The late Sir J. John Guest, Bart.	10	10	0
Adam Gordon of Knockespoch, Esq.	10	10	0
Viscount Feilding	5	5	0
Col. Kemys Tynte, M. P.	5	5	0
Henry Hallam, Esq.	5	5	0
T. Wakeman of the Graig, Esq.	5	5	0
Evan Thomas, Esq.	5	5	0
Lord James Stuart	2	2	0

A Prize of £70 7 0

FOR THE BEST ESSAY

ON THE

ORIGIN & PROGRESS OF TRIAL BY JURY

IN THE PRINCIPALITY OF WALES,

To be written in Welsh, French, or English

If in either of the Two former Languages, to be accompanied by
an English Translation.

Tudalen 8, Rhaglen 1853
Enwau'r tanysgrifwyr tuag at y brif wobr. Thomas Stephens a'i henillodd am draethawd yn Saesneg.

19

BY MISS HERBERT OF LLANARTH.

The Arianwen Harp, Value Eight Guineas.

To the best Blind Female Performer on the Triple Harp.   Not more
than Four variations to be played.

Open to Brycheiniog, Gwent and Morganwg.

To which is added One Pound by the Countess of Abergavenny.

20

BY THE COUNTESS OF ABERGAVENNY.

A Prize of One Pound Five Shillings,

To the Second best Blind Female performer the Harp.

21

The Cefyn Mably Harp, value Ten Guineas.

To the best Blind Male Performer on the Triple Harp.   Four varia-
tions only to be played.

Open to South Wales including Gwent and Morganwg.

22

BY CAPT. KEMYS TYNTE.

The Priory Harp, value Nine Guineas.

To the second best Blind Male Performer on the Triple Harp.
Not more than Four variations to be played.

Open to South Wales including Gwent and Morganwg.

Tudalen 16, Rhaglen 1853
Rhai o roddwyr y telynau i'r telynorion dall.

y Cadeirydd, James Saunders, ac i weld beth oedd y rhagolygon. Yn unol â'r cyngor a roddwyd gan y gŵr hwnnw, penderfynwyd gorffen popeth a chau'r cyfrifon:

> Resolved — Therefore that the undersigned, forming the committee of the said Cymmreigiddion (sic) Society, now give instructions to the Treasurer to discharge forthwith all liabilities and the — Abergavenny Cymmrigiddion (sic) Society be this day Dissolved.

Yr oedd yr ysgrifennydd dan gryn deimlad, gellid meddwl, a barnu oddi wrth y ddau gamsynied a wnaeth wrth sillebu enw'r Gymdeithas. Llofnodwyd y cofnod gan amryw, gan gynnwys dau o'r sylfaenwyr, yr ysgrifennydd a John Michael neu Michell, perchennog Yr Haul.

Pennod 2

Beirdd y Cymreigyddion — eu Cynhyrchion a'u Beirniaid

Yn ôl rhaglenni deg Eisteddfod y Cymreigyddion rhoddwyd 74 cystadleuaeth farddonol — 59 ar y mesurau caeth, 15 ar y mesurau rhyddion. O'r 59 ar y mesurau caeth rhoddwyd 30 testun i gyfansoddi englynion arnynt, 23 i gyfansoddi awdlau arnynt a 6 i gyfansoddi cywyddau arnynt. Ymhlith y 15 cystadleuaeth i ganu arnynt yn y mesurau rhyddion galwyd 3 yn 'bryddestau'.

Cyfyng iawn, a rhyddieithol ac anniddorol oedd y testunau bron i gyd. Diddordeb cyfamserol oedd i lawer iawn ohonynt. Nodwedd amlycaf nifer mawr ohonynt oedd eu distadledd a'u cyffredinedd, ac nid oedd ynddynt ddim o gwbl i ysbrydoli'r beirdd i ganu. Ar y llaw arall yr oedd ambell un yn galw am well cynhyrchion nag a gafwyd. Nid oedd y Cymreigyddion yn wahanol i relyw'r Cymdeithasau Cymraeg yn y cyfnod. Noddwyr y Gymdeithas oedd llawer o'r gwrthrychau y cenid iddynt, yn llywyddion ac yn ymwelwyr, ac felly mae natur gymdeithasol i'w canu. Ond nid oedd neb o'r beirdd i bob golwg yn gwneud un defnydd o'r esiamplau gwych a geid o'r math hwn o ganu a argraffwyd yn y *Myvyrian Archaiology*. Cynnyrch eu hoes yw eu gwaith ac nid oedd y rhai a gynigiai'r testunau yn gwybod bod dewis testun barddonol yn gofyn tipyn o grefft. Dosbarth mawr arall o destunau oedd y rhai ar amryfal bynciau Cymraeg a Chymreig. Rhaid hefyd oedd cynnwys ambell destun a blas ymerodraethol a Phrydeinig arno a rhai Beiblaidd a chrefyddol, wrth gwrs. Ond y distaaf o'r holl destunau ydoedd yr englynion i'w gosod ar rywbeth (e.e. pobydd caws, cadair esmwyth, ffynnon, mur porth Llys Llanofer). Dylid cofio, hefyd, nad Pwyllgor Llên ond pobl unigol, y rhan fwyaf ohonynt yn rhoi'r wobr am y testun o'u dewis, oedd yn gosod y testunau.

Y mae cynrychiolaeth ragorol o gynhyrchion ar bob un o'r testunau, bron, wedi eu cadw, felly gellir barnu'n gywir iawn pa fath o waith a ddanfonwyd i'r Eisteddfodau. Nid yw gwaith y buddugol bob amser ar gael ond y mae digonedd ar ôl o'u gwaith hwy ac o waith y rhai anfuddugol i ddangos pa faint o ddiddordeb a gymerai beirdd o bob gradd yn y cystadlaethau. Cawn enwau rhai o feirdd mwyaf blaenllaw eu cyfnod yn eu plith a gwaith llawer mwy o'r beirdd di-nod. Fe wyddys i Eben Fardd gystadlu ym 1838 ar yr englyn i 'Arch Noah' a cholli, ac fe ddigwyddodd yr un peth i Ddaniel Ddu o Geredigion ym 1837. Dyma enwau'r rhai yr ystyrid eu bod yn feirdd o fri yn eu dydd: Emrys, Gwallter Mechain, Iago Emlyn, Ieuan Gwynedd, Talhaiarn, Tegid, Gwalchmai, Islwyn a Gwilym Caledfryn. Erbyn heddiw, gan fod barn y beirniaid, ffasiynau llenyddol a llawer o bethau eraill wedi newid, machludodd haul pob un oddieithr Islwyn er nad yw pob beirniad yn cytuno am waith y bardd hwnnw. Mae mwy o enwau ymhlith y beirdd llai ac y mae eu gwaith yr un mor bwysig ar gyfer ein hastudiaeth o gynhyrchion barddonol Cymreigyddion y Fenni trwy gyfrwng eu Heisteddfodau. Ceir sylwadau ar bob un ohonynt yng nghorff y bennod hon. Cynhyrchwyd cryn swm o farddoniaeth ganddynt ar wahân i Eisteddfodau'r Fenni. Ni ddaeth ond ychydig ohonynt yn adnabyddus y tu allan i'w broydd eu hunain eithr erbyn hyn aethant yn angof hyd yn oed yno, a dyna ddagrau pethau. Canys mawr fu eu brwdfrydedd a'u cefnogaeth i'r Eisteddfodau a heb iddynt erioed sylweddoli hynny yr oeddynt yn ddolennau cyswllt yn y gadwyn fawr Gymraeg. Yr ydym ni, heddiw, yn ddyledus iddynt am gadw'r diwylliant Cymraeg yn fyw pan oedd anawsterau di-rif yn eu hamgylchynu. Mae'n syndod o'r mwyaf i lawer ohonynt gynhyrchu cystal gwaith, heb sôn am waith o gwbl, a chofio prinder eu cyfleusterau, y diffyg arian a'r diffyg amser a oedd ganddynt i berffeithio ac i ystwytho'u gwaith. Cynhyrchwyd eu barddoniaeth o dan anfanteision na wyddom ni ddim amdanynt mewn gwirionedd, ac na fyddwn ry barod i'w collfarnu. Mae eu cynhyrchion yn ddogfen yn hanes barddoniaeth gwerin Cymru yn y ganrif ddiwethaf pan oedd gwerin Cymru'n cael ei gwasgu ar bob llaw.

Ymdrinnir yn awr â chynhyrchion y beirdd y rhoddwyd eu henwau eisoes. Ymdrinnir â chynhyrchion y lleill wedyn.

Gweinidog gyda'r Annibynwyr ydoedd Emrys (William Ambrose, 1813—1873). Cyhoeddwyd ei farddoniaeth ym 1876 gan Gwilym Hiraethog (William Rees, 1802—1883), sef *Ceinion Emrys*. Ystyrid ef yn un o feirdd a llenorion gorau ei oes. Enillodd ddwy waith yn Eisteddfodau'r Fenni, am ddwy awdl ym 1842 — ar 'Dderwyddiaeth' a marwnad i Gutyn Peris (Griffith Williams, 1769—1838), un arall o feirdd blaenllaw ei ddydd. Hyd yn oed yn ei oes ei hun nid ystyrid y naill awdl na'r llall ymhlith gwaith gorau Emrys. Mae'r ddwy yn esiamplau o awdlau 'cynhwysfawr' y ganrif. Dyma enghraifft o'r gyntaf i ddangos cryfder y disgrifiadau er na ellir llyncu'n ddihalen yr hyn a ddywedir am gampau dihafal y Derwyddon i chwilio am lysiau:

Gwyddent rinweddau'r llysiau lluosog,
Aent ar hir wib uwch cantre'r hebog,
A thrwy'r holl lenyrch nas sathrai'r llwynog,
Yn mlaen hyd ruddiau moelion nadreddog,
A thywyllwch anialwch cornelog,
Olrheinient elltydd a dolydd deiliog,
Y mwyth eirianwawr erddi meithrinog,
A chlogwyni goruchel agenog,
Chwilient gribau creigiog (creigiau?) crog, —am lysiau,
A phridwedd lanau pob ffrwd ddolenog.

Yn yr awdl farwnad ceir ambell gyffyrddiad tyner a didwyll:

Homer y gân Gymreig oedd
Mawledig a syml ydoedd,

Tri enaid cerdd, tri nod cân
A gafwyd ynddo'n gyfan;
Seigiau o flas barddas bur,
A ddylifodd o'i lafur.

Am dano, deg athro gwych,
Mae oer drwst tramawr dristwch.

Rhaid dweud am wendidau'r gwrthrych yn ogystal ag am ei ragoriaethau.
Mae paladr swynol i un o'i englynion, os anghywir ei grefftwaith.

Ereill sy'n awr yn chwarau — hen delyn
    Hudolus y tadau.

Un o feirdd a beirniaid blaenaf y cyfnod ydoedd Gwallter Mechain (Walter
Davies, 1761—1849), heblaw bod yn offeiriad a hanesydd gyda diddordebau
eang dros ben. Bu ganddo berthynas agos â'r Cymdeithasau Taleithiol, ac
wedyn â llawer o aelodau blaenllaw Cymreigyddion y Fenni. Edrychid arno
fel eu tad barddol ac un y gellid ymgynghori ag ef ar bopeth yn ymwneud â'r
Gymraeg. Gresynai Thomas Stephens mewn llythyr ato eu bod yn byw yn
rhy bell oddi wrth ei gilydd i Stephens allu manteisio ar ddysg Gwallter
Mechain i'w gynorthwyo i gyfieithu'r farddoniaeth a astudiai ar gyfer ei
draethawd mawr ym 1848 ac i wneud nodiadau gramadegol arni. Fel beirniad
pwysleisiai Gwallter Mechain eirfa dda a chywirdeb iaith a chystrawen.
Anodd gweld iddo gymhwyso hynny at ei farddoniaeth ei hun yr enillodd
amdani yn Eisteddfodau 1837 a 1838, sef un awdl ac englynion. Testun yr
awdl oedd 'Yr Olygawd o Ben y Fal, yn agos i'r Fenni'. Gan ei fod ar y pryd
yn byw naill ai ym Manafon neu yn Llanrhaeadr-ym-Mochnant (gan iddo
symud o'r naill le i'r llall yn y flwyddyn 1837) ceir ganddo eglurhad iddo *fod*
ar ben y mynydd hwnnw, eithr ni noda pa bryd. Canodd ei awdl 'yn ol
Dosparth Morganwg' a chyfaddefa nad yw ei fesurau'n dilyn y pedwar mesur
ar hugain ond eu bod yn fesurau 'awdurdodedig yn ol y ddosparth gyssefin'.
Mae llawer gormod yn yr awdl sy'n mynnu nodiadau ganddo ac ar droeon
mae'n disgyn i'r cyffredinedd gwaethaf:

Disgynaf — dewis giniaw,
Dysgl drom sy' i'm disgwyl draw, —
Brithyllyn, fwythyn, a fydd —
Os daliwyd îs y dolydd;
Oni ddaliwyd — bwyd ni bydd,
Siom bu raid sy im' brydydd!

Mae croesaw i'm haros mewn diddos mwyn dy,
Lle gallaf am ennyd fod hefyd yn hy.

Yn Llanofer, llawnder llys,
Mynwn, er clod, fod am fis.

Nid yw'r englynion yn werth dim fel barddoniaeth — bwriadwyd un i'w roi
ar bobydd caws a'r lleill ar fur porth Llanofer. Danfonodd wyth o'r olaf —

pedwar i groesawu'r ymwelydd a'r lleill i ffarwelio ag ef. Cymerodd y beirniad, Cawrdaf, un o bob pedwar.

Gweinidog gyda'r Annibynwyr ydoedd Iago Emlyn (James James, 1800—1879). Cyhoeddodd gyfrol o'i waith ym 1848 — *Cyfansoddiadau Buddugol a Cherddi Eraill* — ac ail gyfrol ym 1863 — *Gweithiau Barddonol Iago Emlyn.* Ystyrid ef yn ei ddydd yn fardd o fri ac yn ysgolhaig medrus, yn ôl y *Bywgraffiadur.* Nid oedd wedi mynd i'r weinidogaeth pan enillodd am y tro cyntaf yn y Fenni am englynion ar 'Wladgarwch' (1837) ac 'Arch Noah' (1838). Enillodd wedyn ym 1842 pan oedd yn fyfyriwr yng Nghaerfyrddin am englynion cyfarch i Dwarkanauth Tagore ac am englynion i Dywysog Cymru a Chastell Caernarfon. Mae yn y cynhyrchion hyn gymysgu ffigurau, gramadeg anghywir a nodweddion y canu cyfamserol. Dyma enghraifft o'i englynion am 'Wladgarwch':

Twym-lif, ffynhonell teimlad, — a gwaelod
    Y galon, ei tharddiad:—
Gorlanw fel môr gloyw mawr gwlad
Yn curo terfyn cariad.

Ceir ganddo'r llinell hon i 'Arch Noah':

A'i llyw noeth ydoedd llaw Nêr.

Nid yw'r englynion i Tagore ddim gwell. Bu Iago Emlyn yn feirniad yn Eisteddfod olaf y Cymreigyddion.

O Sir Feirionnydd yr hanoedd Ieuan Gwynedd (Evan Jones, 1820—1852). Gweinidog gyda'r Annibynwyr ydoedd yntau. Nid fel bardd yr adwaenid ef fwyaf eithr fel un a oedd ar dân dros yr iaith Gymraeg ac a ysgrifennai i'w hamddiffyn hi a merched Cymru, yn arbennig wedi Comisiwn 1847. Ni rwystrodd afiechyd tost iddo olygu *Y Gymraes* ar gyfer merched Cymru gyda chymorth ariannol Gwenynen Gwent.

Yr oedd yn gyd-fuddugol ym 1845 am englynion i Dwarkanauth Tagore ac yn yr un Eisteddfod ag yr enillodd Thomas Stephens wobr Tywysog Cymru enillodd am englynion cyfarch i'r llywydd, y Cyrnol Charles Kemeys-Tynte, A.S., Cefn Mabli. Gallod Ieuan fynd i Eisteddfod 1848 a thraddododd araith yno. Yr oedd ei gysylltiad â Gwenynen Gwent yn un agos iawn. Cyhoeddodd y Parch. T. Roberts, Llanrwst, gyfrol o'i waith, *Gweithiau Barddonol Ieuan Gwynedd*, ym 1876. Dyma ddwy enghraifft o'r englynion:

O randir y fawr India — y doethwr
    A deithiodd hyd yma;
Daeth i ganfod diwrnod da,
A Gwyl farddonol Gwalia.

Mawl erys i'r Milwrydd, — un o hil
    Hen haelwyr ein broydd;
Kemeys lew, cymhwys lywydd,
Yn iawn bôr i'n hawen bydd.

Daeth Talhaiarn (John Jones, 1810—1870), i Eisteddfod 1853. Mewn llythyr diddorol am ei ymweliad â hi sy'n tystio i afiaith y beirdd fe ddywed:

Yr wyf newydd ddyfod yn ol o Eisteddfod y Fenni, lle bum yn pranciaw fel rhyfelfarch Iob yn ardderchawgrwydd fy ngwag ogoniant. Cefais groesaw mawr gan fy nghyfaill Llawdden a'i wraig, a serch a pharch gan feirdd y South. Yr oedd Llawdden, o ddyfnder ei serch at y Beirdd, yn cadw llŷs agored iddynt. Yr oedd Cynddelw, Ioan Emlyn, Dewi Wyn o Esyllt, Cuhelyn, Ieuan ap Gruffydd, a phen campwr traethodyddion Cymru, Mr. Stephens o Ferthyr, a minnau, yno'n ddyddiol, yn bwytta, yfed, ac ymlonni.

Yn yr un Eisteddfod traethodd yn Saesneg ar lên Cymru, canmolodd y Frenhines a chadernid ei gorsedd a chyffesodd na fynnai, er dim, ddweud gair i fychanu'r Saeson na'u gwlad. Enillodd ym 1848 am gerdd ar y testun 'Tlysni a Defnyddioldeb Gwyngalch yn Nghymru'. Ni fedrwyd dod o hyd iddi mewn unrhyw gyfrol o'i waith. Y gerdd agosaf at y testun ydyw 'Bwthyn Gwyngalchog' a chan mai yn Llundain yr oedd ym 1848 dyfynnir yma ddwy linell ohoni:

Mwy anwyl na Llundain yw broydd fy henwlad,
A mwynach yw'r bwthyn gwyn-galchog i mi.

Yr oedd Ioan Tegid neu Tegid (John Jones, 1792—1852), yn aelod blaenllaw o'r Cymreigyddion ac yn ŵr hoff gan bawb. Offeiriad Nanhyfer, Sir Benfro ydoedd, un o'r rhai a noddwyd gan Wenynen Gwent, canys trwyddi hi y cafodd y fywoliaeth honno ym 1841 gan yr Arglwydd Ganghellor Cottenham. Ysgolhaig ydoedd Tegid yn bennaf dim. Copïodd y Mabinogion a'r Rhamantau i Charlotte Guest a throdd y testun i Gymraeg y bedwaredd ganrif ar bymtheg er ei mwyn. Dysgodd Gymraeg iddi er na cheir yr un gair o ddiolch ganddi iddo am ddim a wnaeth· i'w chynorthwyo. Yr oedd yn gyfeillgar iawn â'i esgob, Connop Thirlwall, ac yr oedd yn un o hyrwyddwyr y *Welsh MSS. Society.* Golygodd (gyda Gwallter Mechain) waith Lewis Glyn Cothi ym 1837. Wedi ei farw ym 1852 fe ddywedwyd yn y *Gentleman's Magazine* ei fod gyda'r gorau o feirdd Cymru, ond nid yw R.T.Jenkins yn y *Bywgraffiadur* yn cytuno er bod rhai darnau byrion swynol ganddo. Cyhoeddwyd cyfrol o'i waith barddonol a bywgraffiad ohono gan ei nai Henry Roberts ym 1859. Pan godai i siarad yn ystod Eisteddfodau'r Fenni câi gymeradwyaeth wresog dros ben. Yn wir, Carnhuanawc yn unig a gâi fwy.

Enillodd bedair gwaith, deirgwaith am englynion ac unwaith am gân ar y mesur 'Cwympiad y Dail' er cof am yr Arglwyddes Coffin Greenly (Llwydlas). Yr oedd testunau'r englynion yn rhai distadl iawn — dau i'w gosod ar ffynnon, (Aberpergwm ym 1837 a Ffynnon Ofor ym 1845), a phedwar arall i'w gosod ar bedair cadair esmwyth. Dyma englyn 1837:

O ddaioni Duw i ddynion — llawn wyf
Lloned sychedigion!
Hoff y rhed o hyd ffrwd hon,
Gwiw lifiant! mam gloyw afon.

Dyma'r gorau o'r pedwar i'w gosod ar gadeiriau esmwyth:

Minnau, rhwng fy mreichiau mynaf — Ferch fwyn,
 Y ferch fo deilyngaf;
A hi'n wir ddedwydd a wnaf
Min nos; ac a'i monwesaf.

Enillodd wobr gwerth £30 am y gân i Lwydlas. Rhoddwyd y testun ym 1840 ond gan y barnai'r beirniad y tro hwnnw nad oedd neb yn deilwng fe'i rhoddwyd yr ail waith a chodwyd gwerth y wobr. Yn ei feirniadaeth dywedodd Caledfryn mai pryddest oedd y gerdd a'i bod 'yn ddiau, yn un o'r cyfansoddiadau tlysaf yn yr iaith . . . yn ddarlun byw o nodweddiad a rhagoriaethau "Llwydlas"', ac mai'r unig fai arni ydoedd ei bod yn rhy fyr. Syml iawn yw ei hiaith, hytrach yn rhyddieithol mewn ambell fan ond heb ddim diffyg chwaeth. Ar gyfer ei chanu y bwriadwyd hi ond mae'r acenion yn aml yn ddiffygiol, ac ni cheir y dwyster a ddisgwylir mewn cerdd goffa ynddi, yn wir nid yw'r mesur yn ddim cymorth i hynny. Dyma ddau bennill i ddangos natur y gerdd a safon cynhyrchion Tegid (ceir mwy am y gwrthrych yn y bennod am Wenynen Gwent):

Uwch ei bedd ŵyl llawer bardd,
 Ac yno tardd ystyriaeth,
Fod îs y don Alawydd dlos
 Oedd ëos ei chenedlaeth;
Un a ganai gerdd mor fwyn
Gyda'r delyn, mammaeth swyn,
Nes gwelid pawb mòr llòn â'r ŵyn
 Y Gwanwyn irlaswedd:
Dysgedig oedd a chall a doeth,
OFYDDES fwyn âg awen goeth,
Hi garai'r GWIR, a'i degwch noeth,
 Uwch cyfoeth a mawredd.

Yn gywir iawn oedd, gywrain un,
 Y tynai lun y meusydd
Ac ar y ddôl llun gwartheg gwâr,
 Llun geifr draw ar greigydd;
Llun defaid; llun merch ieuanc lòn,
A'r ŵyn yn chwarae ar ael y fron,
Llun gwlad a thref, llun llong ar dòn,
 Llun afon gwyllt rediad:
Ac yna gwedi porthi ei dawn,
Gofalai am y tlawd prydnawn;
Rhoi bwyd o'i flaen, rhoi coed, glo, mawn,
 Yn brydlawn rhoi dillad.

Gweinidog gyda'r Annibynwyr ydoedd Gwalchmai (Richard Parry, 1803—1897). Dysgwyd rheolau cynghanedd iddo gan Galedfryn. Bu am ysbaid byr yn Llanymddyfri yn ystod cyfnod sefydlu'r Coleg yno, ond yn y

Gogledd y bu am y rhan fwyaf o'i oes. Yr oedd yn fardd cynhyrchiol iawn ond ni chynhyrchodd ddim arhosol. Un o feirdd yr Eisteddfod ydoedd a beirniad ynddynt hefyd. Yr oedd yn awdur llawer o lyfrau Cymraeg a channoedd o erthyglau. Enillodd ddwy waith yn y Fenni — ym 1842 a 1853. Cystadlodd ym 1842 ar yr awdl 'Derwyddiaeth' ond Emrys a orfu. Yr awdl yr enillodd arni ym 1842 ydoedd yr awdl i goffáu ymweliad y Llydawiaid ag Eisteddfod 1838, un o'r testunau nad oedd neb yn deilwng o'r wobr amdano ym 1840. Am awdl ar 'Ddinystr Derwyddon Mon' yr enillodd ym 1853. Ym marn Elfed (yng nghofiant Gwalchmai gan R. Peris Williams, 1899) honno oedd un o awdlau gorau ei hawdur. Credai Gwalchmai'n ddiysgog yn namcaniaethau Iolo Morganwg a'r 'Celtic' Davies. Mae'n awdl faith gyda nodiadau yn Saesneg a map o raniadau Môn yn amser y Derwyddon. Dyma un englyn ohoni:

> Rhyfedd oedd i garchar Rhufain — ddyfod
>   Yn ddwyfol les Prydain,
>   A'r gwir o'r drwg i'w arwain,
>   A golud gwell i'n gwlad gain!

A dyna rai o'r llinellau gorau ynddi.

Un ar hugain oed ydoedd Islwyn (William Thomas, 1832—1878) pan enillodd am ei awdl goffa i Garnhuanawc yn Eisteddfod olaf y Fenni. Hyfforddwyd ef gan feirdd llai nag ef ei hun — Gwilym Ilid ac Aneurin Fardd, dau o ffyddloniaid Eisteddfodau'r Fenni. Ysgrifennwyd llawer am Islwyn fel bardd ac athronydd, a chyhoeddwyd llawer cyfrol o'i farddoniaeth yn y ganrif ddiwethaf ac yn hon, eithr nid oes a fynnom yma ond â'i awdl goffa i Garnhuanawc, a roddwyd yn destun bum mlynedd wedi marw'r gwrthrych am na bu Eisteddfod yn y cyfamser. Iago Emlyn oedd y beirniad. Nid yw hon ar y mesurau caeth. Mae ynddi dros saith gant o linellau di-gynghanedd. Ceir ynddi dipyn o ailadrodd ond mae'r iaith yn lân ar y cyfan. Atgoffir ni o'r 'Storm' gan yr arddull. Gan fod y gwrthrych mor bwysig yn hanes Cymreigyddion y Fenni ac am mai Islwyn yw'r awdur dyfynnir mwy o'r awdl hon nag o un o'r gweithiau eraill yn y dosbarth blaenaf.

Dyma Garnhuanawc fel areithiwr da yn yr iaith Gymraeg:

> Dyferai'i mêl-frawddegau dros ei fin
> Mor rwydd â thros aurlafar Gomer gun . . .
> Pob gair fel adsain twrf rhyw raiadr llym,
> Pob cydsain yn wroldeb ac yn rym, —
> Meistrolodd hwynt; ac ar ei alwad, oll
> Gweinyddent i roi ffurf i'w dyb di-goll.

Rhyddieithol a dweud y lleiaf, gyda beiau amlwg. Dyma linellau sy'n dangos y cymorth a roddai Carnhuanawc i lenorion ieuainc:

> Efe ei hun yn frig o'r uchaf ryw
> Yng ngardd llenyddiaeth, taflai gysgod gwiw

Dros flodau heirdd ond eiddil. Noddfa gref
Gai ieuainc feirdd o dan ei adain ef.

Â ymlaen i ddisgrifio'i wrthrych fel 'cwmwl gonest' yn bwrw 'gwlithion balmaidd' yn gawodydd i dorri syched y meysydd.
Dyma'r gŵr diragfarn:

Ei feddwl oedd ry eang i'w gulhau
I fod yn rhedle i'r fath deimlad gau.

Yr oedd y rhai a edrychai arno yn gweld

Cyfrolau'n llawn athrylith . . .
Yn nhân ei lygaid.

Ef oedd prif golofn Cymreigyddion y Fenni.

Eisteddfod wech y Fenni. Pwy
A leinw ei gader ynddi mwy?
Ysgogydd yr holl beiriant mawr
Nid ysgog heddyw yn y llawr . . .
Efe oedd galon y Gymdeithas bur
A yrrai ynni i bob aelod wir,
Gan fywiocau yr oll. Bu'n dyner dad
I'w meithrin hi â llaeth gwybodaeth fad,
A diliau mêl athroniaeth. Dyrchodd hi
I sylw tywysogion . . .

Gweinidog arall gyda'r Annibynwyr ydoedd Gwilym Caledfryn (William Williams, 1801—1869) a bardd a beirniad. Ymddiddorai yn yr Eisteddfodau Taleithiol ac urddwyd ef yn fardd yng Nghaernarfon (1821). Bu'n feirniad yn Eisteddfodau'r Fenni fwy nag unwaith. Un waith yn unig yr enillodd, ym 1838, am awdl goffa i Gomer (Joseph Harris, 1773—1825) a'i fab Ieuan Ddu (John Ryland Harris, 1802—1823). Yr oedd y testun yn un cymeradwy iawn ac enillwyd y wobr gan un o feirdd mwyaf cymeradwy ei oes. Ab Iolo a Chawrdaf oedd y beirniaid a'r wobr oedd £15, deg yn rhoddedig gan y Gymdeithas ei hun a phump gan D.Rhys Stephen, Abertawe, mab-yng-nghyfraith Gomer. Cystadlodd Caledfryn yn erbyn saith arall. Canodd yn ôl yr hyn a ddisgwylid gan y beirniaid. Nid oes yn yr awdl gynllun, eithr mae Caledfryn yn bwrw ati i ddweud beth bynnag a ddaw i'w feddwl. Mae ganddo ffurfiau hynod i rai o'r geiriau a ddefnyddia. Dyma ychydig o ddyfyniadau ohoni, rhai o'r goreuon:

Er lludded caled, er cur, — ni welaist
Prin ol dy fawr lafur . . .

Mae ynof, er y meini,
Fawr chwant gael eich cyfarch chwi . . .

Ac am *Seren Gomer,*

Tröai ein bythod tra anobeithiawl,
Diau, yn neuaddau duwinyddawl;
Hi fu'n tywysu yr anfanteisiawl

I lwybrau y gwybodaethau dethawl;
Hi daenai'n gyffredinawl, — yn eu mysg,
Ei thirion addysg gwir athronyddawl.

Yr oedd

Y llafurwr, gweithiwr, gwan,
Yr hen wr prin ei arian

yn cael bendith wrth ddarllen y *Seren*.

Beirniadodd Caledfryn ddwywaith yn Eisteddfodau'r Fenni — ym 1840 a
1842. Bu hytrach yn llym yn y gyntaf, yn ôl y beirdd, ac atal y wobr am bum
cystadleuaeth. Oherwydd hynny danfonwyd ei feirniadaeth yn llawn i *Seren
Gomer*. Byr a bratiog oedd beirniadaethau'r beirniaid fel arfer. Yn wir gan
amlaf nid oeddynt ddim mwy na gair neu ddau hwnt ac yma ar y papurau yr
ysgrifennodd y beirdd eu cynhyrchion arnynt. Ym meirniadaeth Caledfryn,
fodd bynnag, ceir cynghorion i'r beirdd — gofalu am ffurf y canu, edrych ar
y testun o bob cyfeiriad, tynnu cynllun addas, ysgrifennu eu gwaith drosodd a
throsodd nes ei fod mor berffaith ag y gellid ei gael, a thywallt eu holl enaid
i'r canu. Yn ôl Elfed cywirdeb iaith a meddwl ydoedd cryfder Caledfryn.
Bardd i lenorion ydoedd ac yr oedd ei athrylith 'fel bore rhewllyd', mor
wahanol i 'Emrys llariaidd', 'mor bell ydyw o ardalau synfyfyriol Islwyn'. Ni
wobrwyodd bump o gystadlaethau 1840 am wahanol resymau: dim tân
awenyddol, sillafu anghywir, ffigurau rhyfedd, diffyg chwaeth, gormodiaith.
Ym 1842 nid ataliodd yr un wobr am fod y beirdd (yn gall iawn) wedi dilyn
ei gynghorion ac felly wedi gwella'u gwaith, meddai. Y rhai a gafodd y
gwobrau ydoedd Emrys, Gwalchmai, Tegid, Iago Emlyn, Thomas Parry
(Llannerch-y-medd) a John Thomas (Ieuan Ddu, Dowlais). Rhannodd y wobr
am farwnad i Gutyn Peris rhwng Emrys a Thomas Ellis (Caerwys).

Gellir dweud am Galedfryn, felly, ei fod yn feirniad cydwybodol a manwl.
Nid ofnai wg y beirdd pan deimlai eu bod yn cynhyrchu gwaith a syrthiai'n
is na'i safonau ef ei hun. Ysywaeth nid yw ei farwnad i Gomer a'i fab yn
cadw at y rheolau a osodai i lawr ar gyfer beirdd eraill — nid oes ynddi
gynllun, mae'n ail-adrodd, mae ei atalnodi'n ei gwneud hi'n anodd ac yn
feichus i'w darllen, mae ynddi eiriau hynod eu ffurf ac ni thywalltodd ei holl
enaid bob amser i'w ganu.

Pan ystyriwn brinder y beirniadaethau ni ellir ond casglu mai unig nod y
beirniaid fel arfer oedd dewis y gerdd a dybient oedd orau mewn
cystadleuaeth. Nid oedd ganddynt safonau cyffredinol i'w harwain, dim ond
mympwy bersonol, ac i bob golwg y gerdd a ddywedai fwyaf am y testun
gosodedig oedd y fwyaf cymeradwy i'w gwobrwyo. Ni fynnent siomi'r rhai a
roddai'r gwobrau, chwaith.

Y mae eto'n ôl y beirdd llai hynny a enillodd yn yr Eisteddfodau. Prin
iawn yw'r wybodaeth am nifer ohonynt ac y mae ambell un na fedrwyd dod o

hyd i ddim amdano. Mae gwaith rhai ohonynt lawn cystal â gwaith y beirdd yn y dosbarth cyntaf a gellir dweud eu bod yn wir ddiwylliedig. Rhoddodd Eisteddfodau'r Fenni (yn ogystal ag eisteddfodau eraill y cyfnod) gyfle iddynt i ddefnyddio hynny o allu a oedd ganddynt i gadw'r diwylliant barddol yn fyw. Gwnaeth llawer ohonynt gyfraniad di-nod, ond cyfraniad hefyd, at swm y farddoniaeth a gynhyrchwyd gan eisteddfodau hanner cyntaf y ganrif. Parodd eu diddordeb yn yr eisteddfodau iddynt feddwl, iddynt ddarllen y cyfnodolion cyfamserol a'u prynu hwy a llyfrau Cymraeg i'w cynorthwyo. Ymhyfrydent yn y grefft o farddoni ac felly hyrwyddent yr iaith Gymraeg, ac onid er mwyn ei choleddu hi yn bennaf oll y sefydlwyd Cymdeithas Cymreigyddion y Fenni? Gwnaeth pob un o'r rhai a gystadlodd yn yr adran hon, boed fuddugol neu anfuddugol, ei gyfraniad arbennig ei hun at yr amcan hwnnw, waeth beth a feddyliwn ni heddiw am eu barddoniaeth. Dyma'r unig adran o weithgarwch y Gymdeithas y gallwn ddweud yn bendant amdani iddi aros yn gyfan gwbl Gymraeg.

Mae enw Benjamin Bowen, Briwnant, yn ymddangos ym mhedair Eisteddfod gyntaf y Fenni o dan y ffugenw Meudwy Glan Taf. Enillodd wyth waith — deirgwaith am englynion, ddwywaith am awdlau, unwaith am gân, unwaith am yr hyn a elwid yn 'gyfansoddiad prydyddol', ac unwaith am bryddest. Am genfigen (1834) dywedodd 'Yn dwyn ei chledd dan ei chlog'. Os ef oedd y gorau am yr englyn ar 'Yr Argraffwasg Gymreig' yna gallasai ab Iolo atal y wobr gyda chydwybod dawel. Enillodd ym 1836 am 'Y Cyfansoddiad Prydyddol' ar yr hyn a ddywedodd François Rio ym 1835, 'Y Brenin Arthur nid yw farw'. Gafaelodd y geiriau hyn yn nychymyg y Cymreigyddion a chyfeiriwyd atynt droeon wedi hynny. 'Pryddest' yw darn y Meudwy. Dyma linellau ohoni:

Tra dyfroedd yn llifo, tra haul ar fro asur
Tra awen a Chymro — 'Nid marw fydd Arthur'.

Yn ei 'bryddest' i 'Gastell Mynwy' defnyddir yr un mesur. Un bardd yn unig a enillodd gymaint ag ef, sef Gwilym Ilid, un o athrawon barddol Islwyn. Mae ei gynhyrchion ymhlith llawysgrifau'r Gymdeithas yn y Llyfrgell Genedlaethol.

Yr oedd Gwilym Ysgeifiog neu Gwilym Callestr, (William Edwards, 1790—1855), yn saer melinau o Sir y Fflint. Yr oedd yn gyd-fuddugol â Ieuan Gwynedd am ei englynion i'r Cyrnol Kemeys-Tynte ym 1848. Pan oedd yng ngwallgofdy Dinbych danfonodd farwnad i Garnhuanawc i Eisteddfod 1853. Cyhoeddwyd peth o'i waith yn *Cell Callestr* ym 1815 a llawer yn y cylchgronau Cymraeg wedyn. Yr oedd yn gyfeillgar â Thalhaiarn a Chaledfryn. Mae'n enghraifft o'r gwladwr a ymddiddorai yng nghrefft y bardd. Cynhyrchodd englynion da yn ôl R.T.Jenkins yn y *Bywgraffiadur*.

Deuai Thomas Ellis o Gaerwys. Yr oedd yn gyd-fuddugol ag Emrys ym 1842 am awdl goffa i Gutyn Peris ac ef a gafodd y tlws. Mae ei awdl ef yn

Gorymdaith y Cymreigyddion trwy'r Fenni yn ystod yr wythfed Eisteddfod, 1845.

fwy 'cynhwysfawr' nag eiddo Emrys. Rhoes Caledfryn y ddwy yn flaenaf yn y gystadleuaeth am eu bod yn 'sylweddol, ac yn farddonawl'. Mae awdl Thomas Ellis ymhlith llawysgrifau'r Cymreigyddion. Ei enw barddol oedd Eos Tegeingl. Ni wyddys ddim mwy amdano yn ychwanegol at yr hyn a ddywedir yma oddieithr yr hyn a geir yn y *Bywgraffiadur.*

Un o gylch Merthyr Tudful ydoedd Cawr Cynon, (William Evans, 1808—1860). Gweithiwr cyffredin ydoedd yng ngweithiau haearn J.J.Guest. Cafodd wobr o dair gini, sef y drydedd yn y gystadleuaeth, am gân i Syr J.J.Guest pan ddyrchafwyd ef yn farwnig. Yr oedd hon yn wobr hael iawn ond rhaid oedd rhoi gwobrau sylweddol er anrhydedd i'r gwrthrych ac am ei fod yn noddwr ffyddlon i'r Gymdeithas. Dywedid am Gawr Cynon fod yn well ganddo gyfansoddi er ei fwyn ei hun yn hytrach nag er mwyn ennill gwobrau, a'i fod yn enghraifft odidog o'r dyn cyffredin a oedd yn esiampl i'w gyd-weithwyr. Awdl 'arwest' oedd ei gerdd arall a gyfansoddodd ym 1845 ar 'Y Bont Newydd dros Tâf yn nghyd a'r Ogof-Heol gyssylltiedig'. (Golygai awdl 'arwest' gân i'w chanu ar fesurau rhyddion gyda'r delyn). Mae'r ddwy gerdd yma ar gadw yn y Llyfrgell Genedlaethol.

Enillodd John Howell, Llangrallo, (1803—1880), tad Llawdden, bedair gwaith yn Eisteddfodau'r Fenni — ym 1835, 1836, 1837 a 1838. Ffermwr ydoedd. Dechreuodd farddoni'n ifanc ond ni chyhoeddodd ei waith tan 1879 mewn cyfrol a alwodd yn *Golofn y Bardd.* Dywedir ei fod yn un o'r englynwyr gorau yn ei ddydd a'i fod yn adnabyddus ar gyfrif ei feistrolaeth ar y mesurau caeth. Enillodd am ddau gywydd a dwy awdl. Testunau'r cywyddau oedd 'Y Bendithion a ddeilliant i ddynolryw oddiwrth y Dwyfol sefydliad o'r Sabboth' (1835) ac 'Annogaeth i'n Cydwladwyr anfon eu plant i ysgolion Cymreig' (1837); a thestunau'r awdlau oedd 'Marwnad i'r diweddar Mr. Thomas Powell (Howell Cynog), Cyfrwywr, Dowlais, yr hwn a fu farw yr 17eg o Fai, 1836, yn 23 oed' (1836) ac ar 'Hynafiaeth y llŷn iachusol hwnnw Methyglyn, yn y Fêl Ynys, gyda golwg ar goleddiad Gwenyn' (1838). Mae'r gyntaf a'r olaf yn ei *Golofn* ond nid yw'r dwy arall yno nac ymysg llawysgrifau'r Cymreigyddion. Cyhoeddodd ei waith er mwyn dangos fod y fath ddyn ag ef wedi byw ym Morgannwg yng nghanol y bedwaredd ganrif ar bymtheg. Cyfansoddodd gyfres o bedwar englyn ar ddeg yn annerch Gwilym Ilid, Caerffili, hen gyfaill bore oes iddo, a oedd ar y pryd yn disgwyl cyfrol o'i waith o'r wasg.

Yn briodol iawn enillodd John Jenkins, Morlaix, Llydaw, (1807—1872), cenhadwr y Bedyddwyr yno, am Feddargraff i'w gosod ar fedd Le Gonidec, ym 1848. Mab ydoedd i'r Dr. John Jenkins, Hengoed, cyfaill agos i Iolo Morganwg ac yn ddiweddarach i Gomer a Charnhuanawc. Yr oedd y mab a Charnuanawc hefyd yn gyfeillion. Ceir rhagor am hynny ac am Le Gonidec yn y bennod ar Garnhuanawc.

Un o athrawon barddol Islwyn oedd Aneurin Fardd, Aneurin Jones, Gelligroes (1822—1904). Mab i felinydd a oedd yn fardd hefyd ydoedd. Rhoddodd y tad addysg well na'r cyffredin i'w fab. Cafodd hyfforddiant yng nghrefft yr adeiladydd a'r pensaer. Yr oedd Aneurin Fardd yn Fedyddiwr selog ac yn berchen ar argraffwasg ac arni argraffodd *Y Bedyddiwr* am gyfnod o ddwy flynedd. Yr oedd yn hyddysg yn y mesurau caeth ac enillodd lawer mewn Eisteddfodau. Yn rhai'r Cymreigyddion enillodd am farwnad i William Bruce Knight, Deon Llandaf, ym 1848, ac am englynion i Syr Charles Morgan, Tredegyr, ym 1853. Aeth i'r Unol Daleithiau ym 1864 a bu farw yn Los Angeles.

Un o feirdd Arfon ydoedd Richard Jones, Gwyndaf Eryri (1785—1848), ffermwr, saer maen a bardd. Ni chafodd ond y nesaf peth i ddim o addysg ond cafodd ddau athro barddol i'w hyfforddi, Gutyn Peris a Dafydd Ddu Eryri. Yr oedd yn hyddysg y tu hwnt i'r cyffredin yn yr iaith Gymraeg yn ôl un awdur. Cyhoeddodd lyfryn o'i waith — *Peroriaeth Awen* — ym 1818, a gwelir oddi wrth hwnnw nad oedd yn haeddu llawer o glod am ei awen eithr ei fod yn gryn feistr ar y gynghanedd. Unwaith yn unig yr enillodd wobr yn y Fenni, ym 1837 am farwnad i Thomas Williams, Pontypridd (Gwilym Morganwg), a fu farw Awst 13, 1836, yn 55 oed. (Cyd-olygodd y ddwy gyfrol o awdlau'r Gwyneddigion yn Llangefni, 1816). Cadwyd pedair o'r marwnadau hyn ymhlith llawysgrifau'r Eisteddfodau. Fe gystadlodd Benjamin Bowen, Briwnant, ar yr un testun a rhagori ar eiddo Gwyndaf Eryri. Dyma ddyfyniad o bob un, Gwyndaf Eryri yn gyntaf:

Yn olau fan, ni welaf i,
Un rhyw gŵr yn rhagori . . .
D'ai ynwyf frath dihenydd, — poen gyfuwch
Pan gefais y newydd;
Darwain coliog drain celydd,
O farw 'nhad i fyrhau 'nydd . . .

Ac o farwnad Benjamin Bowen:

Didwyll oedd y gwiwbwyll gâr,
Mwyneiddgu amyneddgar . . .
Darfu serch ei annerchion,
Yn y lle a'i wenau llôn,
Cwynaw gâf ac awen gaeth,
Awelon oerion hiraeth
A draidd fy nghalon drwyddi,
Waned yw fy enaid i.

Mae Richard Jones, Rhydderch Gwynedd, yn un o'r beirdd na cheir yr un gair amdano yn y *Bywgraffiadur*. Dywedir yn *The History of Merthyr Tydfil*, Wilkins, iddo farw mewn tlodi a chladdwyd ef gyda chymorth ariannol ei ffrindiau. Mae'n siŵr, felly, iddo drigo ym Merthyr ond ni cheir na dyddiad ei eni na dyddiad ei farw gan Wilkins. Cofnoda *Cerbyd Awen*, 1846, (gwaith William Morgan, Gwilym Gellideg), iddo fod yn feirniad mewn eisteddfodau.

Enillodd bedair gwaith yn Eisteddfodau'r Fenni — ym 1836 am englynion i'r Llywydd, W.A.Williams, ddwywaith ym 1838 (am gywydd ar 'Fordaith Madog ab Owain Gwynedd i America', ac ail wobr am gân ar ddyrchafiad Syr J.J.Guest yn farwnig), ac unwaith ym 1840 am chwe englyn i'r Llywydd J.Rolls. Dyma ychydig o linellau o'i waith.

Enw Syr Guest wr union — a bery
    Yn burwych tra Neifion . . .
Tra Merthyr, a gwŷr a gwaith,
A dwr oer, a dewr araith,
A *Dowlais* fawr, gwawr, a gwên
Beraidd gu, Bardd ac Awen . . .

Gŵr o Gaerffili oedd William Jones, Gwilym Ilid, un o athrawon barddol Islwyn. Yr oedd yn gyfaill bore oes i John Howell, Llangrallo. Enillodd fwy o weithiau na neb arall o'r beirdd. Dechreuodd arni ym 1835 (deirgwaith) ac enillodd wedyn ym 1836, 1837, 1840, 1848 a 1853, bob tro ar y mesurau caeth — pum awdl, un cywydd a dwy gyfres o englynion. Erys pump o'r cynhyrchion ymhlith llawysgrifau'r Cymreigyddion ac argraffwyd ei englynion cyfarch i Esgob Tyddewi yn *Seren Gomer*, 1840. Ym 1836 enillodd am awdl farwnad i'r Dug Beaufort a hi oedd yr unig awdl yn y gystadleuaeth. Hanoedd y gwrthrych o deulu hynafol a da, meddai'r bardd, yr oedd yn hael, yn filwr dewr, yn un o amddiffynwyr 'Harri a'i goron'. Wylai pawb pan gladdwyd ef. Ym 1835 enillodd am awdlau ar 'Ragoroldeb y Grefydd Gristionogol' (y gorau o saith) ac ar 'Hanes Bywyd a Gorchestion Ifor Bach Morganwg', testun addasach i draethawd. Cafodd ab Iolo a Brychan anhawster mawr i ddewis y gorau yn y gystadleuaeth gyntaf o'r ddwy, 'ond gan ystyried anhepgorion Iaith, mesur, a dychymyg, yr ydym yn barnu y dorch i Bran ap Llyr Llediaith — Awdl dda'. Dyma enghraifft o safon beirniadaeth y ddau feirniad hyn. Canai Gwilym Ilid ei awdlau yn nhraddodiad Dafydd Ddu. Ar ddechrau'r awdl gyntaf hon mae'n erfyn ar Dduw am ei gymorth (yn ôl patrwm Goronwy Owen):

Dduw anwyl rho i ddinerth
Dirion hwyl, a dyro nerth
I ddatgan yn ffriwlan ffraeth,
Iawn agwedd gwir gristnogaeth.

Gwaethyga'r awdl wrth fynd ymlaen a cheir ynddi holl nodweddion canu gwaethaf y ganrif. Yn yr awdl i Ifor Bach defnyddia eiriau yn unig er mwyn y gynghanedd, a cheir ganddo holl orchestion ei wrthrych yn llawn a chwbl anfarddonol.

Ym 1835, eto, enillodd am gywydd marwnad i Joseph Davies, bardd Cymdeithas Glyncorrwg a fu farw'n ugain oed. Yr oedd cywydd arall yn cyd-redeg â hi am y wobr ond yn ôl y beirniaid

gan fod Gwylofus yn glynu wrth ei destun yn ddwysach na'r lleill, ac yn seinio llafar galar yn fwy cyson, efe biau y fuddugoliaeth.

Ac y *mae'r* cywydd yn mynegi gwir hiraeth.

> Ond darfu yng Ngwent irfwyn
> Ei gerdd felus, fedrus fwyn,
> Ni chlywir yn iach lawen
> Air dilyth, mwy byth o'i benn . . .
> Hirgur i wyr yr Argoed
> Rhoi'r mab cain yn ugain oed
> I orwedd mewn bedd byddar,
> Hyll oer yw cwyn llafar car.

Ef oedd yr unig gystadleuydd ym 1837 am gyfres o englynion i deulu Tredegyr a rhoes Cawrdaf y wobr iddo. Tra byddai 'tyweirch yn toi daear', ebe Gwilym Ilid, fe gofid am haelioni'r teulu dihafal hwn i ddiwylliant Cymru. Dyma un o'r englynion ganddo i Esgob Tyddewi:

> Yr Esgob ni châr rwysgedd — yn ei dŷ,
>   Gwâr a doeth ei rinwedd;
> Ail i Ddewi hael duedd
> I ledu iach flodau hedd.

Un o amryfal lenorion Merthyr Tudful ydoedd William Morgan, Gwilym Gellideg (1808—1878), er iddo gael ei eni yng Nghaerfyrddin. Mwynwr ydoedd wrth ei alwedigaeth ond ei brif ddiddordeb oedd yr eisteddfodau lleol. Cystadlai ac enillai ynddynt am farddoniaeth gaeth a rhydd ac fel canwr penillion. Cyhoeddwyd *Cerbyd Awen* ganddo ym 1846 gyda'r bwriad o wneud lles 'i bawb a'i darlleno'. Ceir yno englynion cyfarch i Gymdeithas Cymreigyddion y Fenni a'r englynion ganddo i Dwarkanauth Tagore a oedd yn gyd-fuddugol â rhai Ieuan Gwynedd ym 1836. Cafodd ei urddo'n fardd ym 1837. Dyma enghraifft eto o'r gweithiwr tlawd diwylliedig.

Brawd Gwalchmai ydoedd Thomas Parry, Llannerch-y-medd, Llanerchydd (1809—1874). Cyfrwywr ydoedd a threuliodd ei oes ym mro ei enedigaeth. Yr oedd yn amlwg ym mywyd Cymraeg ei fro ac yng nghapel Annibynnol y pentref. Y tu allan i'w fro adwaenid ef yn bennaf fel bardd ac enillodd mewn llawer eisteddfod, un waith yn unig yn y Fenni, ym 1842, am gân ar 'Y Corn Hirlas' a argraffwyd yn *Seren Gomer*. Nid oedd ganddo ddawn brydyddol ei frawd ond dywedodd R.Môn Williams amdano yn ei *Enwogion Môn* fod yn ei ganu geinder a lledneisrwydd ac y canai'n fedrus yn y mesurau caeth a rhydd, ond ychydig o'i waith a gyhoeddwyd.

Thomas Powell, Hywel Cynog (1813—1836), oedd yr ieuengaf o'r holl feirdd a enillodd wobr yn y Fenni. Cyfrwywr ydoedd yntau, yn trigo ym Merthyr Tudful. Enillodd yn Eisteddfod 1834 am bymtheg englyn ar ddiddymiad Caethwasiaeth yn nhrefedigaethau Prydain ar Awst 1, 1834. Galwodd ei hunan yn 'Sion Chwarae teg' a rhoes Brychan y wobr iddo gan iddo'i daflu ei hun i'w destun gydag egni a chadw ato o'r dechrau i'r diwedd. Nid ystyriai'r beirniaid yr awdlau eraill yn wael nac yn annheilwng, eithr nid oeddynt wedi cadw 'llygad manylgraff' ar y testun. Dyma un englyn o awdl Hywel Cynog:

Gwawr heddwch a gwiw ryddid — a dorodd
   Yn dirion, ddiofid
   Darfu'r trais, a llais y llid,
   Yr hirloes, a'r mawr ofid.

Nid oes yn un englyn ddiffyg chwaeth ac y mae meistrolaeth ganddo ar y gynghanedd a'r mesur, er nad oedd ond un ar hugain oed. Trasiedi oedd ei farw ym mhen dwy flynedd.

Un arall o wŷr llengar gwerin Merthyr Tudful ydoedd John Rees, pwyswr yng ngweithiau haearn Penydarren. Yng Nghydweli y ganed ef a chladdwyd ef yno. Bu farw'n ieuanc ac yn dlawd. Ymddiddorai mewn cyfansoddi barddoniaeth ac ysgrifennu traethodau ar gyfer eisteddfodau. Enillodd deirgwaith yn rhai'r Fenni — unwaith ym 1848 am farwnad i'r Tywysog Llywelyn ap Gruffydd, a dwywaith ym 1853 am farwnad i ab Iolo ac am gân ar ddyfodiad Cristnogaeth i Gymru. Argraffwyd yr olaf gydag un Llawdden (yr ail orau) ond ni welwyd y lleill yn unman. Dywedir gan Charles Wilkins fod John Rees yn hoff gan bawb a bod galar mawr ar ei ôl, ond ni chofnodir ganddo na blwyddyn ei eni na blwyddyn ei farw.

Gŵr diddorol dros ben ydoedd John Thomas, Ieuan Ddu (1795—1850). Gwnaeth waith mawr ym Merthyr Tudful o 1830 i 1850. Brodor o Sir Gaerfyrddin ydoedd a ganwyd ef ar fferm Pibwr-lwyd nid nepell o dref Caerfyrddin. Cadwai ysgol ym Merthyr ac yno, hefyd, y dechreuodd wneud enw iddo'i hun fel cerddor ac arweinydd côr. Aeth â'r côr bron bob blwyddyn i Eisteddfodau'r Fenni, i gystadlu fel unigolion, nid fel côr, ac i ddiddanu yn y cyngherddau a gynhelid yno. Trwy ei lafur ef y perfformiwyd 'Messiah' Handel am y tro cyntaf yn Ne Cymru. Cyfansoddai hefyd a chyhoeddodd ar ei draul ei hun Y Caniedydd Cymreig ym 1845, ac o'r 147 darn yno mae 104 yn alawon Cymreig a 52 yn alawon o Ddyfed heb eu cyhoeddi erioed o'r blaen. Fel Maria Jane Williams gwnaeth gymwynas â'r hen alawon trwy ddangos y posibiliadau o'u casglu ynghyd. Cyfansoddodd ei eiriau ei hun i'r holl alawon oddieithr pedair. Yr oedd Thomas Stephens yn gyfeillgar iawn ag ef, a daeth yn gred gyffredinol mai ef a ysgrifennodd y bennod yn The Literature of the Kymry ar gerddoriaeth Cymru ac Iwerddon, a chan iddo ennill am draethawd ar y pwnc ym 1838 nid yw'n amhosibl iddo roi cymorth i Thomas Stephens, neu o leiaf i'r naill roi cymorth i'r llall.

Un waith yn unig yr enillodd John Thomas am farddoniaeth, ym 1836 am gân i Syr Thomas Picton ar yr un mesur â'r farwnad i Syr Thomas Moore. Dywedodd Cawrdaf fod pob llinell 'yn llawn o awenydd' ond y buasai'n fwy dymunol pe buasai ei lawysgrif cystal â'i 'gyfansoddiad hedegog a barddonol'.

Nid oes dim yn werth ei ddyfynnu canys diffygiol ydyw'r cyfan mewn gramadeg ac aceniad.

Dywed Caerddwyson yn ei *Music and Musicians of Merthyr and District* yr haedda John Thomas ei osod ochr yn ochr ag Edward Jones 'Bardd y Brenin', John Parry 'Bardd Alaw' a Jane Williams, Aberpergwm.

Un o Sir Gaerfyrddin eto ydoedd William Thomas, Gwilym Mai (1807—1872), argraffydd ar wahanol adegau ym Merthyr, Caerfyrddin a Llanymddyfri (gyda David Rice Rees a William Rees y Tonn). Yr oedd yn fardd eisteddfodol amlwg ac enwog. Ym 1849 argraffwyd cyfrol o'i waith dan yr enw *Meillion Mai* ac yno ceir y deuddeg englyn a gyfansoddodd ar Ddyffryn Wysg, 1836, a hefyd lyfryn hyfforddi mewn cerdd dafod ym 1850, sef *Clorian y Bardd*. Yn y cyntaf o'r ddau fe ddywed yn ei ragymadrodd iddo'i argraffu am na fyddai ei gyfansoddiadau o un gwerth i genedl y Cymry trwy eu cadw dan glo 'ym mlychau y Cymdeithasau, a'u gadael i bydru yno' heb i neb wybod amdanynt oddieithr yr awduron a'r beirniaid; nid am y tybiai'r cyfansoddiadau'n berffaith, ychwaith, ond fel y caent ddifyrru a hyfforddi eu darllenwyr. Mae'n ymhyfrydu yn Nyffryn Wysg. ac atgoffir ni o farddoniaeth yr Iddew:

> Siriol rosynnau Saron — yno gawn
>   Mewn gogoniant glwyslon,
> A'r lili, wawr oleulon,
> Yno'n ei lliw wena'n llon.

> Yr afon Wysg a'i rhyfedd — ddolenau
>   Ddilyna'r fro geinwedd,
> Nes gwneyd y mad wastadedd
> Fel Hebron yn wiwlon wedd.

Maent yn rhagori ar lawer o gynhyrchion eraill Cymreigyddion y Fenni. Yn *Clorian y Bardd* fe ddywed rywbeth y dylem ei gofio wrth feirniadu gwaith y gwerinwyr hyn i gyd — ni allai llawer ohonynt fforddio prynu gramadegau Robert Davies, Nantglyn, a Siôn Rhydderch na *Drych Barddonol* Caledfryn oherwydd cost uchel popeth a chaledi'r amseroedd.

Brodor o Lanwenarth a mab i chwarelwr ydoedd T.E.Watkins, Eiddil Ifor (1801—1889). Pan oedd yn ieuanc cadwodd dafarn y 'White Hart' ym Mlaenafon ac wedyn, tan 1860, aeth i Flaenau Gwent i weithio fel pwyswr yn y gweithiau haearn yno. Dychwelodd i Flaenafon a chadw tafarn yno weddill ei fywyd. Ef oedd Bardd cyntaf y Gymdeithas ond un waith yn unig yr enillodd, yn Eisteddfod fechan 1834, ar Ddewi Sant. Cydnabyddai ei anallu i farddoni — na wyddai ddigon i lunio englyn unodl union yn ddiwall. Dymunai ar i'r Gymdeithas ethol Cawrdaf yn Fardd ond ni wrandawyd arno. Cystadlodd wedyn ar farddoniaeth ond heb ennill dim, eithr enillodd droeon am draethodau. Yr oedd yn flaenllaw gyda'r Gymdeithas yn ystod y blynyddoedd cyntaf pan oedd Caradawc yn ysgrifennydd.

Cowper ydoedd Edward Williams, Iolo Fardd Glas (1770—1854), a fu'n farw'n hen ŵr yn nhloty Pen-y-bont ar Ogwr. Mewn erthygl yn yr *Athenaeum*, Medi 9, 1854, dywedir na haeddai i'r fath ffawd ddigwydd iddo:

> . . . a fair warning to future aspirants to expect nothing from bardic congress, except the prizes gained at the noisy gathering of a Welsh Eisteddfod.

Astudiodd yr hen frawd wrth draed Iolo Morganwg pan oedd yn ieuanc ac enillodd mewn eisteddfodau lawer, ddwy waith yn rhai'r Cymreigyddion. Darn i'w ganu gyda'r delyn ydoedd ei gerdd 'Llettygarwch Cymreig' a chwe englyn i'r Llywydd, Benjamin Hall, oedd y llall. Mae'r darn ar letygarwch wedi ei argraffu yn y gyfrol *Perllan Gwent* (1839). Ar y mesur 'Ar Hyd y Nos' y canodd ef a dyma un pennill:

Pwy fel Cymry mewn hawddgarwch
    Bob dydd a nos,
Rhydd agored lettygarwch,
    Ar hyd y nos,
Mae yn Nghymru foneddigion,
Gamrau gweddus Gymreigyddion
A wiw noddai Awenyddion,
    Bob dydd a nos.

Gwaith mwyaf Iolo Fardd Glas oedd ei Eiriadur Eglurhaol, y *Cyneirlyfr*, 1826, mewn dwy gyfrol drwchus. Yr oedd yn Gymro pybyr a thraethai yn erbyn y Cymry hynny na fynnent ond siarad Saesneg. Dylai pob Cymro, meddai, a phob Cymraes fynnu i'w plant yn gyntaf wybod Cymraeg: a dylent sylweddoli'r taeogrwydd o siarad iaith estron â'i gilydd.

Oddi wrth y ffugenw a ddefnyddiai gellid tybied mai o Went yr hanoedd Edward Williams, Iolo Mynwy. Gwyddys ei fod yn byw ym Merthyr Tudful ac yn cadw tafarn yno a elwid Yr Alarch. Enillodd bedair gwaith yn Eisteddfodau'r Fenni, unwaith ym 1835, unwaith ym 1837 a dwywaith ym 1838. Wedyn aeth yn ddistaw. Un gerdd ydoedd cywydd i'r Parch. Thomas Evans, Tomos Glyn Cothi (1764—1833), Aberdâr, y gwerinwr a'r diwygiwr cymdeithasol a chrefyddol, ond nid oes ynddo ddim o werth. A dyna'r gân 'Ar yr Achlysur o'r hyglod Foneddwr B. Hall, Yswain, A.S., yn cymmeryd meddiant o'i Dŷ newydd yn Llanover'; nid oes ynddi hithau ddim o werth. Canwyd hi ar wahanol fesurau i sicrhau amrywiaeth pan genid hi gyda'r delyn, efallai.

Ni ddaethpwyd o hyd i ddim gwybodaeth am William Williams, Gwilym Meuryn, oddieithr ei fod yn gyd-fuddugol â bardd arall nas ceir ond ei ffugenw am 'gyfansoddiad prydyddol' ar y ddihareb 'Asgre lân, diogel ei pherchen'. Yr oedd y bardd dienw hwnnw yn hoff iawn o ddefnyddio geiriau a swniai'n fawreddog a rhwysgfawr megis eraill a ddilynai William Owen Pughe. Dyma damaid o'i gyfansoddiad:

Egwyddor cynhwynawl, gyriedydd olwynion
 Canolbarth bodolaeth, a'i chalon heb nam;
A mewnol feirniedydd, yn llaw rhesymolion,
 A moddion gwahanu rhwng union a cham.

Cawrdaf ac ab Iolo oedd y beirniaid. Sut yn y byd y gallent alw'r peth yn farddoniaeth?

Enillodd un bardd o Efrog Newydd, sef gŵr o'r enw William Williams. Collodd dro arall a cholli a wnaeth eraill a ddanfonodd gynhyrchion o'r Unol Daleithiau — un o Efrog Newydd a dau o Utica. Diolch i'r rhai hyn am ddangos eu diddordeb ac i Garnhuanawc am broffwydo'n gywir y danfonid cynhyrchion o Gymru i Eisteddfodau'r Byd Newydd.

Y mae eraill nad oes sôn amdanynt — rhyw William Jones a J. Lloyd, llyfr-rwymwr, Crucywel ac eraill nad oes ond eu ffugenwau ar gof a chadw. Er hynny, mae digonedd o weithiau beirdd Cymreigyddion y Fenni wedi eu cadw'n ofalus ymhlith y llawysgrifau yn y Llyfrgell Genedlaethol. Gellir canfod ar unwaith nad oes dim o werth arhosol. Un yn unig o'r beirniaid a adawodd ar ei ôl gorff o feirniadaeth sef Caledfryn yn ei lyfr *Drych Barddonol* (1839) ac ef yn unig a ataliodd wobrau. Ychydig yma a thraw ar gopïau'r beirdd sydd ar gael o feirniadaeth y lleill. Dyma ddyddiadau'r Eisteddfodau ac enwau'r beirniaid:

Eisteddfod 1	1834	Brychan
Eisteddfod 2	1835	Brychan ac ab Iolo
Eisteddfod 3	1836	Cawrdaf
Eisteddfod 4	1837	Cawrdaf
Eisteddfod 5	1838	Cawrdaf ac ab Iolo
Eisteddfod 6	1840	Caledfryn
Eisteddfod 7	1842	Caledfryn
Eisteddfod 8	1845	ab Iolo
Eisteddfod 9	1848	Yr Archddiacon John Williams
Eisteddfod 10	1853	Iago Emlyn

Hanoedd Brychan, John Davies (1784?—1864) o ogledd Sir Frycheiniog. Daeth dan ddylanwad Iolo Morganwg ac urddwyd ef yn fardd yng Ngorsedd 1818. Trigai yn Nhredegar yn ystod cyfnod Cymreigyddion y Fenni ac yr oedd yn flaenllaw yn ei Heisteddfodau hi ac ym mudiad cyffredinol yr eisteddfodau yng Ngwent. Datblygodd yn un o feirdd blaenaf Cymru ac yn feirniad cymeradwy iawn. Bu'n gyfeillgar â Charnhuanawc, ab Iolo, D. Rhys Stephen a Gwilym Morganwg (Thomas Williams, 1778—1835). Rhagorai yn y mesurau rhyddion. Âi Ashton mor bell â dweud y daliai ei ganeuon serch eu cymharu â rhai Huw Morus. Cyhoeddodd amryw gyfrolau o'i farddoniaeth, ond ychydig yn unig o'i feirniadaethau a adawodd. Mae cyfrol o'i draethodau ar gael yn Llyfrgell Dinas Caerdydd sydd yn rhy ddiweddar i ymwneud â'r Cymreigyddion.

Sonnir am ab Iolo yn nes ymlaen. Cofir Cawrdaf heddiw yn bennaf am ei lyfr *Y Meudwy Cymreig* a dybir gan rai y nofel Gymraeg gyntaf. William Ellis Jones oedd ei enw (1795—1848). Dechreuodd ymddiddori mewn llenyddiaeth pan oedd yn brentis gyda'i gefnder Richard Jones yr argraffydd gan fod gweithiau Dafydd Ionawr a Dafydd Ddu Eryri yn cael eu hargraffu ganddo ar y pryd. Argraffydd fu ef ar hyd ei oes, yng Nghaernarfon, yn Nolgellau, yng Nghaerfyrddin, ym Merthyr ac yn y Bontfaen. Urddwyd ef yn fardd ym 1821 yng Nghaernarfon a'r flwyddyn ganlynol yn 'Athraw Cadeiriog' yng Ngorsedd 'Cadair Morganwg a Gwent'. Bu ar y Cyfandir fel arlunydd gyda gŵr bonheddig rhwng 1817 a 1819 a chroniclodd ei deimladau yn 'Hiraeth Cymro am ei Wlad' ym 1820. Yr oedd yn aelod o'r Gwyneddigion tra bu yn Llundain ym 1817 ac yr oedd yn un o 'gywion' Dafydd Ddu.

Nid oes dim tlws na thrawiadol yn ei farddoniaeth. Ceir chwe llinell o'i waith ar dudalen 247 o *Hanes Llenyddiaeth Gymraeg hyd 1900* y Dr. Thomas Parry a gellir dweud heb betruster na welwyd eu gwaeth ymysg cynhyrchion buddugol Cymreigyddion y Fenni. Eithr yn ei ddydd ystyrid ef yn un o'r beirdd blaenaf ac yr oedd galw mawr amdano fel beirniad. Rhoes wobrau i Wallter Mechain, Tegid ac Iago Emlyn yn y Fenni.

Un beirniad i farddoniaeth a thraethodau oedd yn Eisteddfod 1853, sef yr Archddiacon John Williams, Aberteifi. Ysgolhaig clasurol o'r radd flaenaf ydoedd ac nid bardd. Ni adawodd un gair o feirniadaeth ar y farddoniaeth ar ei ôl, eithr rhoddodd feirniadaeth lawn ar draethawd Thomas Stephens fel y ceir gweld yn y bennod ar y gŵr mawr hwnnw.

Rhaid cyfeirio, cyn gorffen y bennod hon, at un ffurf farddol a geir ymhlith y cystadlaethau, sef y bryddest. Un waith yn unig y gelwir hi wrth yr enw hwn yn y rhestr testunau (1838), ond ymddengys mai'r un peth a olygid wrth 'Cyfansoddiad Prydyddol' a ymddangosodd ddwy waith (1836 a 1838). Nid oedd y beirdd bob amser yn sylweddoli mai mesur digynghanedd a ddisgwylid mewn pryddest. Am *awdl* y gofynnwyd ym 1853 er cof am Garnhuanawc ond 'pryddest' Islwyn a enillodd. Y canu caeth — yn awdlau, yn englynion ac yn gywyddau — oedd y mwyaf poblogaidd. Ac eithrio Brychan — a'r Archddiacon nad oedd yn fardd o gwbl — beirdd y canu caeth oedd pob un o'r beirniaid. Ond cynigiwyd pryddestau ym 1836 a 1838 yn Eisteddfodau'r Fenni, bedair blynedd ar ddeg a deuddeng mlynedd cyn Eisteddfod Rhuddlan ym 1850:

1836 Cyfansoddiad Prydyddol ar 'Yr Ymadrodd cynhyrfiawl o eiddo M.Rio . . . Y Brenin Arthur nid yw farw'.
1838 Pryddest ar 'Gastell Mynwy'.
1838 Cyfansoddiad Prydyddol ar 'Asgre lân, diogel ei pherchen'.

Undonog a hir ydoedd gwaith y beirdd buddugol a thrymaidd fel canlyniad. Ond yn ei 'bryddest' ef fe amrywiodd Islwyn ei fesur ac er meithed y gwaith nid yw'n rhy undonog. Ar lawer cyfrif dyma'r cyfansoddiad gorau o'r holl gruglwyth o farddoniaeth a gadwyd.

Siomedig iawn, felly, yw barddoniaeth Eisteddfodau Cymreigyddion y Fenni. Ambell fflach yn unig a geir. Dibwys a di-nod yw'r rhan fwyaf o'r cruglwyth. Perthyn iddo, yn destunau ac yn gynhyrchion, y gwendidau amryfal y sonnir amdanynt yn llyfr y Dr. Thomas Parry. Nid ydyw'r beirdd yn waeth nac yn well na beirdd eisteddfodol eraill y ganrif.

Pennod 3

Y Traethodau Llai

Enillodd deg ar hugain am draethodau, pawb o'r awduron oddieithr tri yn Gymry Cymraeg. Ysgrifennwyd traethodau pob un o'r rhain yn Gymraeg ac eithrio rhai Thomas Stephens, er iddo yntau ysgrifennu yn Gymraeg draethodau ar rai o'r testunau llai pwysig. O awduron y traethodau hyn y mwyaf toreithiog o bell ffordd ydoedd Eiddil Ifor. Enillodd ef ddeuddeg o weithiau rhwng 1834 ac 1837. Aeth llawer o'r traethodau llai hyn ar goll ac nid yw rhai o'u hawduron hwythau erbyn hyn yn ddim ond enwau. Ceir nifer helaeth ohonynt o hyd mewn llawysgrif — rhai yn Llyfrgell Dinas Caerdydd, mwy yn y Llyfrgell Genedlaethol. Argraffwyd nifer bychan yn y cylchgronau Cymraeg neu mewn llyfrau, ac ymddangosodd un ar ei ben eu hun yn llyfryn ymhell ar ôl marw ei awdur. Rhaid cydnabod na wnaeth y mwyafrif llethol ohonynt ddim i hyrwyddo ysgolheictod Cymraeg ond buasai eu cyhoeddi yn eu dydd wedi bod o ddirfawr werth. Cofier ar yr un pryd yr arhosant, bob un, yn dystion fod llu o'r werin Gymraeg, yng Ngwent a Morgannwg gan amlaf, yn ymddiddori yn y testunau a osodwyd gan y Gymdeithas. Aent ati i gasglu hynny o wybodaeth a fedrent a'i ddefnyddio orau y gallent. Dyma ddosbarth o gystadleuwyr a ysgrifennodd yn Gymraeg am mai dyna'r iaith y disgwylid iddynt ysgrifennu ynddi ac am mai ynddi hi y gallent eu mynegi eu hunain orau.

Gosodwyd testunau hanesyddol a llenyddol gan mwyaf. Yn naturiol ddigon câi Gwent a'r Fenni sylw arbennig. Âi'r testunau, ambell dro, y tu allan i'r ffiniau hyn. Dengys rhai ohonynt ddiddordeb y Gymdeithas mewn enwau lleoedd ac mewn lleoedd hanesyddol ond ni cheir testun sy'n gofyn am unrhyw ymgais i esbonio ystyron yr enwau. Rhoddwyd testunau ieithyddol deirgwaith. Estynnwyd y cortynnau i gynnwys hanes Llydaw, llên y gwledydd Celtaidd a cherddoriaeth Iwerddon. Nid anghofiwyd ychwaith destunau moesol a chymdeithasol y Gymru gyfoes a ddengys fod y Gymdeithas yn fyw i broblemau eu dydd. Ond y testunau llenyddol a hanesyddol oedd y ffefrynnau.

Ymdrinnir yn y bennod hon â'r traethodau llai hyn ac â'u hawduron. Fe ddengys y cyfan fod ymateb i'r testunau yn ffafriol er mai carbwl iawn oedd cynnyrch llawer ymgeisydd. Gwnaeth pob un ohonynt ei gyfran at gadw'r diwylliant Cymraeg yn fyw mewn dyddiau anodd a chaled. Os enillasant am farddoniaeth, (ac os na cheir dim amdanynt yn y *Bywgraffiadur*), rhoddwyd yn y bennod flaenorol gymaint o hanes yr awduron buddugol ag y gallwyd dod o hyd iddo. Felly ni wneir ond enwi'r beirdd hynny yn y bennod hon pan sonnir am eu traethodau. Ysywaeth y mae rhai na fedrwyd dod o hyd i ddim amdanynt.

Haedda un sylw arbennig, sef Thomas Bevan, ab Caradawc fel yr adwaenid ef gan y Cymreigyddion. Ganwyd ef ym 1802 a bu farw ym 1882, ac ef, fel y gwyddys, oedd yr ysgrifennydd cyntaf. Daeth i enwogrwydd ledled Cymru ar gyfrif y swydd honno. Dywedir mai David Lewis, mab gweinidog Bedyddwyr Llanwenarth, a'i harweiniodd i ymddiddori yn hanes a llên Cymru. Fel canlyniad, ac oherwydd dylanwadau eraill, yn arbennig Carnhuanawc, magwyd ynddo serch a brwdfrydedd anghyffredin tuag at Gymru a'r Gymraeg. Casglodd ynghyd lyfrgell dda a daeth i adnabod llenorion Cymru a'u gwaith. Uchafbwynt ei frwdfrydedd oedd bod yn brif sefydlydd Cymdeithas Cymreigyddion y Fenni a'i hysgrifennydd cyntaf. Mae John Davies, Pandy, yn rhoi gormod o glod iddo yn ei erthygl yn y *Red Dragon*, ond un peth sydd wir ydyw mai ef a gychwynnodd yr Eisteddfodau yn y Fenni a ddaeth yn 'ddigwyddiad y flwyddyn' yng Nghymru. Er iddo am gyfnod gael tâl o hanner canpunt y flwyddyn fel ysgrifennydd a threfnydd gorfu iddo gael cymorth Ieuan ab Gruffydd i ysgrifennu'r cofnodion a hanes y Gymdeithas a'i gweithgareddau i'r wasg. Ym 1839 gorfu iddo roi heibio'r swydd oherwydd pwysau ei waith beunyddiol.

Yng nghanol ei holl weithgarwch fe lwyddodd i ennill gwobr am un traethawd, ym 1835, 'Hanes Gwent dan lywodraeth y Rhufeiniaid', sydd mewn llawysgrif yn y Llyfrgell Genedlaethol. Mae'n syn iddo ddod o hyd i gymaint o wybodaeth, ac mor eiddgar ydoedd i ddweud popeth fel y crwydrodd dros Gymru gyfan yn lle cadw at ei destun, ac ar y ffordd anghofiodd fod y fath bethau â pharagraffau.

Dywedir i ab Caradawc gadw perthynas agos â'r Cymreigyddion wedi iddo roi'r gorau i'w swydd. Ond yn y Cofnodion fe groniclir i bwyllgor Medi 15, 1841 benderfynu hysbysu yn y *Merlin*, y *Cambrian* a'r *Hereford Times* nad oedd a wnelai ef â hwy bellach. Ym Mehefin yr un flwyddyn mewn llythyr o Lundain yn llaw Gwenynen Gwent gwelir iddo'i chythruddo hi a'i gŵr ac eraill. Ofnai hi y byddai'n dinistrio'r Cymreigyddion. Nid yw'n glir beth oedd natur nac achos yr helynt. Er ei aflerwch tost ar adegau gweithiodd yn galetach nag un o'r ysgrifenyddion eraill a thra bu ef wrth y llyw cynhaliwyd Eisteddfod bob blwyddyn yn ddi-dor.

Poenai mater yr orgraff Gymry'r ganrif ddiwethaf ond un testun yn unig a roddwyd ar hynny sef 'Defnyddioldeb y llythyren H yn Llythyreniaeth y Gymraeg', 1837. Gwallter Mechain a enillodd. Cafodd hwyl arni er na chroesawai'r wobr — *Decline and Fall* . . . Gibbon. Fe'i penododd ei hun yn Ynad a galwodd rhingyll dri thyst ger ei fron i roi eu barn ar y llythyren — Edmwnd Prys, Dafydd Ddu Eryri ac Iolo Morganwg. Dymunai'r Ynad daflu'r llythyren 'h' allan mewn geiriau fel 'llawenhau' ac ysgrifennu 'llawenaau' neu 'llawenâu'. Ni thyciai hynny ddim i'r tri thyst — daethant ill tri â thystiolaeth o weithiau'r beirdd i gadarnhau eu barn. Y ffurf 'llawenhau' a orfu. Y gŵr a gynigiodd y wobr ydoedd J. Hiley Morgan, argraffydd a llyfrwerthwr yn y Fenni, gŵr a argraffodd lawer dros y Gymdeithas.

Enillodd Ieuan ab Gruffydd dair gwaith — ym 1837, 1840 a 1842. Ysgolfeistr Llanwenarth ydoedd ef. Cyn hynny buasai fyw yn Llundain lle bu'n ysgrifennydd Cymdeithas y Cymreigyddion yno. Wedi gorffen â Chymdeithas y Fenni dychwelodd i Lundain. Ymysg llythyrau Thomas Stephens yn y Llyfrgell Genedlaethol mae un dyddiedig Chwefror 14, 1853, yn apelio at noddwyr llên Cymru am gymorth i Ieuan. Yr oedd mewn tlodi mawr yn Llundain ac wedi cael ergyd o'r parlys a bron yn ddall. Canmolir ef yn y llythyr am ei ysgolheictod, am ei gyfraniadau i'r cyfnodolion Cymraeg, am ei safiad dros gael esgobion i Gymru a fedrai Gymraeg ac am ei lwyddiant fel traethodwr mewn eisteddfodau. Apwyntiwyd Thomas Stephens yn drysorydd yr apêl ac y mae ar gael lythyr gan Ieuan yn diolch iddo am ei gymorth.

Ef oedd y mwyaf destlus o'r pedwar ysgrifennydd ac yn ddiamau ef oedd y mwyaf selog ohonynt dros yr Iaith Gymraeg. Ysgrifennai mewn iaith rwydd a disgrifiadol gan ymylu ar y dramatig ar adegau. Nid oedd ball ar ei fanylder a'i eiddgarwch. Cafodd ei siomi'n barhaus gan ddiffyg sêl aelodau ei bwyllgor. Un yn unig o'i draethodau sydd ar gael ymhlith y llawysgrifau yn y Llyfrgell Genedlaethol — 'Hanes Tylwyth y Prichardiaid, Eppil Caradawc Fraichfras; Rhai o'r sawl a gladdwyd yn Llanofor, yn 1622', 1842. Cadwodd at ei destun a defnyddiodd iaith ofalus drwodd. Dyma un o'r testunau a ddengys ymgais y Cymreigyddion i gasglu ynghyd hanes yr hen deuluoedd, peth digon cymeradwy. Enillodd hefyd ym 1837 a 1840 ond nid yw traethodau'r blynyddoedd hynny ar gael bellach. Dyma'u testunau — 'Hanes o'r Cofadeiliau yn Eglwys y Fenni, a'r Eglwysi cymmydogaethol' a 'Cofrestr Llythyrenresawl o Afonydd a Phlwyfau Swydd Faesyfed a hanes ei phlasau a'u trigolion'.

Ysgolfeistr yn Nowlais ydoedd Thomas Jenkıns. Dywedir gan Wilkins iddo gynorthwyo Charlotte Guest (gyda Thegid ac ab Iolo) i baratoi ei chyfieithiad o'r *Mabinogion*. Enillodd ef bum gwaith ar y testunau canlynol — 'Yr Effeithiau Moesol a Dealledigawl a wnaed ar Drigolion Cymru trwy ddarganfyddiad ei hadnoddau mwnawl dirfawr' a 'Hanes o Dref a Monachlog Castellnedd, a Chastell Aberafan', 1838; 'Hanes Monachlog Llantarnam' a 'Hanes o'r sefydliadau yn Mro Gŵyr, a Swydd Benfro, yn mha rai y siaradir yr Iaith Saesonaeg', 1840: 'Anerchiad i'r Dosparthau Gweithiol ar iddynt ofalu am gyflwr crefyddol eu plant', 1842. Danfonodd am lawysgrifau dau ohonynt er mwyn eu hargraffu. Nid ydyw ei draethodau eraill ymhlith y llawysgrifau yn y Llyfrgell Genedlaethol ac ni welwyd yr un ohonynt mewn print.

Ni ddaethpwyd o hyd i ddim gwybodaeth am Ddaniel Lewis, Ifor Gwent, oddieithr ei fod yn gweithio yng ngwaith haearn Coalbrookvale. Enillodd ddwywaith ym 1836 ac unwaith ym 1838. Cafodd y tlws am draethawd ar

'Hanes Bywyd Giraldus Cambrensis, ynghyd â phigion allan o'i waith', 1836. Y Parch. Robert Williams, yr hynafiaethydd a'r ysgolhaig Celtaidd, a oedd ar y pryd yn gurad Llangernyw, a gafodd y wobr. Nid yw'r naill na'r llall o'r traethodau ar gael na thraethawd arall Daniel Lewis ar y testun 'Nodiadau Hanesol ar y Cymry, a phlant i Gymry, a gyrhaeddasant i enwogrwydd anrhydeddus yn mhlith eu cydwladwyr neu estroniaid, o fewn y dau can mlynedd diwethaf', 1836. Ond y mae ei 'Hanes o Blwyf Aberystruth, Mynwy', 1838, ar gael yn Llyfrgell Dinas Caerdydd mewn llawysgrif. Carnhuanawc a'i beirniadodd ac mewn inc coch ysgrifennodd 'Buddugol' a 'Hoff'swn weled mwy o hanes Edmwnd Jones — nid dyn cyffredin ydoedd'. Gweinidog Annibynnol ac awdur (1702—1793) oedd yr Edmwnd Jones hwn a ysgrifennodd ym 1779 lyfr Saesneg, y gwnaeth Daniel Lewis ddefnydd helaeth ohono, ar hanes yr 'union blwyf. Medrodd Daniel Lewis ychwanegu hanes y datblygiadau wedi 1779.

Enillodd dau David Lewis — un o Flaenau Gwent a'r llall o'r Glyn, Nantyglo (Ehedydd Gwent). Enillodd y David Lewis cyntaf ym 1836 ar 'Ysgrifeniadau Gruffydd ab Arthur (Geofrey of Monmouth) a'r effaith a gafodd ei weithredoedd ar leenyddiaeth Ewropaidd', ac ym 1838 ar 'Arferiad Glo Careg yn Ngwneuthuriad Haiarn' a 'Hanes o gyfodiad a chwymp yr unwaith dra nodedig Weithiad Gwlanen yn nhref a chymmydogaeth y Fenni, gyda golwg ar ei adferiad'. Ceir cyfeiriad at y traethawd cyntaf o'r tri yn y bennod nesaf pan ymdrinnir â chynhyrchion John Dorney Harding a San Marte. Dengys testunau'r ddau draethawd olaf, sef rhai 1838, ymwybyddiaeth y Cymreigyddion o bwysigrwydd diwydiannau gwahanol eu hardal, a'u hymgais i ennyn diddordeb y Cymry Cymraeg yn agwedd economaidd eu bywyd. Yr oeddynt yn awyddus iawn i ailgodi'r diwydiant gwlân a fuasai, unwaith, yn dra llewyrchus yn ardal y Fenni. Dywedir i'r Eisteddfodau fod yn foddion i ddod â llawer o fasnach yn ôl i'r gymdogaeth trwy iddynt osod cystadlaethau a chynnig gwobrau am wlanen a phatrymau defnyddiau o wlân Cymru. Enillodd y David Lewis arall ddwywaith ym 1834. Yr oedd yn gydfuddugol ag Eiddil Ifor ar 'Hanes dyfodiad y Grefydd Gristionogol i Frydain a'i helynt hyd y chweched ganrif'. Defnyddiodd *Horae Britannicae* y Parch. John Hughes (1776—1843), un o gyfeillion Carnhuanawc, heb gyfaddef hynny, ond gwelodd Carnhuanawc, y beirniad, ar unwaith mai cyfieithiad air am air o'r gwaith hwnnw oedd y traethawd, er hynny ef gafodd ei wobrwyo. 'Hanes Caerlleon ar Wysg' oedd ei draethawd arall er i Gawr Cynon gael y clod am ennill yn *Seren Gomer* (Rhagfyr 1836).

Ym 1848 rhoes Thomas Stephens y testun a'r wobr am gyfieithiad i'r Gymraeg o 'Ymddiddanion Mrs. Marcett ar Dremyddiaeth'. Gŵr o'r enw Evan Meredith, Ieuan Grug, a gafodd y wobr ond ni wyddys dim amdano ef nac am ei gyfieithiad. Enillodd eto ym 1853 am gyfieithiad Saesneg o *Coelbren y Beirdd* gyda nodiadau ychwanegol a chynllun o'r beithynen. Evan

Meredith yn unig a gystadlodd ar y cyntaf er i Thomas Stephens obeithio y gallai'r testun ennyn diddordeb mwy. Yr oedd galw mawr am y *Goelbren* yn Saesneg byth oddi ar iddi ymddangos ym 1840 gan y tybid bod y gwaith wedi profi dilysrwydd y 'Goelbren' unwaith ac am byth.

Thomas Powell, Hywel Cynog, y cyfrwywr ieuanc o Ddowlais, a enillodd ym 1834 ar 'Fuddioldeb Cymdeithas Gymmroaidd' sydd mewn llawysgrif yn y Llyfrgell Genedlaethol. Dengys ofal a manylder. Traetha ar bwysigrwydd yr Iaith Gymraeg yn hanesyddol ac ar y golled ddirfawr a fyddai pe digwyddai iddi ddiflannu. Pwysleisia brif amcan sefydlu'r Cymdeithasau Cymraeg, sef coleddu'r Gymraeg. Cefnogent hefyd wobrwyo athrylith ac fe ddylent gadw gweithiau'r beirdd a'r llenorion rhag myned i ddifancoll. Amlwg ydyw fod ganddo wybodaeth helaeth o fywyd a gwaith Goronwy Owen a'i fod yn gresynu na dderbyniwyd ef yn ôl i Gymru. Eithr gwelai dro ar fyd yn awr i feirdd a llenorion Cymru gan i Gymdeithasau Cymraeg gael eu sefydlu trwy Gymru benbaladr a gynigiai iddynt nawdd a manteision. Dygent ynghyd hefyd wŷr o gyffelyb fryd fel y caent gyfle i adnabod ei gilydd ac i gyfnewid syniadau. Dyma un o draethodau llai gorau'r Cymreigyddion a gresyn i Hywel Cynog farw mor ieuanc.

Ym 1842 gosodwyd testun diddorol iawn sef 'Casgliad o hen chwedlau traddodiadol Sir Forganwg', ac arno enillodd gŵr o'r enw Morgan Rees o Ystradowen. Cafodd ei draethawd ei argraffu yn y *Cambrian Journal,* 1855, yn Saesneg. Ynddo ceir dwsin o chwedlau a chafwyd y deunydd o wahanol ardaloedd — o'r Fro a hyd Langynwyd a Phont-rhyd-y-fen, y cyfan yn ddiddorol ac yn ymgais i roi ar gof a chadw ychydig o ddiwylliant gwerin rhan fechan o Gymru. Mae'n drueni na osododd y Gymdeithas fwy o destunau tebyg.

Cafodd y Parch. William Roberts, Nefydd (1813—1872), gweinidog y Bedyddwyr, Blaenau Gwent, wobr am draethawd ar 'Mari Lwyd' ym 1848. Dywedodd y beirniad, yr Archddiacon John Williams, amdano ei fod yn gyfansoddiad gorchestol ac wedi dihysbyddu'r pwnc a'i egluro'n fanwl. Argraffwyd ef (ynghyd â gweithiau eraill gan yr awdur) ym 1852 yng Nghaerfyrddin. Dywedir ynddo fod y chwarae wedi parhau yn hwy ac yn berffeithiach yng Ngwent a Morgannwg nag yn unrhyw ran arall o Gymru. Cysylltid ef â Phabyddiaeth, a Mair Fendigaid oedd y Fari Lwyd: ond gŵyl baganaidd oedd i ddechrau, sef 'Gŵyl yr Asyn' neu Ŵyl y Ffyliaid' a gedwid ar Ddydd Calan neu ar y deuddegfed o Ionawr neu o gwmpas hynny, a'i fabwysiadu wedyn gan yr Eglwys Babyddol. O Ŵyl yr asyn a gludodd Fair a'i Baban i'r Aifft y daeth yn wreiddiol, ond gan fod yr asyn yn 'siarad' tyb Nefydd ydoedd fod a wnelo asyn Balaam rywbeth â'r chwarae. Disgrifir y pen ceffyl a'i addurniadau a'r modd y gwnaed y pen fel y gallai agor ei geg a 'siarad'. Disgrifir y cynorthwywyr a cheir esiamplau o'r canu a'r seremoni wrth y drws cyn y câi'r cwmni fynediad i'r tŷ. Ond casgliad yr awdur ydoedd

Y tu mewn i Neuadd y Cymreigyddion, y Fenni.

mai ffolineb oedd y cyfan, a dymunai weld y chwarae a phob chwarae tebyg iddo mewn amgueddfa. Iddo ef byddai'n well er lles ieuenctid Cymru iddynt ymroi i ganu, i gyfansoddi barddoniaeth ac i ysgrifennu traethodau. Rhestrir Nefydd gan rai gyda Charnhuanawc a Thomas Stephens fel arloesydd ymchwil hanesyddol diweddar yng Nghymru.

Enillodd John Thomas, Ieuan Ddu, Merthyr, bedair gwaith ond nid yw'r pedwar traethawd ar gael. Dyma'r ddau y daethpwyd o hyd iddynt, — 'Holiant perthynol i'r haeriad am Alanastra y Beirdd, gan Iorwerth y cyntaf' a 'Hanes o'r Delyn yn Ngwent a Morganwg', 1840. Y ddau destun arall yr enillodd arnynt ydoedd 'Hanes Merthyr Tydfil', 1837 a 'Peroriaeth Cymru a'r Iwerddon, a pha un a oes unrhyw gysylltiad yn bodoli rhwng Peroriaeth y ddwy wlad', 1838. Buasai gweld yr olaf yn werthfawr iawn er mwyn ein cynorthwyo i benderfynu a gafodd Thomas Stephens gymorth gan Ieuan Ddu wrth lunio ei adran ar gerddoriaeth yn ei *Literature of the Kymry*. Y gred gyffredin oedd mai gan Ieuan y cafodd ei ddeunydd eithr go brin y gellir derbyn hynny — buasai Thomas Stephens yn rhy onest i beidio â chydnabod ei ddyled.

Mae'r traethawd ar 'Alanastra'r Beirdd' yn y Llyfrgell Genedlaethol ac arno ysgrifennodd Carnhuanawc, y beirniad, 'Traethawd medrus, haeddianawl o'r wobr'. Ni chredai'r awdur y chwedl a chynigiodd resymau paham. Ceisiodd ddadansoddi'r rhesymau, yn ei dyb ef, am i'r Cymry gredu'r fath chwedl ac yn olaf gosododd gerbron ei resymau dros beidio â'i chredu.

Argraffwyd y traethawd ar hanes y delyn yng Ngwent a Morgannwg (1840) yn y *Cambrian Journal* ym 1855 dan y teitl *The Harps and Harpers of Gwent and Morganwg*. Dywedai John Thomas yno mai yn ardaloedd y gweithfeydd haearn y ceid y wybodaeth ehangaf am yr alawon gan fod y boblogaeth Gymraeg yno wedi dod o bob parth o Gymru. Enwodd gasgliadau John Parry ac Edward Jones, ond ni soniodd am y wobr a enillodd Maria Jane Williams am ei chasgliad hi ym 1837 a gallai fod wedi sôn am ei chasgliad a ymddangosodd ym 1844 dan yr enw *The Ancient National Airs of Gwent and Morgannwg*, a hithau bellach yn 1855. Nid oedd canu'r delyn, meddai, yn adnabyddus ym Morgannwg yn y ddeunawfed ganrif. Rhoes enwau pymtheg o delynorion ei gyfnod ef o Went a Morgannwg i gyd yn wŷr oddieithr un. Beirniadodd y telynorion am lurgunio'r hen alawon ac am ddefnyddio techneg wallus wrth ganu'r delyn. Beirniadodd y beirniaid hwythau am wrthod dweud pam y rhoddent wobr i un telynor yn hytrach nag i un arall. Gwelodd, meddai, rai a ganai'r delyn yn wallus yn cael eu gwobrwyo a rhai da yn cael eu diystyru. Dangosodd fod y Gogledd a'r De â'u dulliau gwrthbwynt gwahanol a daroganai, pe cymysgid hwynt, na fyddai canu'r delyn yn werth gwrando arno ym mhen deng mlynedd. Gofidiai am gyflwr yr hen alawon a'r hen ganeuon Cymraeg oni châi rhyw arweinyddion teilwng y gorchwyl o ofalu amdanynt. Talodd deyrnged i Gymreigyddion y Fenni am wneud cymaint i hyrwyddo canu'r delyn deir-res ac i Bassett Jones am ei grefft fel gwneuthurwr y telynau. Gresyn nad argraffwyd y traethawd yn Gymraeg ac yn union wedi Eisteddfod 1840.

Enw yn unig ydyw Joseph Thomas, Heol Ifor, Dowlais, a enillodd am draethawd ar y testun 'Trefnyddiaeth deuluol mewn Cottai', ymgais gan y Cymreigyddion i osod testun ar economi deuluol, rhywbeth tebyg i waith Samuel Smiles. Ni welwyd traethawd William Thomas, Gwilym Mai, Caerfyrddin, ychwaith ar y testun 'Hanes y Cyhoeddiadau Misol Cymraeg, o'u Dechreuad'.

Deuir yn awr at T.E. Watkins, Eiddil Ifor neu Ynyr Gwent, a enillodd ar ddeuddeg o destunau rhwng 1834 ac 1837. Naw o'i draethodau sydd ar gael, pump yn y Llyfrgell Genedlaethol a phedwar yn Llyfrgell Dinas Caerdydd. Argraffwyd un arall ym 1922 gan wasg y Brodyr Owen, y Fenni, sef 'Hanes Llanffwyst', 1834. Yn y llyfryn hwn ceir hanes yr awdur. Mae hwnnw eisoes yn y bennod ar y beirdd. Dengys y testun hwn eto ymgais i grynhoi ynghyd hanes plwyfi Gwent. Eiddil Ifor yn unig a gystadlodd ond teilyngai'r wobr, meddai Carnhuanawc. Yn wir darllenodd yr awdur yn helaeth i gasglu ei ddeunydd a disgrifiodd y plwyf yn fanwl. Yr oedd yr enwau i gyd, bron, yn rhai Cymraeg — y bryniau, y nentydd, y caeau, y ffermydd a'r tai — sy'n dangos yn ddigon pendant mai darn o'r Gymru Gymraeg oedd yr ardal erioed waeth beth a ddywedir i'r gwrthwyneb gan rai o drigolion Gwent heddiw. Yr oedd y curad yn fynych yn gwasanaethu'r Llan yn y Gymraeg 'er clod iddo ei hun a lles i eraill', awgrym, ysywaeth, fod y Gymraeg yn colli tir yn y plwyf.

Yn gynt yn y flwyddyn 1834, yn Eisteddfod fach iawn Gŵyl Ddewi, enillodd Eiddil Ifor ar 'Hanes y Fenni a'i Chymmydogaeth', yr unig gystadleuydd eto. Cafodd ganmoliaeth frwd gan Garnhuanawc am iddo wneud cymaint o ymchwil. Argraffwyd y gwaith yn *Seren Gomer* (1834 a 1835). Dibynnodd ar lawer o lyfrau — *History of Wales* Warrington a *Description of Abergavenny* Wilson yn fwyaf arbennig. Mae ei Gymraeg yn hynod lanwaith a dengys y cyfan ddiwydrwydd a gofal. Yn yr un Eisteddfod enillodd ar draethawd arall, 'Hanes Gwent cyn dyfodiad y Rhufeiniaid'. Llwyddodd i ddweud llawer iawn, gan olrhain yr Iaith Gymraeg cyn belled yn ôl â'r Dilyw! Nid yw'r gwaith hwn mor lanwaith ac erfynia ar i'r beirniad faddau iddo am ei holl wallau. Y rheswm amdanynt oedd diffyg amser i wneud copi arall. Gorffenna trwy ddymuno'n dda i Gymreigyddion y Fenni 'a holl Gymmreigyddion y byd' a cheir diolch ganddo i foneddigion a boneddigesau'r Fenni am eu cefnogaeth i'r Gymdeithas.

Yn yr Eisteddfod fawr gyntaf enillodd deirgwaith ond un traethawd yn unig sydd ymhlith llawysgrifau'r Gymdeithas yn y Llyfrgell Genedlaethol, sef 'Hanes dyfodiad y Grefydd Gristnogol i Frydain a'i helynt hyd y chweched ganrif'. Rhannwyd y wobr rhyngddo ef a David Lewis, Glyn, Nantyglo, eithr traethawd Eiddil Ifor oedd y manylaf.

Y mae llawysgrif 'Cynnulliad Hanesyddawl o Ddinasoedd, Trefydd, Pentrefydd, Castelli, Eglwysi a sylfaenwyr Eglwysydd, Mynaxlogydd, Plwyfau, a Phalasoedd hen a diweddar, Swydd Fynwy ynghyd ag enwau ei Mynyddau, Afonydd, Creigiau, Dyffrynoedd, a Thyddyn-dai &c', 1836, yn Llyfrgell Dinas Caerdydd. Llanwai yn wreiddiol dri llyfr nodiadau ond aeth yr ail ohonynt ar goll. Mae mwy na hanner y rhan olaf yn cynnwys enwau'r tyddynnod, a'r cyfan ohonynt yn Gymraeg. Bu'r awdur yn brysur dros ben yn eu casglu a gwnaeth restr hirfaith o bob eitem yn y testun. Yr oedd pobl Sir Fynwy wedi cadw enwau Cymraeg ar y caeau, y tyddynnod a'r ffermydd — yn wir mae'r rhestr yn anhygoel. Defnyddiodd yr awdur yr un awdurdodau i'w gynorthwyo ag a wnaeth pan ysgrifennodd hanes y Fenni a'i chymdogaeth, a gweithiau megis *History of Monmouthshire* David Williams y Watford (Llundain, 1796). Darllenodd a defnyddiodd fwy o lyfrau i ysgrifennu 'Hanes Gwent o enedigaeth Llywelyn ab Gruffydd, hyd yn bresennol', 1836 ac mae ganddo gyfeiriadau parhaus at ei ffynonellau. Cymerodd fwy o drafferth wrtho nag wrth ambell un o'i draethodau, ac mae'r cyfan yn lân ac mewn ysgrifen eglur iawn. Ni ddaethpwyd o hyd i'w draethawd ar 'Hanes Caerffili, yn nghyd ag Hanes y Lewisiaid o'r Fan, gerllaw Caerffili.' Dyma ymgais eto i gasglu hanes lleol ond gresyn nad argraffwyd yr holl draethodau buddugol o'r math yma yn drefnus. Buasai hynny o fudd i'r Cymry Cymraeg na fedrent fforddio prynu'r llyfrau drud Saesneg neu na allent ddeall Saesneg. Byddent yn ddogfennau hanesyddol erbyn hyn, lawer ohonynt.

Un arall o lawysgrifau Eiddil Ifor yn Llyfrgell Dinas Caerdydd ydyw hanner cyntaf ei draethawd ar 'Weithiau Haiarn Deheubarth Cymru', 1837. Y mae'n neilltuol o ddiddorol am fod yn ei ran gyntaf hanes De Cymru cyn dyfodiad y gweithfeydd haearn, hanes a gafodd Eiddil Ifor gan ei dad-cu a fu farw ym 1812 yn 84 mlwydd oed. Cofiai ef y bobl yn siarad Cymraeg, yn adrodd eu hen chwedlau yn Gymraeg ac yn gwisgo dillad o frethyn cartref wedi eu gwneud o wlân eu defaid. Cafodd mewnlifiad y Saeson 'anllad' ddylanwad drwg ar y Cymry a ddaethai i weithio i'r ardaloedd gweithfaol o siroedd amaethyddol y gorllewin. Anghofiasant gynnal 'cenedlgarwch' oddieithr ambell Gymro brwdfrydig, a phrin y clywid bod dim yn cael ei gyfansoddi ganddynt mewn na barddoniaeth na rhyddiaith. Yn wir, meddai, newidiodd sefydlu'r gweithfeydd y Cymry gymaint fel nad oeddynt, bellach, yn debyg i'r hen genedl. Troesant at y Saesneg ac

amcanent ddysgu yr iaith newydd yn y teulu, pan mewn gwirionedd na wyddent fwy am yr iaith honno na mulyn.

Cadwyd y teuluoedd hynny heb wybodaeth am ragoriaeth yr iaith. Yn amser Eiddil Ifor, fodd bynnag, yr oedd y Gymraeg yn cael ei harfer yn fwy nag ar un adeg er pan gychwynnwyd y gweithfeydd, ac yr oedd gwell ffyniant ar grefydd. Yr oedd, yn ogystal, fwy o awydd yn y Cymry am wybodaeth a mwy o egni i gynnal 'cenedlgarwch' ac i barchu eu hen arferion. Rhoes Eiddil Ifor hanes y gwahanol weithfeydd haearn a'u perchenogion o Saeson. Casglodd lawer o ffeithiau heb ddibynnu ar neb arall. Ysywaeth nid argraffwyd y traethawd.

Mae un arall o lawysgrifau Eiddil Ifor yn Llyfrgell Dinas Caerdydd sef y traethawd 'Ar Wareiddiad, Anianawd a Dybenion Barddas, yn nghyd a'r Effaith a Gafodd ar Feddyliau y Cymry', 1837. Dyma'r meithaf o'i holl draethodau, un glân a destlus. Rhennir ef yn bum rhan gyda chyfeiriadau aml at y ffynonellau. Defnyddiodd y *Myvyrian Archaiology,* Gramadeg Pughe, *Cyfrinach y Beirdd* Iolo, *Celtic Researches* Edward Davies a *Diliau Barddas* Robert Davies, Nantglyn. Mae ganddo ddyfyniadau helaeth i esbonio'r cynganeddion ac yn goron ar y cyfan ddyfyniad llawn o awdl Lewis Morganwg i Leision, Abad Glyn Nedd, yn defnyddio wyth mesur ar hugain. Pwysodd yn drwm ar ddamcaniaethau Iolo Morganwg a oedd iddo ef yn awdurdod terfynol ar Farddas. Yr oedd yr enw 'Gwlad y Gân' yn enw priodol iawn ar Gymru, meddai. Gorffennodd ei waith trwy ddyfynnu geiriau M. Rio 'Mae Arthur eto yn fyw.'

Mae traethawd Iolo Fardd Glas ar 'Hen chwedlau traddodiadol Morganwg', 1836 yn Llyfrgell Dinas Caerdydd, ac er i Garnhuanawc groesi allan lawer o'r chwedlau sydd ynddo am eu bod yn rhy gyffredin neu am eu bod eisoes wedi eu hargraffu cafodd y wobr. Bu'r Parch. Robert Williams (yr ysgolhaig Celtaidd a'r hynafiaethydd) yn gyd-fuddugol â Daniel Lewis, (Ifor Gwent) am 'Hanes Bywyd Giraldus Cambrensis . . .', 1836, pan oedd yn gurad yn Llangernyw (o 1833—1836). Mae ei lawysgrif yn y Llyfrgell Genedlaethol.

Argraffydd yn y Stryd Fawr, Crucywel, a phregethwr lleol gyda'r Wesleaid oedd Thomas Williams (1806—1886) a enillodd am 'Hanes o Gyfieithwyr y Bibl i'r Iaith Gymraeg'. Ni ddaethpwyd o hyd i'r gwaith mewn llawysgrif nac mewn print. Dechreuodd ef argraffu ym 1829 a pharhaodd wrthi tan 1867. Ef a anogodd Garnhuanawc i ysgrifennu ei *Hanes Cymru,* ac ef hefyd a'i hargraffodd yn rhannau swllt yr un. Yr oedd yn eisteddfodwr selog â'r enw barddol 'Brân ap Llyr'.

Ceir gwybodaeth am Thomas Williams (Gwilym Morganwg) yn y *Bywgraffiadur.* Yn y Llyfrgell Genedlaethol mae ei draethawd ar 'Hanes foreuaf Llydaw, hyd yr amser hwn (1835), ei chyflwr moesol a chrefyddol presennol, yn nghyd ag ateb i'r gofyniad canlynol:— 'A oes anghen am anfon Cenadau o'r wlad hon i bregethu yr Efengyl i'r trigolion?' 1835. Yr oedd wedi marw cyn yr eisteddfod y flwyddyn honno, ond rhoddwyd y wobr i'w fab. Yr adrannau diddorol ydyw'r rheini sy'n rhoi enghrefftiau o eiriau tebyg yn y Gymraeg a'r Llydaweg ac yn dangos *fod* angen cenhadon ar y Llydawiaid.

Y mae testunau eraill ymhlith y rhai a osodwyd gan y Cymreigyddion yn eu Heisteddfodau ond ni welwyd traethodau buddugol arnynt. Gresyn nad argraffwyd llawer o'r rhai sydd ar gael mewn llawysgrif. Maent o hyd yn ddiddorol a rhai ohonynt o hyd o fuddioldeb i'r hanesydd ond buasai ei hargraffu yn nydd y Gymdeithas wedi bod o fudd mawr. Mae'n drueni mawr na chafodd ffrwyth llafur llawer un ei wobrwyo felly yn lle cael ei adael i fynd yn angof. Dangosant fod eu hawduron yn darllen yn helaeth a'u bod yn gwybod ble i edrych am eu deunydd. Ni ellir llai na'u hedmygu am eu dygnwch pan nad oedd ganddynt yr amryfal gyfleusterau sydd gennym ni heddiw. Gellir dychmygu amdanynt yn mynd ati wedi llafur eu dydd gwaith i ddarllen ac i ysgrifennu. Mae'n syn gymaint ohonynt a wyddai am y ffynonellau i'w cynorthwyo.

Y mae un traethawd eto i'w gynnwys yn y bennod hon. Ni ellir dweud fod ei awdur yn ddi-nod nac ychwaith na chafodd ddylanwad mawr yn ei ddydd ac wedi hynny. Ysywaeth seiliwyd ef ar ffug, a dyma'r unig waith a gyflwynwyd gan ei awdur i Eisteddfodau'r Fenni. Taliesin Williams oedd enw'r awdur hwnnw.

Gŵr y gwelir ei enw'n aml yn hanes Cymreigyddion y Fenni hyd ei farw ym 1847 ydyw Taliesin Williams, ab Iolo (1787—1847), mab Iolo Morganwg. Onibai ei fod yn fab i'w dad go brin y buasai ond y nesaf peth i ddim o sôn amdano. Y cyfan a wnaeth oedd lloffa'n barhaus yng ngwaith ei dad. Mae hyd yn oed 'Hynafiaeth ac Awdurdodaeth Coelbren y Beirdd', ei gampwaith, yn grynodeb ac yn amddiffyniad o ddamcaniaethau Iolo am ysgrifen hynafol y beirdd Cymraeg. Erbyn hyn fe wyddys mai Iolo ei hun biau'r damcaniaethau hynny ac a luniodd yr ysgrifen o'i ben a'i bastwn ei hun yn ei 'Gyfrinach y Beirdd', gwaith a orffennwyd gan Taliesin ym 1829, dair blynedd wedi marw ei dad. Traethawd o tua hanner cant o dudalennau a gynhyrchwyd ar gyfer Eisteddfod 1838 ydoedd 'Coelbren y Beirdd'. Nid dyna'r tro cyntaf i'r testun ymddangos ymysg testunau eisteddfodau De Cymru yn y ganrif, ond nid oedd un traethawd wedi ymddangos eto a oedd yn deilwng o'r pwnc.

Addysgwyd ab Iolo gartref gan ei dad. Bu'n athro yn ysgol y Parch. David Davis yng Nghastell Nedd. Ym 1816 aeth i Ferthyr Tudful i gadw'i ysgol ei hun. Treuliodd weddill ei oes yn y dref ddiwydiannol, gynhyrfus honno gan ymddiddori yn ei chymdeithasau Cymraeg hi a chymdeithasau Cymraeg eraill, yn arbennig Cymreigyddion y Fenni. Danfonodd lawer o gynhyrchion i'w heisteddfodau, yn farddoniaeth ac yn rhyddiaith. Wedi Eisteddfod Caerdydd ym 1834 daeth i fri fel awdur 'Derwyddon Ynys Prydain', awdl gyda nodiadau wedi eu seilio ar waith ei dad. Ond erbyn hyn nid oes dim o werth ynddi fel barddoniaeth. Yn wir ni chyfansoddodd ab Iolo ddim o werth arhosol.

Bu'n feirniad fwy nag unwaith yn Eisteddfodau'r Fenni. Beirniad ei draethawd ef ym 1838 ydoedd Carnhuanawc. Yn ôl ei feirniadaeth gwelir iddo gredu'r hyn a ddywedai ab Iolo. Ni wyddai ef, fwy na'r mwyafrif o Gymry'r ganrif, mai dyfais oedd y 'Goelbren' a grewyd gan Iolo er mwyn cyflwyno prawf pellach fod beirdd Morgannwg a Thir Iarll yn olyniaeth yr hen Dderwyddon. Lluniodd hi i ogoneddu'r beirdd hynny ar draul beirdd Gogledd Cymru. Y mae'r cyfan, wrth gwrs, ynghlwm wrth ei 'Orsedd'.

Cyhoeddwyd traethawd ab Iolo ym 1840. Mae'n rhyfedd fel y gallodd ef a'i dad dwyllo Cymry'r ganrif ddiwethaf bron i gyd â'i gynnwys. Yr oedd galw mawr am gyfieithiad ohono i'r Saesneg gan fod cymaint o Saeson yn gwrthod ei gredu. Rhoddwyd cystadleuaeth am gyfieithiad ohono yn Eisteddfod olaf y Gymdeithas ym 1853. Un o'r rhai nad oeddynt yn credu ydoedd Thomas Stephens.

Pennod 4

Traethodau Harding, Schulz a Meyer

Enillodd John Dorney Harding ac Albert Schulz 'San Marte' y gwobrau am draethodau ar ddylanwadau'r traddodiadau Cymreig ar lenyddiaeth Ewrop. Cafodd Carl Meyer y wobr am draethawd ar safle'r iaith Gymraeg ymhlith yr ieithoedd Celtaidd ac ymhlith yr ieithoedd Indo-Ewropeaidd. Ymdrinnir â gwaith Harding a Schulz yn gyntaf.

Rhoddwyd y testun — Dylanwadau'r traddodiadau Cymreig ar lên Ewrop — dair gwaith, o fewn pedair blynedd, bob tro wedi ei eirio'n wahanol.

1. 1836: 'Ysgrifeniadau Gruffydd ab Arthur . . . a'r effaith a gafodd ei weithredoedd ar lenyddiaeth Ewropaidd'.
2. 1838: 'Yr effaith a gafodd y Traddodiadau Cymreig ar Ddysgeidiaeth Ewrop'.
3. 1840: 'Yr Effeithiau a gafodd y Traddodiadau Cymraeg ar Lenoriaeth yr Almaen, Ffrainc a Llychlyn'.

Cyfeiriwyd at y cyntaf o'r tri wrth sôn am David Lewis, Blaenau, yn y bennod flaenorol. Mae ei draethawd o hyd mewn llawysgrif yn Llyfrgell Dinas Caerdydd dan y ffugenw 'Nicolas ab Gwrgant' a dyna'r unig draethawd a dderbyniwyd y flwyddyn honno. Canmolodd Carnhuanawc ymgais David Lewis am iddo roi llawer o wybodaeth o'r llyfrau a oedd o fewn cyrraedd iddo. Oni ni wyddai ddim am lên y Cyfandir ac ni roddodd unrhyw sylw i ganu'r hen feirdd Cymraeg. Yr oedd tlws gwerth tair gini a 'gwobr' gwerth dwy gini, meddai Carnhuanawc, yn gwbl annigonol am waith ar y fath destun dyrys ac eang. Felly argymhellodd osod y testun eto wedi ei eirio'n wahanol a chynnig gwobr fwy. Dyna a wnaed ym 1838 a John Dorney Harding a gafodd y wobr.

Ganwyd Harding (1809—1868) yn Rockfield, Sir Fynwy. Yn ôl *Seren Gomer* (Tachwedd 1838) yr oedd o Lundain, 'gynt o Glanogwr, yn agos i Benybont-ar-Ogwr'. Bu'n ddisgybl preifat i'r Dr. Arnold ac yna aeth i Goleg Oriel, Rhydychen. Graddiodd yno ac ym 1837 cafodd radd D.C.L. Hallam, hanesydd y Canol Oesoedd, oedd y beirniad ond ni ddaeth i'r Eisteddfod. Mae'n syn iddo dderbyn y gwahoddiad i feirniadu ac yntau heb ddim amynedd â chymdeithasau Cymraeg megis Cymreigyddion y Fenni. Cwta iawn oedd ei feirniadaeth, os gellir ei galw'n feirniadaeth hefyd, a ddengys ei ddirmyg. Iddo ef 'baseless fabric' oedd y ddamcaniaeth a gredid am ffynhonnell Geltaidd y Rhamantau. Derbyniwyd pum traethawd i'r gystadleuaeth, pedwar yn Saesneg ac un yn Ffrangeg. Ni cheir dim i ddangos paham y rhoddwyd y wobr i draethawd rhif 5 oddieithr y geiriau 'superior to the rest'. Tybiodd Bunsen fod traethawd Carnhuanawc yn werth ei gyhoeddi

(Llun gan George Richmond, 1847)
Y Barwn Bunsen
1791-1860

er nad oedd ganddo yn ôl barn y beirniad gystal arddull â Harding. Gwrthod a wnaeth Carnhuanawc rhag i hynny greu diflastod. Cyhoeddwyd ef yn y *Literary Remains* ar ôl ei farw. Anogodd Hallam gyhoeddi gwaith Harding. Argraffwyd ef gan Ibbotson a Palmer, Savoy Street, Llundain, a dyma a geir ar y wyneb-ddalen: 'An Essay on the Influence of Welsh Tradition upon European Literature; which obtained the prize proposed by the Abergavenny Cymreigyddion Society, October, 1838', ac mewn cromfachau ar y gwaelod 'Not Published'. Nid oes nac enw awdur na dyddiad, eithr gwyddys mai eiddo Harding ydyw ac iddo gael ei argraffu ym 1839.

Dyma gystadleuaeth fawr gyntaf y Gymdeithas. Gellid danfon y traethodau yn Gymraeg, yn Saesneg, yn Ffrangeg, yn yr Almaeneg, yn yr Eidaleg neu yn Lladin, neu gyda chyfieithiad i un o'r ieithoedd hynny. Yr oedd yr hawlfraint i fod yn eiddo'r awdur. Ychydig dros drigain tudalen yw traethawd Harding mewn print ond dengys astudiaeth fanwl a thrylwyr o bob ffynhonnell argraffedig bosibl. Barn y llyfrau hynny a geir gan mwyaf ganddo er iddo gynnig rhai casgliadau o'i eiddo ei hun. Defnyddiodd David Lewis yntau lawer o'r un ffynonellau. Yn Gymraeg yr ysgrifennodd ef ac ni ofynnai'r gystadleuaeth am unrhyw iaith arall.

Ddiwedd Awst 1838 daeth rhan gyntaf cyfieithiad Charlotte Guest o'r 'Mabinogion' o wasg William Rees, Llanymddyfri, sef *Iarlles y Ffynnawn*, yn rhy hwyr i Harding wneud defnydd ohoni yng nghorff ei waith er iddo gyfeirio ati mewn troednodiad. Daeth yr ail ran o'r un wasg ym 1839 a theimlai'r Gymdeithas hi'n fuddiol gosod y testun unwaith eto yn Eisteddfod 1840, ond wedi ei eirio'n wahanol eilwaith. Disgwyliai astudiaeth fanylach fyth a theimlai yn awyddus iawn i ddenu rhai o ysgolheigion y Cyfandir i gystadlu, yn arbennig rai o'r Almaen. Yr oeddynt yn cynnig gwobr o bedwar ugain gini (£84). I'w mawr foddhad enillwyd y wobr gan Almaenwr o'r enw Albert Schulz 'San Marte' (1802—1893). Prif faes ei astudiaeth ef ydoedd llên yr Oesoedd Canol, yn arbennnig dylanwad y chwedlau am Arthur arni. Yng ngwaith mawr J.D. Bruce (1923) *The Evolution of Arthurian Romance from the Beginnings down to the year 1300* ceir rhestr o weithiau Schulz (rhwng 1842 a 1884) ar y chwedlau. Eithr ysgrifennodd Schulz ddau waith arall — *Leben und Dichten Wolfram von Eschenbach* (1836—1841) a *Percival*, cyfieithiad (1836) nas ceir gan Bruce. Dengys y rhai hyn nad dechrau ar ei astudiaethau yr oedd pan gystadlodd ym 1840.

Y beirniad y tro hwn ydoedd Bunsen ei hun. Yr oedd yn un hollol gymwys. Ei enw llawn ydoedd Christian Charles Josias Bunsen (1791—1860). Yr oedd yn ieithegwr ac yn ysgolhaig. Astudiodd Arabeg ym Munich, Persieg yn Leiden a Nors yn Copenhagen. Rhoes prifysgol Jena radd Doethur mewn Athroniaeth er anrhydedd iddo. Dechreuodd ar ei waith fel llysgennad Prwsia yn llys y Fatican yn Rhufain. Cyfarfu â theulu Waddington, Llanofer, pan aethant i dreulio ychydig fisoedd yn yr Eidal ym 1817. Priododd Frances

Waddington yn y flwyddyn honno. Yr oedd ganddo ef fwy o ddiddordeb yng ngweithgareddau'r Cymreigyddion na'i wraig. Tra bu'n llysgennad yn Llundain daeth bron bob tro i'r Eisteddfodau. Yr oedd ganddo ddiddordeb arbennig yn y chwedlau Arthuraidd yn ogystal ag yn yr ieithoedd Celtaidd ac ieithoedd y Dwyrain a derbyniodd ÿ gwaith o feirniadu ym 1840 yn fodlon iawn.

Yn yr Almaeneg yr ysgrifennodd Schulz ei draethawd. Anogodd Bunsen ei gyhoeddi ac fe'i cyfieithwyd i'r Saesneg gan unig chwaer Benjamin Hall, Mrs. Berrington, Abertawe. Cyhoeddwyd ef gan wasg William Rees, Llanymddyfri, ym 1841.

Y mae traethawd Schulz yn fwy meistrolgar ac ysgolheigaidd nag eiddo Harding. Nid y rheswm dros hynny ydoedd bod *Peredur fab Efrawc* wedi ei chyhoeddi ym 1839 ac felly fod dwy ran gyntaf Charlotte Guest o'r 'Mabinogion' at ei law. Yr oedd yn well ysgolhaig na Harding ac ymdriniai â phwnc yr oedd eisoes yn gyfarwydd ag ef. Disgwyliai'r Gymdeithas wybodaeth ehangach nag ym 1838 ac fe'i cawsant. Daeth Schulz i'r casgliad y gellid rhannu'r chwedlau i dri dosbarth: y rhai am Arthur yr arwr cenedlaethol o'r flwyddyn 600 hyd 1066, a'u lleoliad yng Nghymru; y rhai am Arthur a'i farchogion a'r Ford Gron o 1066 hyd 1150 (gyda goresgyniad y Normaniaid a thwf sifalri), a'u lleoliad yn Llydaw; a'r rhai am Arthur a'r Seintgreal o 1150 hyd 1500 o Provence dan ddylanwad Sbaen. Fel ei ragflaenwyr galwodd y 'Mabinogion' ar gam yn 'Rhamantau'. Ond ni wyddai Gymraeg. Felly yr oedd bwlch yn ei draethawd ef eto am na fedrodd roi tystiolaeth i'w gasgliadau o weithiau'r beirdd Cymraeg. Yr oedd yn deall Ffrangeg. Fodd bynnag gallodd ddangos posibiliadau aruthrol y pwnc, ac er na ddeallai Gymraeg dangosodd, ar sail yr hyn a ddywedwyd gan eraill, fod llên Ewrop yn y Canol Oesoedd dan ddyled drom i Gymru.

Pe bai'r Gymdeithas wedi gohirio gosod y testun hyd 1842 fe fuasai mwy o ddeunydd fÿth wedi ymddangos ar y chwedlau am Arthur, sef *Geraint fab Erbin* a *Kulhwch ac Olwen*. Buasai wedi gosod y testun unwaith eto ym 1842 onibai am ymyrraeth synhwyrol Bunsen. Dangosodd y Gymdeithas ei bod hi ar y blaen ac yn fyw i'r datblygiadau ysgolheigaidd ar y Cyfandir, yn arbennig ymysg ysgolheigion yr Almaen. Dangosodd nad hanes lleol yn unig a'i diddorai er pwysiced hwnnw. Gallodd ledu ei gorwelion i gynnwys astudiaethau astrus a chymhleth, rhai a oedd hyd hynny yn eu plentyndod cynnar. Ychwanegodd gwaith Albert Schulz, 'San Marte', at ei bri.

Mae'r hanes sut y daethpwyd i ddewis testun mawr 1842 i'w gael mewn llythyr oddi wrth Frances Bunsen (ni ddywedir at bwy). Mae hwnnw i'w weld yn y Llyfrgell Genedlaethol yn y llawysgrif NLW. 13182E (Rhif 19). Ysgrifennwyd y llythyr ar Fawrth 17, 1841. Ynddo dywedir bod Bunsen yn credu y byddai'n well rhoi ym 1842 am y brif wobr destun ar yr iaith Gymraeg a'i lle ymysg yr ieithoedd Celtaidd, 'and together with the other branches of the same, among the languages of the Indo-European race'. Yr oedd y testun yn un amserol a phwysig, meddai, a byddai'r Gymdeithas yn rhoi arweiniad 'just at the first moment possible'. Byddai 'of universal European interest', a phe ceid traethawd da arno byddai yn cael dylanwad pendant 'on the Science & Literature of Europe'. Byddai, hefyd, yn destun gwladgarol ac yn mynd ymhell i ledaenu'r wybodaeth am Gymru a'i llên. Awgrymai Bunsen roi gwobr sylweddol a dyna a wnaethpwyd — deg gini a thrigain (£73.50) a modrwy aur wedi ei haddurno'n gelfydd a chydag arysgrifen bwrpasol arni.

Yr oedd y beirniad yn ysgolhaig o'r radd flaenaf, sef James Cowles Prichard (1786—1848). Yr oedd eisoes yn ddisglair fel meddyg, fel ethnolegwr ac fel ieithegwr. Ganwyd ef yn Ross, Sir Henffordd. Ymddiddorai yn yr Aifft a'i phethau a thrwy hynny y daeth yn gyfeillgar â Bunsen. Cyhoeddodd ym 1819 *An Analysis of Egyptian Mythology* ac fe'i cyfieithwyd i'r Eiffteg ym 1837. Ef oedd yr ieithegwr cyntaf oll i gydnabod ac i brofi safle'r ieithoedd Celtaidd fel cangen o'r ieithoedd Indo-Ewropeaidd yn ei *Eastern Origin of the Celtic Nations* ym 1831. Ysywaeth ni chafodd y clod dyladwy am hynny. Fe'i rhoddwyd yn gyfan gwbl i Adolphe Pictet er iddo gyhoeddi ei draethawd ef ar y pwnc ar ôl i lyfr Prichard ymddangos. Yr oedd Pictet wedi ennill gwobr yr *Academie Française* am ei waith ef.

Derbyniwyd pum traethawd a rhoes Prichard feirniadaeth lawn yn Saesneg oddi ar lwyfan yr Eisteddfod ym 1842. Dyma'r feirniadaeth lawnaf a roddwyd yn unrhyw un o'r Eisteddfodau hyd yn hyn. Yr oedd pob traethawd, meddai, yn deilwng a mwy nag un yn dangos ysgolheictod ac ymchwil gofalus. Dangosodd fod gwyddor ieitheg yn wyddor newydd iawn, ac mai anodd fyddai i'r Cymry gredu'r casgliadau diweddar gan mor drwm oedd dylanwad y rheini yng Nghymru a ddaethai â gwawd a gwarth ar ieitheg wyddonol. Nid enwodd neb. Enwodd yr arloeswyr — William Humboldt (1767—1835), Franz Bopp (1791—1867), awdurdod ar y Sanscrit, a Jacob Ludwig Carl Grimm (1785—1863), pob un ohonynt yn Almaenwyr.

Un o'r rhai a ddanfonodd draethawd i'r gystadleuaeth ydoedd Arthur James Johnes (1809—1871), awdur *An Essay on the Causes of Dissent in Wales*. Hyderai'r beirniad y cyhoeddid ei waith gan fod ynddo lawer o bethau gwerthfawr iawn. Nid oedd tri o'r pedwar arall yn fyr o wybodaeth ac o allu, eithr rhagorai un arnynt oll gan ei fod yn ateb popeth y gofynnid amdano gan y testun. Yr oedd ynddo, meddai Prichard, gasgliadau a roddai gryn syndod i ieithegwyr. Ysgrifennwyd ef yn Ffrangeg a chyfieithodd Jane Williams, Ysgafell, cofiannydd Carnhuanawc, ef ym 1843. Nid ymddangosodd tan 1854 yn y *Cambrian Journal*. Yno ei deitl yn Saesneg oedd: 'An Essay on the Celtic Languages, in which they are compared with each other, and considered in connection with the Sanscrit, and the other Caucasian Languages'. Yn ôl yr hysbysiad o'r testunau, yn Gymraeg, y teitl ydoedd: 'Y Sefyllfa a berchenoga y Iaith Gymraeg yn mhlith y Ieithoedd o'r haniad

Celtaidd; ac yngyd â'r canghenau ereill o'r cyfryw, yn mhlith Ieithoedd y llwyth Indaeg-Ewropaidd'. Gellid ysgrifennu arno yn Gymraeg, yn Saesneg, yn Ffrangeg neu yn yr Almaeneg. Rhaid oedd cynnwys cyfieithiad Ffrangeg neu Saesneg os ysgrifennid arno yn un o'r ddwy iaith arall.

Almaenwr o'r enw Carl Meyer a enillodd y wobr. Byddai'n ddiddorol gwybod sut y daeth i glywed am y gystadleuaeth, canys ni fedrwyd dod o hyd i ddim amdano cyn 1842. Ni fedrwyd darganfod na dydd ei eni na dydd ei farw. O Rinteln, tref fechan yn nhalaith Hesse-Nassau ar lan afon Weser, y deuai, meddai'r adroddiadau am yr Eisteddfod. Meddyliodd y Cymry mai athro ydoedd ym mhrifysgol Munich. Er mwyn eu goleuo nad gwir hynny anfonodd lythyr i'r *Haul*, Chwefror, 1844, pan oedd yn aros gyda Ioan Tegid yn Nanhyfer. Canmolodd golygydd *Yr Haul* ef am ddangos mwy o barch tuag at y Gymraeg nag a ddangosai llawer o'r Cymry. Ar ôl 1842 sylweddolodd Meyer na fedrai wneud astudiaeth drwyadl wyddonol o'r ieithoedd Celtaidd heb yn gyntaf ddysgu'r iaith Gymraeg. Felly, er mwyn ei dysgu, daeth i gysylltiad agos a chyfeillgar â Ioan Tegid a'r Esgob Connop Thirlwall a lletya yng Nghwm-du er mwyn bod yn agos at Garnhuanawc. Yr oedd pobl fel William Rees, Llanymddyfri a W.J.Rees, Casgob yn ei gydnabod yn ysgolhaig. Yr oedd Meyer wedi dweud wrth yr olaf o'r ddau, mewn llythyr, ei fod yn astudio'r Cynfeirdd ond bod ei waith mwyaf anodd i'w wneud, sef astudio'r *Gododdin*. Yr oedd Meyer o ddifri. Cadarnhawyd barn W.J.Rees amdano wedi iddo aros gydag ef dridiau ym mis Hydref, 1844.

Ym 1846 yr oedd Meyer yn llyfrgellydd llyfrgell Castell Windsor yn ôl *The Life of the Prince Consort*, 1875, gan Syr Theodore Martin, ac o 1848 hyd 1852 yn ôl y *Royal Kalendar* dan 'Prince Albert's Household'. Adwaenid ef yn nes ymlaen yn Berlin fel Carl a Friedrich-Carl Meyer. Darllenodd bapur o flaen y *British Association* yn Rhydychen ym Mehefin 1847, *On the Importance of the Study of the Celtic Language as exhibited by the Modern Celtic Dialects still extant*. Dau arall a ddarllenodd bapurau ar destunau ethnolegol ac ieithegol ydoedd Bunsen a J.C.Prichard. Ar dudalen 10 o restr aelodau'r *British Association* ceir enw Meyer fel tanysgrifiwr blynyddol. Ei gyfeiriad ydyw Palas Buckingham a rhoir iddo'r radd D.C.L. Erbyn hynny yr oedd wedi dysgu Cymraeg a cheir yn ei bapur enghreifftiau lawer o'r ieithoedd Celtaidd i brofi'r gosodiadau a wneir ganddo. Erbyn hynny hefyd gwelsai na ellid ymdrin â phwysigrwydd yr ieithoedd hynny heb wybod Cymraeg. Yr oedd hynny wedi agor drws i lên a oedd mor ddiddorol yn gelfyddydol ag yr oedd yn hanesyddol, meddai.

Siomedig iawn, ar ôl darllen beirniadaeth Prichard, yw cynnwys y traethawd fel y'i ceir yn y *Cambrian Journal*. Ni cheir ynddo ddim enghreifftiau o unrhyw iaith i brofi unrhyw osodiad fel sydd gan Prichard yn ei *Eastern Origin* . . . Mae'n amlwg i Meyer ddefnyddio'r gwaith hwnnw canys enwodd ef ar ddechrau ei draethawd. Ond ni chyfieithodd Jane Williams y traethawd gwreiddiol i gyd, er y dywedir iddi gyfieithu wrth fodd Meyer. Ym 1853, flwyddyn cyn ymddangosiad y cyfieithiad hwn, cyhoeddodd Zeuss ei *Grammatica Celtica* ac ni cheir sôn am Meyer ynddo. Afraid manylu dim am gynnwys gwaith Meyer ar gyfer Eisteddfod 1842 gan na chyfrannodd at y gweithiau cynnar ar ieitheg gymharol. Wrth dynnu at derfyn ei feirniadaeth canmolodd Prichard haelioni'r Cymreigyddion a'u menter yn rhoi'r testun yn agored i bob gwlad pan nad oedd gwyddor ieitheg wedi dod yn bwnc astudiaeth ym Mhrydain. Profodd y Gymdeithas ei bod yn flaengar, diolch i wybodaeth Bunsen am yr hyn a oedd yn digwydd ym myd ysgolheictod ar y Cyfandir. Gallai ei haelodau ymfalchïo ei bod yn hyrwyddo astudiaeth a fyddai'n rhoi'r iaith Gymraeg mewn safle urddasol ymysg ieithoedd Ewrop.

Thomas Stephens
1821-1875

Pennod 5

Thomas Stephens: hanes ei fywyd: The Literature of the Kymry

Ganwyd Thomas Stephens ar Ebrill 21, 1821, ym mhentref Pont Nedd Fechan, yn fab i grydd o'r enw Evans Stephens. Ar ochr ei fam yr oedd yn ŵyr i'r Parch. William Williams, gweinidog Undodaidd Blaengwrach. Dywedir iddo fod am ysbaid yn ddisgybl mewn ysgol leol a gedwid gan y Methodistiaid. Gwyddys i sicrwydd, fodd bynnag, iddo fod am gyfnod o dair blynedd bron yn ysgol yr Undodiaid, yng Nghastell Nedd, ysgol a gedwid gan David Davis, mab 'Dafis Castellhywel'. Pan oedd yn bedair ar ddeg oed prentisiwyd ef i fferyllydd yn nhref fawr ddiwydiannol Merthyr Tudful, gŵr o'r enw David Morgan, mab y Parch. Shencyn Morgan, Pont Nedd Fechan.

Bu'r bachgen yn ffodus iawn i ddod i Ferthyr at y gŵr hwn. Gwelodd hwnnw'n fuan ei fod yn hoff dros ben o ddarllen, yn anarferol felly. Gwnaeth bopeth a allai i'w annog. Yn y dref yr oedd ab Iolo, mab Iolo Morganwg, Undodwr arall, yn ysgolfeistr ac ymddiddorodd yntau yn y bachgen athrylithgar. Cyn bo hir dechreuodd Thomas Stephens ysgrifennu i'r wasg leol ar bynciau megis hynafiaethau, traddodiadau, hanes a llên Cymru ac ar yr iaith Gymraeg. Mor gynnar â hyn gwelir bod meddwl gwyddonol ganddo, canys byddai'n ceisio bob amser cael gafael ar ffeithiau i brofi ei osodiadau. Yr oedd ei grefydd, meddir wrthym, yn gymorth iddo, canys dywedir bod gan lawer o'r Undodiaid allu fel dadansoddwyr beirniadol. Beth bynnag am hynny yr oedd holl deithi'r hanesydd beirniadol gan Thomas Stephens.

Ym 1848 yr enillodd Thomas Stephens am y traethawd a ymddangosodd ym mhen blwyddyn fel *The Literature of the Kymry*. Erbyn hyn yr oedd yn saith ar hugain oed. Dangosir ynddo feddwl dadansoddol a chymariaethol ymhell uwchlaw'r cyffredin. O gofio na chafodd ond prin dair blynedd o addysg ramadegol, na dim addysg mewn Prifysgol, fe ganfyddir gwyrth. Ni welwyd neb o'i fath yn ei oes, a'r cyfan yn ffrwyth llafur oriau hamdden prin eu gwala dan ysbrydoliaeth yr Eisteddfodau, yn fwyaf arbennig rai Cymreigyddion y Fenni.

Cyn iddo ddod i'w oed medrodd, trwy gymorth ariannol Edward Morgan, masnachwr blaenaf Merthyr, brynu busnes ei feistr yn 113, Y Stryd Fawr, ac yn yr un siop a'r un tŷ y treuliodd weddill ei oes, yn ŵr prysur a chydwybodol ym mhob peth yr ymgymerai ag ef. Llenor a fferyllydd ydoedd ond nid ar draul y fferyllydd yr oedd yn llenor. Ni ellir canfod iddo esgeuluso'i siop. Nid meudwy llenyddol ydoedd, ychwaith, wedi cau ohono'i siop am y dydd, canys cymerai ran flaenllaw fel dinesydd ym mywyd Merthyr. Llanwodd lawer swydd ac ymddiddorai mewn mudiadau dyngarol, mewn addysg, yn llyfrgell y dref, mewn dirwest ac mewn gwleidyddiaeth. Yr oedd yn aelod ar lawer pwyllgor, ac fe âi bob Sul i gapel Twynyrodyn lle'r oedd ganddo ddosbarth o fechgyn yn yr Ysgol Sul. Rhôi fenthyg ei lyfrau i'r bechgyn darllengar.

Yr oedd yn gyfeillgar ag Arglwydd Aberdâr ac â'r Arglwyddes Charlotte Guest a'i gŵr, pobl a'i hedmygai nid yn unig oherwydd ei athrylith ond hefyd am ei gymeriad. Nid oedd yn ŵr cyhoeddus cenedlaethol fel Carnhuanawc. Digon iddo ef oedd tref Merthyr. Beirniadodd mewn Eisteddfodau ond nid arferai annerch torfeydd yn gyson. Yr oedd ynghlwm wrth ei fusnes. Prin oedd ei amser i ymhel â'i hoff efrydiau a rhaid ei fod wedi treulio oriau hirion yn darllen ac yn ysgrifennu pan oedd y mwyafrif o drigolion Merthyr yn cysgu'n drwm.

Wedi iddo sicrhau enw iddo'i hun fel yr awdurdod ar lenyddiaeth Cymru hyd ddiwedd y drydedd ganrif ar ddeg derbyniai'n gyson lythyrau oddi wrth hwn a'r llall yn gofyn am ei farn ar wahanol gwestiynau hanesyddol a llenyddol. Y mae toreth ohonynt yn y Llyfrgell Genedlaethol oddi wrth ddynion yn gysylltiedig â Chymreigyddion y Fenni. Fel arfer atebai hwynt gyda'r troad. Yr oedd yn hynod o drefnus ym mhopeth. Efallai mai dyna gyfrinach ei fywyd.

Ym 1840, pan nad oedd ond pedair ar bymtheg oed, yr enillodd am y tro cyntaf mewn Eisteddfod, sef yn Lerpwl, am draethawd ar *Hanes a Bywyd Iestyn ap Gwrgant*, yn Saesneg. Yn nes ymlaen barnodd mai cymeriad chwedlonol ydoedd er bod teulu Williams, Aberpergwm, yn hawlio'i fod disgyn oddi wrtho. Yn wir, yn ôl y *Bywgraffiadur Cymreig*, mor brin ydyw'r ffeithiau am Iestyn ap Gwrgant fel y gallai Thomas Stephens fod yn iawn!

Ym 1840 eto enillodd, am y tro cyntaf yn Eisteddfodau Cymreigyddion y Fenni, am draethawd Cymraeg ar hanes lleoedd yng Ngheredigion y perthynai iddynt ryw hanesion chwedlonol neu hanesyddol. Ym 1845, yn y Fenni eto, enillodd am draethawd ar 'Farddoniaeth Arwyddfeirddiol Cymru'. Ni ddaeth y cynhyrchion cyntaf hyn ag ef i enwogrwydd, ond sicr ydyw iddynt fod yn ymarferiad gwerthfawr iddo ar gyfer ei waith mawr ym 1848.

Ym 1846, er nad oedd ond pump ar hugain oed, ystyrid ef yn un o drigolion blaenaf Merthyr. Yr oedd yn brysur iawn yn gweithio i sefydlu llyfrgell yno. Credai'n gryf mai trwy gyfrwng addysg gyffredinol y gellid gwella cyflwr gwerin Cymru. Addysg seciwlar o dan awdurdod y llywodraeth oedd yr unig ffordd i sicrhau hynny. Dyma gyfnod y frwydr rhwng y rhai a gredai y dylai addysg fod yn nwylo'r enwadau a'r rhai a gredai mai'r llywodraeth a ddylai fod yn gyfrifol amdani am mai ganddi hi yr oedd yr arian. Credai Thomas Stephens y dylai'r Cymry ddysgu Saesneg i'w harfogi ar gyfer eu bywyd beunyddiol. Iddo ef, fel i laweroedd o bobl flaenllaw Cymru yr adeg hon ac wedyn, iaith crefydd a llên ydoedd y Gymraeg, iaith yr Ysgol Sul ac nid yr Ysgol Ddyddiol. Byddai'n siarad yn gyhoeddus ar y pwnc hwn (er enghraifft yn Eisteddfod Dowlais, Merthyr 1, 1849). Yn naturiol ddigon gwrthwynebwyd ef gan yr Anghydffurfwyr a deimlai mai bradwr ydoedd.

Enillodd brif wobr Eisteddfod Cymreigyddion y Fenni ym 1848, gwobr o £25 a roddwyd gan y Frenhines Victoria yn enw'i mab hynaf, Tywysog Cymru, a'r testun ydoedd 'Hanes Iaith a Llenyddiaeth Cymru yn ystod y ddeuddegfed ganrif a'r rhai dilynol', sef 'o amser Gruffydd ab Cynan a Meilyr, hyd amser Syr Gruffydd Llwyd a Gwilym Ddû.' Disgwylid traethawd beirniadol. Dyma ddechrau ei enwogrwydd fel beirniad diduedd a hanesydd didwyll, ac fel awdurdod pendant ar lenyddiaeth a hanes gorffennol Cymru. Mawr oedd canmoliaeth a chymeradwyaeth y beirniad John Williams, Archddiacon Ceredigion. Wrth alw ffugenw'r buddugol cyhoeddodd fod seren newydd wedi ymddangos y diwrnod hwnnw yn ffurfafen Llên Cymru. Yr oedd y dorf wedi cynhyrfu drwyddi wrth ddisgwyl i'r buddugol sefyll ar ei draed. Os oedd y traethawd yn un arbennig onid oedd y wobr a rhoddwr y wobr hefyd? Syfrdanwyd pawb pan welsant ŵr ieuanc iawn yn codi i hawlio mai ei ffugenw ef a alwyd. Daeth ymlaen i'r llwyfan ynghanol banllefau o gymeradwyaeth a phan dawelodd pawb clywyd y beirniad yn annog Thomas Stephens i gyhoeddi ei waith. Yr oedd Josiah John Guest yn eistedd ar y llwyfan a heb betruso dim dywedodd y talai ef am ei gyhoeddi. Dyna a wnaeth yn ddioed ac ymddangosodd y traethawd y flwyddyn ganlynol mewn cyfrol drwchus dan y teitl adnabyddus *The Literature of the Kymry*. Rhoddodd Syr Josiah gant o gopïau'n rhad i'r awdur a phob elw a wnaed o'r gweddill yr oedd ef hefyd i'w dderbyn. Gwerthodd yn gyflym iawn. Gwasg William Rees, Llanymddyfri, a'i hargraffodd a Longman, Llundain, a'i cyhoeddodd.

Canmolwyd y llyfr gan y beirniaid a derbyniwyd ef fel awdurdod ar y cyfnod yr ymdrinnid ag ef ynddo gan ysgolheigion gartref ac oddi cartref. Fe'i cyfieithwyd i'r Almaeneg gan Schulz. Ef oedd y llyfr cyntaf yn ymdrin â llên Cymru yn feirniadol. Gofynnwyd i Thomas Stephens ddwy waith gan D. Silvan Evans mewn llythyrau ym 1849 ac 1859 am ysgrifennu cyfrol feirniadol arall ar lên Cymru ar ôl cyfnod y *Literature of the Kymry* am y rheswm syml mai ef yn unig oedd y dyn i wneud hynny.

Enillodd Thomas Stephens yn Eisteddfod y Fenni, 1848, wobr o bum punt am draethawd bychan ar hanes Castell Caerffili, yn ogystal.

Y flwyddyn ganlynol aeth yr daith i'r Cyfandir, y gwyliau cyntaf, yn ôl yr hanes, a gymerodd o'i siop. Nid segura oedd ei fwriad ond hel gwybodaeth a gweld drosto'i hun rai o leoedd hanesyddol y gwledydd. Ni chafodd wyliau wedyn tan 1856 pan ymwelodd ag Iwerddon.

Ym 1850 yr oedd Eisteddfod yn Rhuddlan ac enillodd dair gwobr yno am draethodau:

'The Advantages of Resident Gentry'

'A Biographical Account of Eminent Welshmen since the Accession of the House of Tudor'.

BY

HIS ROYAL HIGHNESS

THE

PRINCE OF WALES,

A PRIZE OF

TWENTY FIVE GUINEAS,

A CRITICAL ESSAY

ON THE

HISTORY OF THE LANGUAGE,

AND

LITERATURE OF WALES,

FROM THE TIME OF

GRUFFYDD AP CYNAN, AND MEILYR,

TO THAT OF

SIR GRUFFYDD LLYWD, & GWILYM DDU;

ACCOMPANIED WITH SPECIMENS

Both in the original, and in a close English or Latin translation

OF THE POEMS

MOST CHARACTERISTIC OF THAT PERIOD.

Prif gystadleuaeth 1848.

'The History of Wales from the earliest period to the Present Time with an Introduction containing the history of the Migrations of the Kymry prior to their arrival in the Isle of Britain'.

Y traethawd olaf hwn a fyddai'n dilyn y *Literature of the Kymry.* Ysywaeth mae o hyd mewn llawysgrif.

Ym 1851, yn Eisteddfod Caerdydd, enillodd Thomas Stephens ddeg punt am draethawd ar hanes Caerdydd, ac ym 1852, yn Eisteddfod Porthmadog, enillodd ugain punt am draethawd ar 'The Working Men of Wales, compared with those of England, Scotland and Ireland.' Eithr yn y Fenni, ym 1853, Eisteddfod olaf y Cymreigyddion, enillodd wobr o £70 am draethawd maith a manwl ar y testun 'The History of Trial by Jury.' Tynnodd hwn gryn sylw a chafodd ganmoliaeth uchel iawn gan y beirniad, y Chevalier Bunsen. Yr oedd Ab Ithel, hefyd, wedi danfon traethawd i'r gystadleuaeth. Yr un flwyddyn enillodd Thomas Stephens ugain punt am draethawd ar

'Names of Places in South Wales designated from Remarkable Events.'

a deg punt ar hugain am draethawd ar

'An Analysis of the Remains of the writings of Welsh poets from the Earliest Period to the Present Times, with Reference to the Elucidation of History.'

Yr oedd canmoliaeth fawr i'r olaf o'r rhain. Cesglir, felly, mai yn Saesneg yr ysgrifennai ar gyfer yr Eisteddfodau. Ond ym 1856 enillodd ddeg punt ar 'Sefyllfa Wareiddiol y Cymry', rhodd Cymrodorion Merthyr Tudful. Cyhoeddwyd hwn ym 1857 yn *Y Traethodydd.* Ym 1858 enillodd eto am draethawd Cymraeg ar y testun'

'Cyflwr moesol a llenyddol Cenedl y Cymry yn y Deheubarth, ynghyd â sylwadau ar y cyfnewidiadau a gymerasant le yn y ganrif ddiweddaf.'

Gwelir, felly, ei fod yn gallu ysgrifennu Cymraeg, a hynny lawn cystal â goreuon y bedwaredd ganrif ar bymtheg.

Y mae'n amlwg fod yr Eisteddfodau wedi ennyn ei ddiddordeb yn gyson. Cafodd ei ysbrydoli ganddynt ar hyd yr amser.

I ddangos parch mawr trigolion Merthyr tuag ato gwnaed ef yn uwch gwnstabl ym 1858.

Ysgrifennai'n gyson i'r *Archaeologia Cambrensis* gan ei brofi ei hun yn feirniad didwyll a diduedd. Yn wahanol iawn i'r mwyafrif o'i gymheiriaid llenyddol a hanesyddol ni dderbyniai bob damcaniaeth yn ddihalen. Mewn gwirionedd eiconoclast ydoedd ef ac am y rheswm hwnnw yr oedd yn bur amhoblogaidd ymhlith yr ysgolheigion uniongred. Ei amcan ef oedd cyhoeddi'r gwirionedd, 'y gwir yn erbyn y byd' yng ngwir ystyr yr ymadrodd hwnnw. Aeth ati i ddangos fod gan Gymru ei rhagoriaethau amlwg, rhai y gellid eu profi am eu bod yn gywir ac yn ddilys. Pan na welai ef fod prawf i ryw ddamcaniaeth a gredid gan y mwyafrif cyhoeddai hynny'n ddi-ofn ac yn hollol onest. Yr enghraifft glasurol o hyn ydyw ei draethawd ar 'The

Discovery of America in the Twelfth Century by Prince Madoc ab Owen Gruffydd'. Profodd Thomas Stephens i foddhad y beirniaid, (un ohonynt oedd Silvan Evans), na bu'r fath ddigwyddiad erioed. Eithr credid y chwedl gan bawb fel ffaith hanesyddol, a phan ddaeth safbwynt 'negyddol' y traethawd buddugol i glyw Ab Ithel a'i gyfeillion rhagfarnllyd nid oedd byw na bod i'r beirniaid hyd onid ataliwyd y wobr, gan na fynnai'r beirniaid ei rhoi i neb arall o'r cystadleuwyr. Yr oedd Stephens ei hun yn bresennol yn Llangollen ac wedi iddo glywed y dyfarniad aeth i fyny i'r llwyfan. Ceisiodd ei orau glas gael cyfle i esbonio i'r gynulleidfa sut y daethai i'w gasgliadau. Er iddo siarad yn dawel, heb golli ei dymer, boddwyd ei lais gan y Seindorf ar orchymyn Ab Ithel. Ni allodd faddai i Ab Ithel am wrthod gwrando arno ac am adael iddo fynd o'r Eisteddfod heb esbonio'r sefyllfa i'r dorf. Nid anfonodd byth wedyn un cyfansoddiad i unrhyw Eisteddfod. Ab Ithel oedd ben arnynt wedi 1858.

Yn ystod y cyfnod yr anfonai ei gynhyrchion i'r Eisteddfodau, yn arbennig rhai'r Fenni, rhoes Thomas Stephens urddas arnynt. Gosododd safon i feirniadaeth lenyddol a hanesyddol y sefydliadau hynny. Trwy ei draethodau y gwnaeth ef hyn ond trwy ei areithiau yr addysgodd Carnhuanawc ei gynulleidfaoedd. Yr oedd angen y ddau. Ysywaeth yn Saesneg y mae gwaith mwyaf Stephens ond yn Gymraeg yr hoffai Carnhuanawc ysgrifennu a thraethu, er iddo orfod siarad yn Saesneg mor aml.

Wedi Eisteddfod Llangollen ymroes Thomas Stephens i lafurio mwy dros ei dref fabwysiedig. Mynnodd iddi Fwrdd Iechyd lleol, a Neuadd Ddirwest yn ogystal â Llyfrgell Gyhoeddus. Ef oedd ysgrifennydd y sefydliad olaf hwn am bron chwarter canrif a rhoes ddarlithoedd yn aml i'r gwŷr ieuainc a'i mynychai. Hefyd, pan ddigwyddodd tanchwa enbydus ym Mhwll Gethin (2), fis Chwefror 1862, apwyntiwyd ef yn ysgrifennydd y gronfa a godwyd i gynorthwyo'r gweddwon a'u teuluoedd ac ef a ofalai am yr arian hyd ei farw. Ym 1864 cymerodd ofal y *Merthyr Express*, papur wythnosol a gychwynnwyd y flwyddyn honno.

Yn etholiad fawr 1868 cefnogodd Henry Austin Bruce, (wedyn Arglwydd Aberdâr), yn erbyn Henry Richard. Siom oedd y canlyniad iddo a pharodd iddo golli tipyn o ddiddordeb mewn gwleidyddiaeth yn ôl tystiolaeth ei wraig. Mae'n ddiddorol cofnodi iddo gadw un llythyr a ofynnai iddo gefnogi Henry Richard.

Priododd ym 1866 ond cafodd strôc ysgafn yr un flwyddyn â'r etholiad. Er hynny parhaodd i weithio'n galed gyda'r un meddwl clir ond heb yr hen asbri. Nid oedd eto'n hanner cant oed. Pan ymddiswyddodd o ysgrifenyddiaeth y Llyfrgell mynegodd ei gyfeillion yr hoffent wneud tysteb sylweddol iddo fel arwydd o'u parch a'u diolchgarwch iddo am ei lafur diflino nid yn unig i'r Llyfrgell eithr hefyd i dref Merthyr yn gyffredinol. Yr oedd yn eu bwriad ofyn i eraill y tu allan i gylch Merthyr gyfrannu ati. Ond gwrthod a wnaeth Thomas Stephens. Yr unig beth a wnaethpwyd oedd cael penddelw ohono wedi ei wneud gan Joseph Edwards. Nid er mwyn anrhydedd na thâl y gweithiai ef. Yr oedd y pleser a gâi wedi ei fodloni'n llwyr.

Trawyd ef yn sâl eto ym 1870 a'r tro hwn nid adenillodd y meddwl chwim a'r cof da er ei fod yn parhau i astudio o hyd. Dioddefodd gystudd trwm yn ystod chwe mis olaf ei fywyd a bu farw Ionawr 4, 1875 yn ŵr ychydig dros ei hanner cant.

Yr oedd yn gyfuniad o'r dyn busnes, y llenor a'r gŵr cyhoeddus. Yr oedd yn gymwynaswr dyngarol ac yn ysgolhaig. Nid oedd dim yn ormod o drafferth iddo. Yr oedd ganddo dymer gytbwys a chymeriad unplyg a wnaeth iddo gyfeillion a gelynion hefyd. Erbyn heddiw diflannodd ei siop eithr erys ei enw ymhlith enwau dynion mawr Cymru. Yr oedd iddo'i feiau ond yr oedd yn berchen ar fwy o lawer o ragoriaethau.

Gŵr cymwys iawn oedd Archddiacon Aberteifi i feirniadu traethawd Thomas Stephens ym 1848. Yr oedd yn un o'r ysgolheigion clasurol mwyaf a fagodd Cymru erioed. Ef, hefyd, oedd prifathro cyntaf Ysgol Llanymddyfri a sefydlwyd Ddydd Gŵyl Ddewi, 1848. Buasai cyn hynny yn ysgolfeistr, yn brifathro cyntaf Academi Caeredin, a chyn hynny yn athro yng Ngholeg Llanbedr lle bu mab Syr Walter Scott yn ddisgybl iddo.

Gwnaeth *The Literature of the Kymry* fwy o gyffro ym myd ysgolheictod Cymraeg yn y ganrif ddiwethaf nag un llyfr arall. Daeth ei awdur yn adnabyddus yng Nghymru, yn Lloegr, yn Ffrainc a'r Almaen, a chyn belled ag Awstralia a'r Unol Daleithiau. Enillodd barch yr ysgolheigion yn y gwledydd hyn a chafodd ei gydnabod ganddynt fel yr awdurdod ar lên Cymru. Erbyn 1848 daethai i'w lawn dwf fel meddyliwr a chyhoeddodd y beirniaid nas gwelwyd ei debyg yng Nghymru erioed. Yn wir, pe na bai Stephens wedi cynhyrchu dim arall buasai'r gwaith hwn yn ei osod ar ei ben ei hun ymhlith ysgolheigion y ganrif. Er i Gymdeithas y Cymreigyddion gyflawni llawer o waith pwysig dyma'i chyfraniad pennaf — rhoi ei gyfle i Thomas Stephens i gyflawni ei waith mawr.

Nid oedd neb o'i flaen ef wedi ymdrin *yn feirniadol* â'r cyfnod yr ymdriniai ag ef yn ei draethawd. Bu cyfeiriadau yma a thraw mewn llyfrau a chylchgronau at rai agweddau ar hanes llenyddiaeth y cyfnod, a bu ymdriniaeth ar ambell adran mewn llyfrau megis eiddo Edward Davies (*Celtic Researches,* 1804 a *The Mythology and Rites of the British Druids,* 1809), ond dyma'r tro cyntaf i'r cyfnod gael ei drin yn ei grynswth gan wir feirniad. Gwelodd Cymreigyddion y Fenni fod angen am y fath waith, ac yr ydym yn ddyledus iddynt hwy am osod y testun. Aeth Stephens ati a chasglodd bopeth a oedd a fynno â'r cyfnod, dosbarthodd ei ddeunydd, darllenodd bopeth amdano y gallai ddod o hyd iddo. Wedi gwneud hynny ceisiodd symud ymlaen ac ychwanegu at yr hyn a ddarllenasai trwy ei dderbyn neu trwy ei wrthbrofi gan osod ffeithiau gerbron. Mae'n sicr ei fod yn berchen ar y llyfrau y cyfeiria atynt mor aml — rhai Cymraeg, Saesneg, Lladin a Ffrangeg.

Nid mynegi syniadau byrbwyll a difeddwl a wnâi Stephens. Tystiodd ef ei hun ar goedd o'r llwyfan, wedi iddo glywed y feirniadaeth a dyfarniad y beirniad, nad ar fyr dro y daethai i'r casgliadau a roes yn ei draethawd, eithr iddynt olygu astudio a myfyrio dyfal am flynyddoedd cyn iddo'u gosod yn derfynol ar bapur. Gwyntyllodd a dadansoddodd ei ddeunydd yn bwyllog a diragfarn hyd y gallai, yn drylwyr ac yn gwbl onest. Ei onestrwydd yw un o'i nodweddion amlycaf. Nid yw ei waith heb ei feiau a'i gamgymeriadau — arloesydd ydoedd — ac erbyn hyn, yng ngoleuni datblygiadau diweddar yr ysgolheigion, mae'r mwyafrif o'i gasgliadau a'i ddamcaniaethau wedi colli eu grym. Ond nid yn ôl ein gwybodaeth ni heddiw y dylem ei farnu eithr yn ôl gwybodaeth ei oes ef ei hun. O wneud hyn fe ganfyddwn fawredd Stephens fel beirniad hanesyddol, a chyfaddefwn fod ei safonau beirniadol ef yn anfesuradwy uwch nag eiddo ysgolheigion ei oes. Yn wir yr oedd yn uwch ei safonau beirniadol na neb yn y ganrif hyd oni ddown at Syr John Rhŷs a Syr John Morris-Jones, y ddeuwr hyn wedi ei haddysgu yn Rhydychen. Ond Stephens ydyw arloesydd a dehonglydd yr ysgolheictod gwyddonol yng Nghymru.

Gwelodd arbenigrwydd a mawredd rhai o'r Gogynfeirdd megis Gwalchmai, Owain Cyfeiliog, Cynddelw a Gruffydd ab yr Ynad Coch. Gwnaeth ymgais ganmoladwy i'w gosod yn eu cefndir priodol. Astudiodd lawer o'r cerddi a gyfansoddwyd gan y beirdd hyn, a dengys fwy o hoffter at rai na'i gilydd — 'Hirlas' Owain Cyfeiliog, 'Gorhoffedd' Gwalchmai a Marwnad Llywelyn gan Ruffudd ab yr Ynad Coch.

Ond nid oedd ganddo lawer o amynedd â'r gynghanedd. Fe'i geilw'n 'jingling nonsense' mewn un man. Ni hoffai'r mesurau caeth na chymeriadau geiriol a llythrennol ar ddechrau llinellau, na'r arfer, weithiau, o ddefnyddio'r un odl drwodd mewn cerdd. Credai mai llyffethair oedd hyn oll i'r beirdd. Mae hyn yn ein hatgoffa o gred Goronwy Owen. Ni ddywed mai graddol oedd twf y gynghanedd rhwng dechrau a diwedd y cyfnod ac felly ni ellir dweud ei fod yn deg yn ei ymdriniaeth ohoni. Na fyddwn yn rhy galed arno. Nid oedd bob amser wedi deall cystrawen a geirfa'r beirdd. *Hanesydd beirniadol* ydoedd yn bennaf dim ac nid dehonglydd o iaith y beirdd.

Fel dogfen hanesyddol y gwêl ef bwysigrwydd barddoniaeth y Gogynfeirdd hyn, ac o'r safbwynt hwnnw yr astudia hi, er bod ganddo, hwnt ac yma, ychydig o feirniadaeth arni fel llenyddiaeth. Oddi wrth dystiolaeth fewnol eu canu, ar waethaf ei anallu ar brydiau i'w deall yn iawn, tynnodd gasgliadau am safle'r beirdd mewn cymdeithas. Gwelodd eu bod yn canu ar gyfer y glust ac nid ar gyfer y llygad. Clywid eu gwaith yn y gwleddoedd cyhoeddus; felly, pan arferid yr ail berson unigol casglai Stephens mai cyfarch ei noddwr a wnâi'r bardd, ond pan ddefnyddiai'r trydydd person anerchai ei wrandawyr eraill. Llwyddodd Stephens i raddau pell iawn i ddeall y canrifoedd y canai'r Gogynfeirdd ynddynt, a chawn Syr J.E. Lloyd, mor ddiweddar â 1912, yn defnyddio'r *Literature of the Kymry* i'w gynorthwyo i lunio adrannau o'i *History of Wales*. Ceisiodd Stephens ddangos nad oedd gan y bardd yr hawl i dorri allan ar ei ben ei hun ac ar wahân i'r gymdeithas y trigai ynddi, eithr bod gorfodaeth arno i gydymffurfio â'i rheolau traddodiadol. Ond teimlai, ar yr un pryd, mai llyffethair oedd hyn arno, yn fwyaf arbennig ar y bardd mawr, am ei fod yn cyfyngu ar ei awen. Yr oedd llawer o'r beirdd yn athrawon tywysogion, ac yr oedd ganddynt gysylltiad agos â'r arglwyddi a'r penaethiaid, eu noddwyr. Canent i'r gwŷr hynny *yn eu dydd*, a dyna paham y mae eu cerddi yn ddogfennau hanesyddol pwysig. Chwilio am yr hanes hwnnw a wnâi Stephens wrth astudio'u gwerth.

Gwelodd, hefyd, fod tri math o fardd — y Prydydd, y Teuluwr a'r Clerwr, a'u bod yn y drefn honno'n gymdeithasol. Wrth ymdrin â'r Prifardd cafodd gyfle i ymdrin â Derwyddiaeth a'i dehonglwr Edward Davies a gyhoeddai fod llawer o waith Taliesin, Aneirin a Myrddin yn Dderwyddol. Dymchwelir ganddo holl ddamcaniathau'r gŵr hwnnw, yn wir gellir gweld ei fod wrth ei fodd yn gwneud hynny. Gwrthodir ganddo gyfundrefn Morgannwg am nad oedd ynddi ddim sail hanesyddol. Carnhuanawc oedd y cyntaf a amheuodd Edward Davies ond Stephens a'i gwrthbrofodd.

Nid oedd ar Thomas Stephens ofn neb pan oedd yn argyhoeddedig o'r gwir. Galwai ef y pethau amheus hyn y credai cymaint o Gymry ynddynt 'the old household furniture of venerable tradition'. Torrwr delwau ydoedd ac yr oedd ei resymu'n rhy wyddonol i'r hen gredinwyr.

Yn ei Ragair i'r *Literature of the Kymry* fe geir y rheswm paham y mae'r llyfr wedi ei ysgrifennu yn Saesneg.

> . . . this ought to be an Essay more particularly directed to English readers. This is the way in which the Kymry can best serve their country, as the preponderance of England is so great, that the only hope of obtaining attention to the just claims of the Principality, is by appealing to the convictions and sympathies of the reading part of the English population. It is full time for some of us to do this . . .

Ni wyddai'r Saeson am 'our true literary worth'. Saesneg oedd iaith ysgolheictod yng Nghymru o ddechrau'r ganrif ddiwethaf hyd at Syr John Morris-Jones (gydag eithriadau prin megis *Hanes Cymru* Carnhuanawc a gwaith Gweirydd ap Rhys). Mor ddiweddar â 1918 yn Saesneg yr ysgrifennodd Syr John Morris-Jones ei lyfr ar Daliesin. Credai Thomas Stephens fod ganddo genhadaeth i'w chyflawni dros Gymru a gwnaeth hynny'n nod yr unig waith o'i eiddo a gyhoeddwyd yn ystod ei fywyd.

Rhannodd ei astudiaeth o'r canrifoedd rhwng 1100 a 1400 yn bedair bennod — yr ail a'r drydedd yn faith iawn — a rhannodd bob pennod yn adrannau. Pwysodd yn drwm ar y *Myvyrian Archaeology* am ei destunau o waith y beirdd, ar gyfieithiadau pobl eraill ohonynt ac ar 'Hanes Cymru'

Carnhuanawc am ffeithiau hanesyddol. Nid yw hynny'n golygu iddo gytuno â hwy. Mae ganddo gyfeiriadau lu at weithiau eraill hefyd trwy'r gyfrol, yn wir mae bron cant o'r gweithiau hynny. Ni adawodd garreg heb ei throi. Chwiliodd yn fanwl am ei ddeunydd, aeth ar ôl pob gwybodaeth bosibl am y cyfnod, nithiodd bopeth yn ofalus, pwysodd a mesurodd ei gasgliadau, weithiau'n ansicr a damcaniaethol ond gan amlaf yn hyderus a phendant.

Yn ei bennod gyntaf dyry i ni ychydig am ganu'r Cynfeirdd oherwydd, meddai, ni ellir deall canu'r Gogynfeirdd heb wybod amdanynt hwythau. Mynnai mai Aneirin oedd y bardd gorau ohonynt ac mai un gerdd yn unig a gyfansoddodd, sef y 'Gododdin'. Esboniodd bwysigrwydd y beirdd yn gymdeithasol ac wrth eu dosbarthu ceisiodd ddweud beth oedd swydd pob dosbarth. Mae'n dyfynnu'n helaeth o'u gwaith y cerddi hynny sy'n taflu goleuni ar hanes y Cymry. Hona fod cnewyllyn dramâu yn Gymraeg yn y deuddegfed ganrif, dramâu tebyg i'r miraglau. Nid cyfieithiadau mohonynt ychwaith.

Un o adrannau pwysicaf y llyfr ydyw honno ar yr 'Afallennau' a'r 'Oianau' a dadogid yn y *Myvyrian Archaiology* ar Fyrddin. Y dyb ydoedd fod Myrddin yn un o'r Cynfeirdd a'i fod yn byw yn y chweched ganrif. Derbyniodd Stephens destun y *Myvyrian*, ond nid yw'r testun sydd ganddo ef yn ei lyfr yn cyfateb yn hollol. Fel golygyddion llawysgrifau yn y cyfnod newidiai ef y llawysgrif a ddefnyddiai pan deimlai nad oedd yn gywir a rhoddai ei fersiwn ef ei hun heb boeni mynd at y gwreiddiol. Aeth ati i brofi nad Myrddin oedd awdur y canu er mwyn gwrthbrofi damcaniaethau Derwyddol Edward Davies. Tadogodd yr 'Oianau' ar Lywarch ap Llywelyn, Prydydd y Moch, a'r 'Afallennau' ar Gynddelw neu Walchmai.

Argraffwyd y *Myvyrian Archaiology* ym 1801. Ddwy flynedd yn ddiweddarach cyhoeddodd Turner ei *'Vindication . . .'* gan ddangos na ellid derbyn popeth a dadogid ar y Cynfeirdd fel eu gwaith dilys. Er hynny parhâi llawer o'r Cymry i gredu yn nilysrwydd eu canu fel y'i ceid yn y *Myvyrian* ar sail llyfrau Edward Davies. Cymwynas fawr Stephens oedd mynd â damcaniaethau Turner ymhellach, a dangos y gallai tystiolaeth fewnol yr hen ganu, yn arbennig y cyfeiriadau at bersonau a digwyddiadau, brofi ei amseriad. Gwelodd ef olion diweddarach yn y canu a dangosodd mai cam ag ysgolheictod oedd credu mai gwaith y Cynfeirdd oedd popeth a dadogid arnynt yn y *Myvyrian*. Y 'Gododdin' yn unig a gyfansoddodd Aneirin. Aeth gam ymhellach na Turner ynglŷn â Thaliesin — yr unig ddarnau y gallai eu priodoli iddo ef ydoedd y rheini a ganwyd i Urien Rheged, Gwaith Argoed Llwyfain, Gwaith Gwenystrad a rhai darnau eraill. Mae mwy ganddo nag sydd gan Syr John Morris-Jones. Ond ni allod Stephens weld mai Myrddin oedd awdur yr 'Afallennau' a'r 'Oianau'.

Y mae damcaniaeth Stephens am yr Iaith Gymraeg yn beth i ryfeddu ato ac yntau'n ysgolhaig mor wyddonol pan yw'n ymdrin â hanes y canu. Er i

J.C.Prichard gyhoeddi ei *Eastern Origin of the Celtic Nations* ym 1831 mae Stephens yn dilyn damcaniaethau'r Dr. William Owen Pughe. Cawn hyn ganddo.

> The language of the Kymry is rich in native roots,

ac eto

> . . . the Kymraeg is an original language . . .

Ni chredai fod y Gymraeg yn ddyledus i unrhyw iaith arall:

> . . . it has been capable of meeting all the requirements hitherto made of it, without being in the slightest degree indebted for foreign aid . . .

Gwendid arall yn ei waith yw ei anallu i gyfieithu gweithiau'r beirdd yn gywir. Hyd y mae ynddo fe ddefnyddia gyfieithiadau pobl eraill gyda chyfnewidiadau os tybia hynny'n welliant. Ysywaeth gwna gamgymeriadau aml, ond ar yr un pryd ni ellir llai na'i edmygu am fentro yn enwedig pan wyddom nad yw'n teimlo'n hapus. Anfonodd lythyr at ei hen gyfaill Gwallter Mechain ym mis Tachwedd, 1848, yn dweud hyn:—

> I wish you were near to assist in getting out this book, as I find it difficult to give explanatory notes to the specimens which have been translated . . .

Ac ychydig iawn o nodiadau eglurhaol sydd ganddo hefyd.

Yn yr un llythyr â'r uchod ceir gan Stephens baragraff sy'n dangos pa adrannau o'r *Literature of the Kymry* a ystyrid y pwysicaf gan ei awdur:

> The novelties of the Essay are a dissertation on the Introduction of the Bagpipes by G ap Cynan, an attempt to show that "Hud a Lledrith a phob arddangos" at the Eisteddfod of Gruffydd ab Rhys in 1136 were an incipient *drama* like the masks and mysteries of other countries; a long dissertation of the Bard his social position, sycophancy, learning, distinctions, &c &c; an attempt to fix the mythological poems in the 13th and 14th century; a critical dissertation of the Hoianeu and Afallaneu (sic) of Merddin fixing them in the reign of Llywelyn ab Iorwerth; a disproof of the massacre of the bards; and an identification of Ysgolan of the Twr Gwynn with St Columb(a) — exploding the old story about the burning of the books. Our Writers have done the Literature of Wales a great deal of harm by their indiscriminate zeal and want of critical sagacity . . .

Ar ôl ei ymdriniaeth â Sieffre o Fynwy fe geir ganddo'r sylw hwn yn ei lyfr:

> Leaving Geoffrey, now that justice has been done to him, to rest in peace . . .

Ac ar y tudalen blaenorol:

> I make no apology for quoting the opinions of these eminent critics; for circulating only among the higher ranks, the literary circles, they can only be made accessible to the general reader by quotation . . .

Mewn lle arall fe ddywed:

> Readers! Be attentive to what I am about to write, and keep a watchful eye upon the sentences as they rise before you; for the daring spirit of modern criticism, is about to lay violent hands upon the old household furniture of venerable tradition.

Yn y dyfyniadau hyn mae'n amlwg bod eu hawdur yn hollol sicr ohono'i hun ac yn gwbl ymwybodol mai ef yw'r cyntaf i ysgrifennu'n feirniadol am y cyfnod dan sylw. Gall fod yn ffroenuchel.

Ar y llaw arall ni ddefnyddia waith neb heb fynegi ei ddyled ac enwi ei ffynhonnell yn ofalus. Os nad yw'n cytuno mae'r un mor onest.

Ambell waith yn unig y ceir rhyw dipyn bach o hiwmor. Pan geir ymdriniaeth ar Orhoffedd Hywel fe ddywed:

> And if we may judge of Wales from this poem, it was rather a comfortable sort of place to live in.

Yn ei nodyn ar *Saeson Fflint* Lewis Glyn Cothi fe ddywed

> it is scarcely necessary to state that I do not participate in the slander cast upon the English.

Geilw waith Edward Davies yn 'ingenious and learned work'. 'This seductive theory' yw'r hyn a ddywed am y chwedl i Fadog ddarganfod America.

Mae'n canmol ei genedl ei hun pan wêl fod hynny'n iawn.

> The Kymry were better prepared . . . and richer than that of any contemporaneous nation . . . . besides Chronicles, Romances, Poems of various characters, and Mabinogion, they had a large collection of moral and historical triads, and were in the habit of holding periodical Eisteddvods . . .

Ar waethaf ei feiau y mae'r *Literature of the Kymry* yn waith gwir fawr am i Stephens ddefnyddio'i allu a'i athrylith i feirniadu ynddo. Yn wir y mae'n 'triumph of genius' fel y dywedodd ei feirniad. Torrodd Thomas Stephens dir newydd yn hanes ysgolheictod Cymru, a'r Eisteddfod ym 1848, yr olaf ond un o Eisteddfodau Cymdeithas Cymreigyddion y Fenni, a roddodd iddo'i gyfle. Fe dderbyniodd ef yr her. Ni welodd yn glir bob amser, eithr, yng ngoleuni'r defnyddiau a oedd wrth law ac yn gyfleus iddo, fe arloesodd y ffordd i'w ddilynwyr. O angenrheidrwydd nid yw'r llyfr yn safonol erbyn hyn, ond i'r neb a fyn ddeall twf ysgolheictod yn ystod y cyfnod rhwng William Owen Pughe a Syr John Rhŷs y mae'n ddolen fawr a phwysig yn y gadwyn. Nid yw ysgolheigion y ganrif hon wedi ei anghofio ychwaith. Dyma a geir gan rai ohonynt:

J. Gwenogfryn Evans, yn ei argraffiad o *Lyfr Du Caerfyrddin* (1907):

> Stephens in his *Literature of the Kymry* was the first to introduce sanity into Welsh criticism and his book, if somewhat out of date, is still worth reading.

Syr John Morris Pughe, yn *Taliesin* (1918):

> Thomas Stephens . . . by far the greatest critic in the nineteenth century . . .

Syr J. E. Lloyd, yn ei 'Syr John Rhŷs Memorial Lecture' (1928):

> that excellent critic Thomas Stephens

Y Dr. Thomas Parry, yn ei *Hanes Llenyddiaeth Gymraeg hyd 1900* (1944):

> Yr oedd Stephens, ym mhopeth a ysgrifennodd, ymhell ar y blaen i neb a fu'n trafod hanes llenyddiaeth yn y ganrif.

Cynhyrchodd Thomas Stephens saith o draethodau ar gyfer Eisteddfodau'r Fenni. Dyma restr ohonynt:

1840: Hanes Lleoedd yn Swydd Geredigiawn i ba rai y perthyn neb rhyw Hengofion chwedleuol neu Hanesyddol neu enwau pa rai a arwyddocant eu bod yn sefyllfaoedd neb rhyw Ddygwyddiadau nodedig.

1845: Arwydd Farddoniaeth Cymru.

1848: Hanes Castell Caerffili.

1853: Dechrau a Chynnydd Prawf trwy Reithwyr yn Nhywysogaeth Cymru.
Cyfieithiad o'r 'Gododin', gyda nodiadau eglurhaol.
Dyfyniad o Weddillion y Prydyddion Cymreig, o'r amser boreuol i lawr i'r Presenol, gyda chyfeiriad neillduol i eglurhau Hanesyddiaeth Gymreig, ac i gynwys cymaint o Fywgraffiadau Barddonawl ag fyddo ddichonadwy.
Enwau Priodol Lleoedd yn Neheubarth Cymru: yr enwau i'w dosparthu yn ol eu harwyddocâd . . .

Enillodd Stephens y wobr am bob un oddieithr am ei gyfieithiad o'r 'Gododin' ym 1853. Carl Meyer oedd y beirniad. Ef hefyd a osododd y testun ac a gyfrannodd ddeg gini o'r wobr o ddeuddeg gini. Y fath wobr fechan am waith mor fawr. Gellir gofyn llawer cwestiwn am y beirniad. Pa gymhwyster oedd ganddo i feirniadu? I ba raddau yr oedd wedi ymberffeithio yn y Gymraeg oddi ar pan ddysgai hi gyda Ioan Tegid a Charnhuanawc? Fe wyddys mai ei obaith pennaf ydoedd y deuai'n ddigon hyddysg ynddi i fedru astudio'r 'Gododin' er anhawsed iaith y testun. Gellid meddwl fod ganddo ddigon o uchelgais ac o hunanhyder. Gresyn nad oedd ysgolhaig o Gymro yn gyd-feirniad. Ymddangosodd ei feirniadaeth yn llawn yn y *Caernarvon and Denbigh Herald.* Yr oedd ei amcan yn gosod y testun, meddai, yn driphlyg — i dynnu sylw ysgolheigion Cymru yn gyntaf at gyflwr llygredig y llawysgrifau Cymraeg, yn ail at y gwahaniaethau sylfaenol rhwng Cymraeg y Cynfeirdd a Chymraeg Diweddar ac yn drydydd at natur chwedlonol nifer helaeth o'r digwyddiadau a'r personau a geid mewn hen gofnodion Cymraeg. Yr oedd hefyd am roddi i ieitheg Gymraeg sylfaen newydd a chadarnach nag a roddwyd iddi gan rai o Gymry gwlatgar dechrau'r ganrif. Tyngai nad dogfen hanesyddol oedd y 'Gododin' eithr barddoniaeth alegorïaidd. Gwrthbrofodd Stephens hyn a chollodd y wobr. Damcaniaethau Edward Davies am Dderwyddiaeth oedd sail credo Meyer. Yr oedd y ddau, Meyer a Stephens, yn gwybod am lawysgrif y *Gododdin* a fuasai ym meddiant Carnhuanawc ond erbyn 1853 yr oedd ef wedi marw ac ni chafodd Stephens ei gweld. Nid oes gwerth, felly, i waith Stephens. Golygodd Thomas Powel ei waith ym 1888 dros Gymdeithas y Cymmrodorion, gydag ychwanegiadau o'i eiddo'i hun. Yr oedd Stephens wedi pwysleisio mai'r adran hanesyddol ohono oedd bwysicaf ac addefodd Powel ei fod genhedlaeth o flaen ei oes yn yr adran honno ac yn y rhagymadrodd. Ni honnai Stephens fod ei gyfieithiad yn agos at fod yn gywir. Diddorol sylwi iddo wneud defnydd o 'Gododin' Ab Ithel a

Thos Stephens not knowing the name of the Secretary of the Cymreigyddion Society, has by his ignorance of that fact been led to address Lady Hall — well knowing that whoever else may not be connected with that Society — she still continues to be its warm supporter.

He is reminded by the arrival of the 1st of August of a duty he has to perform, and a responsibility he has incurred. At the last Eisteddfod he forgot to inquire whether the giver of the Heraldic Essay Prize had been applied to for the 5th; but as he is now to some extent responsible for the transference of that sum

298   Llythyr ffurfiol iawn oddi wrth Thomas Stephens at Wenynen Gwent: dim dyddiad.

gyhoeddwyd ym 1852. Danfonwyd hwnnw, heb yn wybod, meddir, i Ab Ithel, i'r gystadleuaeth a cholli a wnaeth yntau.

Ond enillodd Stephens brif wobr 1853 am draethawd maith o 323 tudalen o ffwlscap ar y testun anodd 'Praw trwy Reithwyr'. Nid yn llawysgrifen Stephens y mae yn y Llyfrgell Genedlaethol. Yn Saesneg yr ysgrifennodd er ei bod yn bosibl ysgrifennu yn Gymraeg neu yn Ffrangeg. Bunsen oedd y beirniad. Ef hefyd a osododd y testun gan fawr hyderu y cystadlai rhywrai o blith y Cymry. Derbyniodd bedwar traethawd. Un yn unig, gyda'r ffugenw 'Savigny', oedd wedi ymdrin â'r testun yn gyflawn, a Thomas Stephens oedd hwnnw. Aethai yn ôl at y traddodiadau Cymraeg cynharaf yn gydwybodol, meddai'r beirniad, a daeth i gasgliadau amhleidiol. Trwy osod yn glir hawliau'r Cymry yn eu lle yn hanes 'Praw trwy Reithwyr' llwyddodd i lenwi bwlch yn hanes y sefydliad. Addefodd Stephens yn ei ragymadrodd nad oedd neb wedi ymdrin â'r testun i'r graddau yr oedd ef. Yr oedd yn ymwybodol ei fod yn torri tir newydd. Er mwyn ei gymhwyso'i hun darllenodd yn eang fel y tystia'i gyfeiriadau at ei ffynonellau. Yna mynegodd ei gasgliadau yn glir ac ymhelaethodd ar ei ddamcaniaethau. Nid oedd ball ar ei drylwyredd amyneddgar. Cadwodd un llyfr wrth ei benelin, *The History of Trial by Jury* W. Forsyth a gyhoeddwyd flwyddyn ynghynt (1852). Defnyddiodd *Ancient Laws and Institutes of Wales* . . . 1841, Aneurin Owen, a gyhoeddwyd ar gyfer y Comisiynwyr ar Ddogfennau Cyhoeddus. Ond aeth ef ymhellach na hwy gan iddo chwilio'r hen destunau Cymraeg. Anogodd Bunsen gyhoeddi'r traethawd yn ddioed ond ni wnaethpwyd hynny. Credai Stephens ei hun iddo gyflawni gwaith gorchestol am iddo brofi mai trwy gyfrwng cyfreithiau'r Cymry y mabwysiadodd y Saeson 'Brawf trwy Reithwyr'. Fel yn ei weithiau eraill mae wannaf yn ei gyfieithiadau a'i ymgais i esbonio geiriau. Cyfaddefodd nad oedd yn fodlon ar y rhan honno o'i waith.

Nid yw'r 'Dyfyniad o Weddillion y Prydyddion Cymreig,' (1853), ar gael ymhlith ei lawysgrifau ond y mae un anorffenedig ar y pwnc yn y Llyfrgell Genedlaethol. Gellir bod yn sicr fod y testun hwn wrth ei fodd.

Y mae un traethawd arall yr enillodd arno ym 1853 sef 'Enwau Priod Lleoedd yn Neheubarth Cymru . . .'. Yn Saesneg y mae'r llawysgrif. Yr Arglwyddes Charlotte Guest a osododd y testun a'i hamcan oedd crynhoi at ei gilydd y chwedlau a'r hanesion am leoedd yn Ne Cymru. Disgwyliai ymdriniaeth ar y lleoedd hynny a oedd â chysylltiadau â chwedlau'r 'Mabinogion'. Ni chredai Stephens y chwedl am Gantre'r Gwaelod a gwnaeth ymgais i'w gwrthbrofi. Ni sonia am fersiwn y *Llyfr Du*. Dengys y gwaith hwn eto mai ysgolhaig trylwyr ydoedd. Gwerth y gwaith ydyw iddo gasglu ynghyd yr holl wybodaeth ar y testun y gallai ddod o hyd iddo. Nis cyhoeddwyd.

Cystadlodd yn Eisteddfodau'r Cymreigyddion mor bell yn ôl â 1840 pan nad oedd ond prin ugain oed. Y testun oedd hanes lleoedd yng Ngheredigion yr oedd iddynt hanesion a hen chwedlau a digwyddiadau nodedig. Yn Gymraeg yr ysgrifennodd a dengys y llawysgrif y gallai ysgrifennu Cymraeg graenus. Er iddo wneud ymdrech i ddangos ei fod yn adnabod y sir barn Carnhuanawc ydoedd na bu yno erioed.

'Arwydd Farddoniaeth Cymru' oedd testun traethawd 1845. Cafodd dipyn o anhawster i wahaniaethu rhwng y defnydd ffigurol a'r defnydd herodaidd o eiriau megis 'draig', 'llew', 'blaidd' a'u tebyg. Beiai'r gynghanedd am y dirywiad mewn barddoniaeth yn y cyfnod rhwng 1137 a 1283. Dangosodd ddiddordeb arbennig yn Iolo Goch a Gruffydd Llwyd a dyma a ddywedodd i orffen yr adran ymdanynt hwy:

> . . . hawdd gallwn ninnau wrth ddarllen barddoniaeth mor odidog chwerthin am ben cecraeth Sais, ac ymfalchio fel cenedl fod gennym drysorau mor werthfawr.

Talodd lawer o sylw i waith tri bardd — Lewis Glyn Cothi, Gutyn Owain a Thudur Aled. Traethawd byr a ysgrifennodd. Cafodd gymorth o lawer o lyfrau ar gyfer ei sylwadau hanesyddol ond ef ei hun oedd gyfrifol am y feirniadaeth ar weithiau'r beirdd. Ni roddodd Carnhuanawc un gair o feirniadaeth ar y llawysgrif, dim ond cywiro sillafu a chystrawen hwnt ac yma. Gellir synhwyro gwefr Thomas Stephens pan ddaw ar draws llinellau yng ngweithiau'r beirdd yr ymdrinia â hwynt sydd yn apelio ato.

> . . . pan gaffom gan hynny ddarn o waith campus dylem ei brisio yn fawr, a'i goleddu fel trysor gwerthfawr . . .

Gresyn nad argraffwyd traethawd yn cynnwys y fath Gymraeg rhywiog. Mae enghreifftiau eraill tebyg yn y traethawd hwn.

Ym 1848 enillodd wobr yr Arglwydd Bute am draethawd ar 'Hanes Castell Caerffili'. Credai i bawb a geisiodd egluro'r enw fethu am iddynt ddod i gasgliadau 'crude and hasty'. Amdano'i hun dywedodd:

> The Essayist believes he will be able to supply the deficiency . . .
> . . . It does not seem to have occurred to them that the origin of a Welsh name is to be looked for in the Welsh language and among the remains of Welsh poetry . . .

A chasglodd mai enw person ydoedd 'Ffili' sef 'Fili ab Cennydd' eithr nad ef oedd y cyntaf i awgrymu hynny. Ef oedd y cyntaf i *brofi* hynny.

Collodd ym 1842 am draethawd ar y testun yr enillodd Meyer arno. Gellir gweld dwy lawysgrif, un yr Gymraeg a'r llall yn Saesneg yn y Llyfrgell Genedlaethol. Dangosant na fedrai drafod gwyddor iaith. Fel y dangoswyd nid oedd fymryn ymhellach ymlaen ym 1848. Yr oedd wedi astudio gwaith James Cowles Prichard ond damcaniaethau Pughe a fabwysiadodd. Dyna'i wendid.

Pennod 6

Carnhuanawc: y Parch. Thomas Price, Cwm-du

Ganwyd Thomas Price ym Mhencaerelin, plwyf Llanfihangel Bryn Pabuan, ger Llanfair-ym-muallt ar Hydref yr ail, 1787, yn ail fab i Rice Price, ficer Llanwrthwl o 1789 i 1810. Tystiodd ef ei hun iddo gael ei godi ar aelwyd Gymraeg ddiwylliedig lle clywodd adrodd chwedlau Cymraeg, darllen barddoniaeth Dafydd ap Gwilym a chanu gyda'r delyn fin nos wrth y tân. Dechreuodd ei ddiddordeb mewn hynafiaethau pan oedd yn ifanc canys yr oedd llawer o hen olion yn yr ardal.

Bu'r ddau frawd mewn amryw ysgolion cyn mynd i Goleg Crist yn Aberhonddu. Yn ystod ei gyfnod yn yr ysgol honno bu Thomas yn ddigon ffodus i wneud cyfaill o Theophilus Jones, hanesydd clodwiw Sir Frycheiniog. Oherwydd ei allu i dynnu lluniau ar fetel cafodd y bachgen y gorchwyl o wneud lluniau ar gyfer ail gyfrol yr *History of Breconshire*. Daeth hefyd i adnabod y telynor Dafydd Jenkins o Lanfaes, Aberhonddu, yr hwn a'i dysgodd i ganu'r delyn. Byth er hynny ni pheidiodd ag ymddiddori yn y delyn. Am i'w dad farw yn 1810 ni fedrodd Thomas fynd i'r coleg er i'w frawd fynd i Goleg Wadham, Rhydychen. Yn nhŷ Theophilus Jones fe gyfarfu â milwyr o Ffrancwyr a oedd yn garcharorion rhyfel yng ngwersyll milwrol Aberhonddu a dysgodd siarad Ffrangeg. Yn ystod yr un cyfnod fe gyfarfu â'r wraig hynod honno, Lady Hester Stanhope, nith William Pitt.

Ar Fawrth 10, 1811, ordeiniwyd Thomas Price yn ddiacon gan yr Esgob Burgess, a chafodd guradiaeth Llanllŷr a Llanfihangel Helygen, Sir Faesyfed. Ym 1812, ar Fedi 12, urddwyd ef gan yr un gŵr yn Eglwys Pedr Sant, Caerfyrddin, yn offeiriad. Ar yr ail o Ebrill, 1813, symudodd i Grucywel a chael curadiaeth Llangenau, Llanbedr Ystrad Yw a Patrisio. Ym 1816 ychwanegwyd atynt blwyfi Llangatwg a Llanelli. Cafodd ficeriaeth Llanfihangel Cwm-du ym 1823 ac ychwanegwyd Tretŵr ati ym 1839. Er hynny parhaodd i fyw yng Nghrucywel nes iddo godi tŷ iddo'i hun yng Nghwm-du ym 1841 a mynd yno i fyw. Ym 1832 gwnaethpwyd ef yn Ddeon Gwlad dros draean o ddeau Sir Frycheiniog. Yn yr ardal hon y treuliodd ei oes fel offeiriad. Temtiwyd ef tuag 1820 i fynd i India'r Gorllewin. Oni bai iddo, ar y funud olaf, benderfynu aros yng Nghymru buasai Cymru'n dlotach mewn llawer cylch yn hanner cyntaf y ganrif ddiwethaf, ac yn sicr, hyd yn oed pe buasai Cymdeithas Cymreigyddion y Fenni wedi cael ei sefydlu, ni buasai iddi'r hanes rhamantus a phwysig a fu iddi yn nhwf ysgolheictod yn ystod hanner cyntaf y ganrif, ychwaith.

Dechreuodd Thomas Price ysgrifennu o ddifrif i'r wasg yn y flwyddyn 1824, pan ddanfonodd i *Seren Gomer* nifer o lythyrau ar yr Iaith Gymraeg ac ar Lydaw dan y ffugenw Carnhuanawc. Byth er hynny adwaenid ef trwy

Penddelw Carnhuanawc, nawr yng Ngholeg Llanymddyfri.

Gymru benbaladr wrth yr enw hwnnw. Dechreuodd siarad yn gyhoeddus hefyd ar ei hoff bynciau — y Gymraeg a'i llenyddiaeth, Cymru a'i hanes a phynciau cyfamserol yn ymwneud â'r Gymraeg.

Ymddiddorai'n fawr yn Eisteddfodau'r Cymdeithasau Taleithiol. Bu yn Eisteddfod Aberhonddu (1822), yn Eisteddfod Caerfyrddin (1823) ac yn Eisteddfod y Trallwm (1824). Yn yr olaf enillodd wobr mewn Eisteddfod am y tro cyntaf, ar berthynas y Cymry a'r Llydawiaid. Bu hefyd yn Eisteddfod Caerfyrddin (1824), yn Eisteddfod Aberhonddu (1826), yn Eisteddfod Dinbych (1828) ac yn Eisteddfod Biwmares (1832).

Yr oedd ganddo ddiddordeb byw ac ymarferol yn Llydaw. Ef, yn anad neb arall, a enynnodd yr ymdeimlad yn y ddwy wlad fod perthynas agos rhyngddynt. Dechreuodd y diddordeb hwn mor bell yn ôl â 1819 pan ddanfonodd lythyr ym mis Ebrill at y Gymdeithas Feiblau Frytanaidd a Thramor yn gofyn am gyfieithu'r Beibl i'r Llydaweg. Ni wnaethpwyd dim. Ond ym 1822, yn Eisteddfod Aberhonddu, ar ôl araith frwd ganddo gwnaethpwyd casgliad ac ymunodd Cymmrodorion Llundain a chymdeithasau Cymraeg eraill i gyfrannu er mwyn mynd ati i gyfieithu'r Beibl i'r Llydawiaid. Mor benderfynol oedd Carnhuanawc fel yr aeth ati'n ddioed i ddysgu Llydaweg a chynigiodd ef ei hun fel cyfieithydd pe na bai Llydawr yn barod i ymgymryd â'r gwaith. Fodd bynnag, fe gafwyd cyfieithydd, sef Le Gonidec, gramadegydd enwog ei wlad, a chadwodd mewn cysylltiad parhaus â Charnhuanawc. Ym 1829, wedi iddo gael ar ddeall na allai Le Gonidec gael copi o Eiriadur Lladin-Cymraeg y Dr. John Davies, aeth bob cam i'w gartref yn Angoulême â chopi iddo. Yr oedd mor awyddus i gael y cyfieithiad gorau posibl. Tra bu yno manteisiodd ar y cyfle i ymweld â llyfrgelloedd y wlad i holi am lawysgrifau Llydaweg, ond yn ofer. Ymddangosodd erthyglau ganddo ar ei daith yn y *Cambrian Quarterly Magazine*, a daeth y rhai hyn ag ef i sylw pellach. Ysywaeth, siomiant fu'r holl lafur canys gwrthwynebwyd y cyfieithiad gan yr offeiriaid Pabyddol yn Llydaw. Ugain punt yn unig a dalwyd i Le Gonidec, a dim i Garnhuanawc er iddo adolygu'r gwaith.

Ym 1834 sefydlodd amryw bersonau a berthynai i enwad y Bedyddwyr yng Ngwent a Morgannwg genhadaeth yn Llydaw. Danfonwyd ganddynt fel eu cenhadwr cyntaf John Jenkins, mab y Dr. John Jenkins, Hengoed, a brawd Llewelyn Jenkins, argraffydd a chyhoeddwr ac awdur. Canolfan John Jenkins oedd Morlaix, Finistère. Bu gyda Charnhuanawc yn cael cyfarwyddiadau cyn mynd yno. Cynorthwyodd Carnhuanawc ef, hefyd, i gynhyrchu argraffiad o'r Testament Newydd yn y Llydaweg, ac argraffwyd hwnnw ym 1849, ar ôl marwolaeth Carnhuanawc. Cafodd well derbyniad na'i ragflaenydd.

Mewn llythyr at John Jenkins, Ifor Ceri, dri mis cyn marw'r gŵr hwnnw yn Nhachwedd 1829, sonia Carnhuanawc yr hoffai sefydlu cymdeithas lenyddol i lenorion a hynafiaethwyr Llydaw a Chymru fel y gallent gyfarfod â'i gilydd a chyfnewid syniadau. Awgrymai, hefyd, gynnal Eisteddfod — 'not a fiddling one' — neu gyfarfod llenyddol ym 1830, yn Llydaw, pe bai modd cael nifer o Gymry i fynd yno.

Wrth gofio am ddiddordeb Carnhuanawc yn y dyddiau hynny yn Llydaw y mae perthynas y Cymreigyddion â Llydaw yn fwy ystyrlon, canys trwyddynt hwy y sylweddolwyd, i raddau, beth bynnag, freuddwydion a dyheadau Thomas Price.

Gŵr gonest, unplyg ydoedd ef, un a wnâi bob ymdrech i ddod o hyd i'r gwirionedd fel y deallai ef hynny. Yr oedd yn ŵr didwyll ac ni phetrusai ddatguddio camgymeriadau ganddo ef ei hun yn ogystal â chamgymeriadau pobl eraill. Yn hyn o beth yr oedd yn hynod debyg i ŵr arall a oedd yn iau nag ef, sef Thomas Stephens, y fferyllydd o Ferthyr. Ond yr oedd Stephens yn well ysgolhaig na Charnhuanawc am ei fod yn feirniad gwyddonol. Yr oedd y ddau yn ddyledus y naill i'r llall fel y ceir gweld, er na chytunent bob amser â'i gilydd. Fodd bynnag fe ystyrid y ddau yn awdurdodau yn eu dydd ar lên a hanes Cymru. Yr oedd Carnhuanawc yn well Cymro na Stephens. Pwysleisiai Stephens ddysgu Saesneg yn yr ysgolion eithr i Garnhuanawc pwysicach o lawer oedd dysgu iddynt iaith eu gwlad eu hunain. Pryderai ynghylch cyflwr plant y glowyr yn ardal ei offeiriadaeth a gwnaeth rywbeth a ddengys nid yn unig ei fod yn ŵr hael eithr ei fod ymhell o flaen ei oes. Agorodd ysgol i'r plant hyn yn y Gelli Felen, tua'r flwyddyn 1820, ar ei gost ei hun, a chadwyd ysgol ddyddiol yn ogystal ag Ysgol Sul yno am flynyddoedd dan ei arolygiaeth ef. Yr Iaith Gymraeg a ddefnyddid fwyaf ynddi.

Wedi cynorthwyo i sefydlu Cymdeithas Cymreigyddion Aberhonddu ym Medi, 1823, aeth Carnhuanawc ati i sefydlu'r *Welsh Minstrelsy Society* yn y dref honno. Casglodd ddigon o arian i gadw athro i ddysgu canu'r delyn deir-res i ddisgyblion dall ac i brynu telynau ar eu cyfer. Ysywaeth, oherwydd cwerylon politicaidd, meddir, bu raid cau'r ysgol a symudodd yr athro, John Jones, i fyw i Fryste. Ceir ei enw'n aml yn hanes Cymreigyddion y Fenni. Medrai Carnhuanawc gynllunio telyn ei hun fel y tystia llawer o luniau ganddo mewn llawysgrif yn y Llyfrgell Genedlaethol a mannau eraill. Mae ei enw ef ac enw Gwenynen Gwent yn bwysig iawn yn yr adferiad a fu ar y delyn deir-res yn yr Eisteddfodau yn ystod y ganrif ddiwethaf. Aeth ef i Lundain, ar y 27ain o Orffennaf, 1843, i gyflwyno telyn wedi ei chynllunio ganddo ef ac wedi ei gwneud gan Bassett Jones, Caerdydd, i'r Frenhines Victoria. Aeth dau delynor gydag ef i'w chanu o flaen y Frenhines — sef John Jones, Llanofer a Thomas Griffiths, Tredegar, dau arall o'r telynorion y gwelir eu henwau'n aml ynglŷn ag Eisteddfodau'r Cymreigyddion.

Ym 1829 cyhoeddodd Carnhuanawc draethawd Saesneg — *The Physiognomy and Physiology of the present Inhabitants of Britain.* Ateb ydoedd i haeriadau Pinkerton nad yw'r holl hil ddynol yn tarddu o'r un ffynhonnell, daliadau cwbl groes i Gristnogaeth sy'n cyhoeddi mai Duw yw crëwr pob dyn. Ystyrid ei fod wedi rhoi taw ar heresi Pinkerton unwaith ac am byth.

Gwaith mawr Carnhuanawc oedd ei 'Hanes Cymru' a gyhoeddwyd yn bedair rhan ar ddeg rhwng 1836 a 1842. Y teitl yn llawn ydyw:— 'Hanes Cymru a Chenedl y Cymry o'r Cynoesoedd hyd at Farwolaeth Llewelyn ap Gruffydd.' Er iddo geisio cael gan eraill ymgymryd â'r gwaith gorfu iddo fynd ati ei hunan. Bu rhai pobl yn bur ddiamynedd wrtho yn y wasg am nad oedd y rhannau bob amser yn ymddangos mewn pryd. Nid oedd ganddynt y syniad lleiaf faint a olygai'r gwaith. Arloeswr ydoedd Carnhuanawc. Nid aeth ati yn null gwyddonol Thomas Stephens, mae'n wir, ond yn Gymraeg yr ysgrifennodd, Cymraeg gydag orgraff anystwyth a mympwyol a chyda phriod-ddulliau Seisnig yn ei britho. Serch hynny, nid ymddangosodd ei well am lawer blwyddyn. Gwerthwyd y rhannau ar hyd a lled y wlad gan lyfr-werthwyr teithiol, a gwerthodd yn dda. Dywedir i'w awdur deithio i Lundain a hyd yn oed i Baris unwaith i'w fodloni ei hun am ffeithiau. Gohiriai hyn ymddangosiad y rhifyn hwnnw. Wedi i'r rhifyn olaf ymddangos cyhoeddwyd y cyfan yn un gyfrol drwchus o 798 tudalen ym 1842. Yr oedd gwir angen y llyfr ar Gymru. Ni fedrodd Carnhuanawc nithio a gwrthod ac mae'r gyfrol yn feichus iawn i'w darllen. Eithr ymgymerodd ei hawdur â gwaith dychrynllyd o anodd heb gymorth oddi wrth neb. Yn wir, o bawb yn ei oes ef oedd yr hanesydd mwyaf didwyll a fedrai ysgrifennu yn Gymraeg. Y trueni yw iddo orlwytho'i waith â gormod o ffeithiau manwl. Gofidiai awdur yr *Horae Britannicae* nad ysgrifennodd yn Saesneg. I'r Cymry Cymraeg, y werin Gymraeg a garai gymaint, y bwriadwyd y gwaith gan Garnhuanawc, nid i'r Saeson nac i'r rheini na fedrent Gymraeg.

Rhaid cofio nad y llyfr hwn oedd yr unig waith a oedd ganddo ar y pryd. Yn ogystal â gwaith ei blwyfi yr oedd yn flaenllaw iawn yng ngweithgareddau Cymdeithas y Fenni. Gofynnid hefyd am ei wasanaeth gan gymdeithasau eraill. A dweud y gwir nid oedd un gymdeithas Gymraeg yn Neheudir Cymru yn y cyfnod hwn nad oedd a wnelai ef rywbeth â hi. Âi i'w cyfarfodydd i annerch ac ambell waith i dderbyn gwobr. Ond â Chymdeithas y Fenni yr oedd a fynnai ef fwyaf. Trwyddi hi gallodd dynnu sylw'r uchelwyr at ymdrechion teg y werin Gymraeg i'w diwyllio'i hun trwy gadw ei hiaith a chefnogi ei sefydliadau — megis y Cymdeithasau Cymraeg a'u Heisteddfodau a'r wasg Gymraeg. Byth oddi ar iddo draddodi araith ym 1822 yn Eisteddfod Aberhonddu buasai'n ymwybodol bod ganddo neges arbennig i bob dosbarth yng Nghymru ond yn fwyaf arbennig i'r Cymry Cymraeg. Bob tro y codai ar ei draed i siarad câi groeso twymgalon a gwrandawiad astud. Traethai ar ryw bwnc hanesyddol neu lenyddol, am weithgarwch y wasg Gymraeg, am gadw'r iaith Gymraeg yn fyw a'i throsglwyddo i'r genhedlaeth nesaf yn etifeddiaeth dda.

Bu Eisteddfod arall yn Aberhonddu, ym 1826, ac yno, eto, yr oedd ganddo lawer iawn i'w ddweud. Mynegodd ei farn mai'r Eisteddfodau oedd wedi

requires my being here – Had
I forseen that this Society
would have taken up so
much of my time & attention
I certainly should have
hesitated before joining it.

I saw the Secretary today and
endeavoured to persuade him
to try to get the Music Room
up in the Town Hall, only 5
steps from the Inn – or if the
Company is to be divided into
two parties in two separate
rooms it will take away
greatly from the interest of
the meeting – not to say

that the best room is the Mr
Geghornol is but a wretched
hole for a public dinner.
I do not see how it is possible
to introduce singers there, &
as to harps, I am satisfied
they could not be brought into
the room. but the Town
Hall would afford every
facility for both Harpers
& Minstrels. ——

I am as one more espect in
regret that next week I can hardly
have time to attend the dinner,
even that, I think, be obliged to
relinquish if it against my absence
from home more than once and

Yours faithfully
[signature]

cadw'r Cymry'n rhydd o'r cynyrfiadau a fu mewn gwledydd eraill ar ôl rhyfeloedd Napoleon. Cyhoeddodd fod gwahaniaeth mawr rhwng safon diwylliant gwerin Cymru a gwerin Lloegr — mai peth digon cyffredin oedd gweld cylchgrawn Cymraeg yn llaw'r Cymro cyffredin eithr mai prin y gwelid cylchgrawn Saesneg yn llaw'r Sais cyffredin. Cafodd gyfle i gyhoeddi enwau'r papurau Cymraeg a ddeuai o'r wasg Gymraeg gan ddweud wrth ei gynulleidfa ble y cyhoeddid hwynt. Ni wyddai am unrhyw wlad arall lle noddid yr argraffwasg i'r fath raddau gan y dosbarth gweithiol. Canmolai'r Cymry am weld pwysigrwydd y wasg a thalai wrogaeth i'r rhai talentog hynny a oedd wedi ymgymryd ag argraffu a chyhoeddi papurau, cylchgronau a llyfrynnau ac ati.

These are the property of the common people, without patronage and without support

meddai. Aeth ymlaen i annog y gwŷr ariannog i gefnogi'r ymdrechion canmoladwy hyn. Ym mis Ionawr, 1834, danfonodd at Ddug Newcastle i ofyn am ei nawdd i Eisteddfod Caerdydd a fyddai'n cael ei chynnal ym mis Tachwedd y flwyddyn honno ac fe gafodd ymateb ffafriol iawn. Ni fethodd ei apêl cyson at yr uchelwyr yn Eisteddfodau'r Fenni — gyda chynhorthwy Arglwyddes Llanofer — yn wir câi ymateb boddhaol bob tro. Perchid ef gan bawb yn ddiwahân oherwydd ei onestrwydd a'i unplygrwydd, ei serchowgrwydd a'i fwyneidd-dra, ei sêl a'i weithgarwch diflino dros ei wlad a'i hiaith. Yr oedd ei ddylanwad yn fawr ar bawb a ddeuai i'r 'Cylchwyliau'. Siaradodd oddi ar y llwyfan ym mhob un ohonynt ond yr olaf ym 1853. Beirniadodd draethodau a chystadlodd ar rai ei hunan gan ennill a cholli. Teimlai ar adegau fod y cyfrifoldeb yn ormod o faich arno canys yr oedd yn rhaid gofalu am ei blwyfolion o flaen dim arall yn ogystal â chefnogi'r wasg Gymraeg. Yr oedd y ddeubeth hynny'n holl-bwysig iddo. Yr oedd popeth a wnâi yn symbylu'r Gymdeithas i fwy o weithgarwch. Yn wir ef oedd prif symbylydd ei hafiaith, o'r cychwyn hyd ei farw disyfyd. Wedyn ni bu dim yr un fath. Ef a gyflwynodd M. Rio i'r Gymdeithas pan ddaeth y gŵr hwnnw draw ym 1834, ryw ychydig o wythnosau ar ôl sefydlu'r Gymdeithas. Siaradodd yn huawdl pan ddaeth la Villemarqué a'i ddirprwyaeth i Eisteddfod 1838. Pwy nas gwefreiddid ganddo ac yntau'n gweld gwawr newydd yn torri yn hanes dwy o'r gwledydd Celtaidd?

Yn ystod haf 1848 treuliodd y rhan fwyaf o'i amser yn Llanofer gyda Gwenynen Gwent yn cynllunio ac yn paratoi ar gyfer Eisteddfod y flwyddyn honno. Fel y dywedwyd yn y bennod gyntaf llwyddwyd i gael gwŷr enwog o'r tu allan i Gymru i ddod yno — Hallam, am y tro cyntaf a chynrychiolwyr o Dwrci a Phrwsia, er enghraifft. Gwefreiddiwyd y dorf unwaith eto gan Garnhuanawc er nad oedd yn iach o bell ffordd. Ychydig a wyddai'r rhai a oedd yno mai dyna'r tro olaf y clywent ei hyfrydlais. Ym mhen llai na mis wedi'r Eisteddfod bu farw heb roi trafferth i neb. Cafodd Cymdeithas

Cymreigyddion y Fenni ei hysigo gymaint fel na fedrodd godi wedyn i'r uchelfannau. Er bod Gwenynen Gwent ar ôl i gario'r gwaith ymlaen ni fedrodd ar ei phen ei hun, a diflannodd yr hen afiaith a'r hen asbri. Syfrdanwyd cenedl gyfan gan faint y golled. Gadawyd bwlch nas gellid ei lenwi. Yr oedd Carnhuanawc wedi byw ei fywyd yn llawn i'r ymylon â gwaith dros y Gymraeg a'i gyd-Gymry. Ni ddisgwyliodd unrhyw wobr na dyrchafiad. Symbylodd eraill, dylanwadodd ar laweroedd ac enynnodd ynddynt gariad tebyg i'r eiddo ei hun tuag at Gymru a'i hiaith a'i phethau. Eglwyswr ydoedd, eithr Eglwyswr goleuedig, un o'r Eglwyswyr hynny a fu mor amlwg ym mywyd llenyddol Cymru yn hanner cyntaf y bedwaredd ganrif ar bymtheg. Ond i'r cynulleidfaoedd a wrandawai arno yn Eisteddfodau'r Fenni un ohonynt hwy ydoedd waeth i ba ddosbarth cymdeithasol y perthynent, Cymro pybyr, un a frwydrai dros hawliau ei bobl ac a'u hanogai hwythau i fynnu'r hawliau hynny eu hunain. Yr oedd o flaen ei oes mewn llawer cyfeiriad ac y mae hanes ei fywyd yn ddogfen bwysig iawn yn hanes ein gwlad.

Enillodd Carnhuanawc y wobr gyntaf ddwy waith yn yr Eisteddfodau — ym 1845 a 1848. Yn Saesneg y mae ei draethodau a chyhoeddwyd hwynt yn y *Literary Remains*. Yn ôl y cyhoeddiad hwnnw teitl traethawd 1848 ydoedd: 'The Comparative Merits of the Remains of Ancient Literature in the Welsh, Irish, and Gaelic Languages, and their value in elucidating the Ancient History, and the Mental Cultivation of the Inhabitants of Britain, Ireland, and Gaul'; (camsyniad yw 'Gaul' am 'Scotland' wrth gwrs). Y wobr oedd tair gini a phedwar ugain (£87.3.0). Gymaint mwy ydoedd na gwobr Tywysog Cymru ym 1848 ac mor annheg y gwahaniaeth. Beirniad traethawd Carnhuanawc ydoedd James Cowles Prichard. Dywedodd fod y gwaith yn dangos dadansoddiad galluog a meistrolgar o weddillion llên y tair gwlad yn eu gwahanol gyfnodau. Gosododd o flaen y darllenydd ddisgrifiad clir o natur ac elfennau'r gweddillion hynny. Beirniadodd yn gytbwys wrth gymharu eu teilyngdod a dewisodd gyda medr a chwaeth enghreifftiau ohonynt a alluogai'r darllenydd i ffurfio'i farn ei hun.

Mae'n wir fod traethawd Carnhuanawc yn dangos cryn wybodaeth, gwybodaeth a gymerwyd o weithiau argraffedig. Nid ychwanegodd ddim at ysgolheictod er mai dyna a obeithiai'r Cymreigyddion wrth osod y testun. Cafodd, hefyd, ei osod er mwyn dangos rhagoriaeth hen lenyddiaeth Cymru ar lên y ddwy wlad arall. Eithr dengys y testun ddiffyg ymwybyddiaeth feirniadol ar ran y Gymdeithas. Yr oedd yn un amhosibl ac yn gofyn am wybodaeth nad oedd yn synhwyrol ei disgwyl hyd yn oed pe bai ysgolheigion wedi dihysbyddu'r holl wybodaeth bosibl am lenyddiaeth gynnar Cymru, Iwerddon a'r Alban. Ar y llaw arall rhaid talu teyrnged i Garnhuanawc am ei ymgais glodwiw ac am ei gyfraniad at gynhyrchion y Cymreigyddion.

Enillodd ym 1848 am draethawd ar Statud Rhuddlan. Er lleied y wobr (pum gini, rhoddedig gan Arglwyddes Parry, plas Madrun) cyflwynodd Carnhuanawc waith sydd yn enghraifft arall o'i drylwyredd ac o'i ddiddordeb yn hanes Cymru. Gwelodd y Barnwr Ivor Bowen hi'n werth cyfeirio at ei gyfieithiad o'r Statud yn ei ragymadrodd i'w *Statutes of Wales*, 1908.

Tua diwedd ei draethawd ceir hyn gan Garnhuanawc am y Cymry: '. . . it is distinctly proved that they had amongst them the practice of trial by jury . . .', a dyna a awgrymodd destun y brif gystadleuaeth ym 1853 yr enillodd Thomas Stephens arni, sef 'Trial by Jury'.

(Llun gan Mornewick)

Gwenynen Gwent: Augusta, Arglwyddes Llanofer.
1802 - 1896.

Pennod 7

Gwenynen Gwent: Augusta, Arglwyddes Llanofer

Nid gormod dweud fod Gwenynen Gwent yn unigryw yng Nghymru ei chyfnod. Hi yw un o'r gwragedd mwyaf arbennig a hynod a drigodd erioed yng Ngwent. Un fach o gorff ydoedd ond un lawn egni a phenderfyniad a dewrder moesol. Ni ellid cael yn ystod cyfnod Cymreigyddion y Fenni wraig bybyrach dros yr iaith Gymraeg er na fedrai ei siarad yn rhyw dda iawn na'i hysgrifennu heb gymorth. Hi a roes y tir y saif Coleg Llanymddyfri arno ac amod pwysicaf sefydlu'r ysgol honno oedd bod yr addysg a gyfrennid yno i fod yn y Gymraeg. Ceir yn un o rifynnau cynharaf *Y Gymraes* gopi o lythyr Cymraeg a ysgrifennodd Gwenynen Gwent o Lundain at yr Esgob Connop Thirlwall, Rhagfyr 11, 1849. Dywedai ynddo na fyddai wedi gorfod cael cymorth i'w ysgrifennu pe bai ysgol Gymraeg o'r fath wedi ei sefydlu hanner canrif ynghynt. Cyfaddefai mai prin oedd ei gwybodaeth hi o'r iaith Gymraeg a pha faint mwy y dylasai ei wybod. Er hynny bu cymaint a wyddai o les mawr iddi am y gallai 'amgyffred, i raddau', werth amhrisiadwy yr iaith.

Mynnodd ei hamgylchu ei hun â phopeth Cymraeg. Prynai hi a'i gŵr, Benjamin Hall, bob llyfr Cymraeg a phob un Saesneg a oedd yn ymwneud â Chymru. Yr oedd ef yn dirfeddiannydd cefnog ac felly ni welsant erioed brinder. Cefnogai hi'r fasnach delynau a'r fasnach wlân â'i hynni ac â'i harian. Mewn gwirionedd noddai a chefnogai'r Gymraeg a phethau Cymreig pan oedd hi'n ffasiwn eu dilorni a'u bychanu hwy a Chymru a'i phobl. Gwnaeth ymgyrch o blaid aileni hen draddodiadau Cymru a chreu yn y Cymry eu hunain frwdfrydedd newydd. Yr oedd ei brwdfrydedd yn heintus. Y sefydliad y cafodd ei chyfle euraid trwyddo ydoedd Cymdeithas Cymreigyddion y Fenni ac ni bu pall ar ei gweithgarwch drosti.

Sut y bu iddi hi, merch gyfoethog o deulu bonheddig o Saeson, ddatblygu mor wahanol i eraill o ferched ei dosbarth?

Ganwyd hi Mawrth 21, 1802, yn Llanofer, Gwent, yn ferch i Benjamin Waddington, Tŷ Uchaf, a'i wraig Georgina Port. Yr oeddynt yn berchen stad eang iawn. Gor-nith oedd Georgina i Mrs. Delaney (cyfeilles fynwesol Fanny Burney, ffefryn y teulu brenhinol). Bu Georgina yn byw gyda Mrs. Delaney am ddeng mlynedd a chafodd hi ddylanwad mawr ar y ferch ieuanc. Dengys achau Augusta ei bod o dras brenhinol a bod ganddi waed Celtaidd trwy un o'i chyndeidiau, yr Arglwydd Lansdowne. Mynnai hi ei hun mai Cymraes ydoedd yn bennaf dim gan fod hynafiaid ei mam ar ochr ei thad hi yn hanfod o Sir Fôn. Yn wahanol i'w chwaer Frances (a oedd yn un flynedd ar ddeg yn hŷn na hi) yr oedd yn hapusach yn Llanofer nag yn unman arall. Er iddi deithio ymhell oddi yno ar adegau, a byw yn Llundain am gyfnodau, hiraethai am ddychwelyd i Lanofer. Dyma gariad a oedd yn gynhenid ynddi.

Cyfeilles fynwesol ei mam, gwraig o'r un oed â hi (ganed y ddwy ym 1771), ydoedd Elizabeth Brown Greenly, gwraig na chafodd y sylw dyladwy. Medrai hi siarad Cymraeg a'i hysgrifennu'n gymeradwy heb gymorth neb. Yn yr hanes am y Cymreigyddion adwaenir hi fel yr Arglwyddes Coffin Greenly (gwraig y llyngesydd Syr Isaac Coffin), ac fel yr Arglwyddes Greenly (gollyngodd yr enw 'Coffin' ar ôl i'w gŵr ei gadael). Hi hefyd oedd 'Llwydlas', yr enw a fabwysiadodd fel eisteddfodwraig. Yr oedd ei thad hithau yn dirfeddiannydd. Trigai yn Llys Titley, Sir Henffordd. Yr oedd ganddo dŷ hefyd yn y Fenni a thiroedd lawer yn Llandeilo Bertholeu ac o amgylch Cwm-du. Yr oedd Carnhuanawc yn gyfaill i'r teulu a sicr ydyw mai trwyddo ef y dysgodd Llwydlas Gymraeg. Yr oedd yn gerddor cymeradwy hefyd. Gallai ganu a chyfansoddi. Ei hoff gerddoriaeth oedd hen alawon Cymru a hi a gyfansoddodd 'Yr Awen Lwydlas'. Yr oedd yn un o noddwyr Iolo Morganwg. Cyfarfu ag ef mor gynnar â 1803 yng Nghoedriglan, cartref Llewellyn Traherne. Yr oedd yn wraig amryddawn — medrai Ffrangeg ac Eidaleg ond y Gymraeg oedd ei hail iaith. Mynychai'r Eisteddfodau Taleithiol a chystadlai ambell dro. Ymwelai hi a'i rhieni â chartref Augusta yn gyson ac ni roddai dim fwy o foddhad i'r teulu Waddington na gwrando ar Lwydlas yn canu'r hen alawon yn ei llais swynol. Dyma, heb amheuaeth, un o'r dylanwadau mawr a fu ar Augusta.

Dywedir bod Augusta yn rhoi enwau Cymraeg ar ei hanifeiliaid anwes pan oedd yn blentyn. Ymgyfathrachai â thenantiaid ei thad a dysgodd oddi wrthynt hwythau ychydig o Gymraeg. Yr oedd, felly, yn gynnar yn ei bywyd, yn ymwybodol iawn o'r iaith Gymraeg ac yn mynegi ei diddordeb ynddi. Bu raid i'w chwaer Frances briodi Almaenwr cyn iddi hi gael ar ddeall, trwy ei gŵr, fod gwerth yn yr iaith. Y mae hanesyn am Augusta a adroddwyd ganddi hi ei hun wrth y Parch. J. Prys, gweinidog Methodistiaid Calfinaidd Llanofer, ychydig cyn iddi farw. Un diwrnod, pan oedd hi yn ei harddegau, yr oedd allan yn marchogaeth yng ngofal un o wastrodion ei thad. Sylwodd ei fod yn edrych yn drist iawn a holodd beth a'i blinai. Cafodd ar ddeall ganddo mai dyfodol yr Iaith Gymraeg yn Llanofer a'r cylch a'i gofidiai. Yr oedd ofn arno y byddai wedi marw yno ym mhen deugain mlynedd. Heb betruso dim atebodd hi na fyddai farw os gallai hi wneud rhywbeth i rwystro hynny. Pa un ai gwir y stori ai peidio gwnaeth Augusta bopeth a fedrai hi drosti yn ei ffordd arbennig ei hun.

Pan briododd hi â Benjamin Hall ym 1823 unwyd dau deulu mwyaf blaenllaw a chefnog y cylch — teuluoedd Llanofer ac Abercarn. Yr oedd Benjamin, yntau, o deulu bonheddig (Charlotte, merch William Crawshay, Cyfarthfa, Merthyr Tudful, oedd ei fam). Mabwysiadodd y ddau fel arwyddair eu teulu 'Ni ddaw da o hir arofyn', arwyddair priodol iawn iddynt. Cafodd hi gefnogwr teyrngar yn ei gŵr ym mhopeth a wnâi ac ni pheidiai ef â rhyfeddu at ei hegni a'i brwdfrydedd hi.

Titley Court Jany 12th 1838

Sir

I beg to return my best thanks
to the Cymreigyddion Society for the honor it
has conferred by voting me a Medal,
which I shall highly value — the daughter
of Mr Lewis the Cabinet Maker of Abergavenny
will be going from hence in a long to see her
friends, & will return here, & I shall desire
her to bring me the Medal — She will
call on you for it —

I should have replied to your former letter
on the subject of building a new Room
for the Cymreigyddion Meetings, in aid of which
I shall be very ready to offer my mite
but wished first to have seen a list of
Subscribers already obtained — I wrote to
Mrs Hall respecting it, but her indisposition
has prevented her from replying as yet to
my letter —
                I remain Sir
                your obliged &c
                                    E. C. Greenly

---

71   Llythyr gan Lwydlas (Elizabeth Coffin Greenly), Llys Titley, yn diolch i'r Gymdeithas am ei
        rhodd o fedal arbennig iddi ym 1837, ac yn mynegi ei diddordeb yn y neuadd newydd yr
        arfaethai'r Gymdeithas ei hadeiladu yn y cyfnod hwn.

Ym 1826 cynhaliwyd ail Eisteddfod Daleithiol yn Aberhonddu, a'r Arglwydd Rodney yn noddwr. Ar y llwyfan, ymysg pobl fel William Owen Pughe, John Jenkins (Ceri), Alun (John Blackwell), Syr Charles Morgan, yr Arglwyddes Greenly, Arglwydd ac Arglwyddes Henffordd, yr oedd Carnhuanawc. Traethodd ef yn frwd yno ar werth yr Eisteddfodau a'u cynhyrchion, ac ar eu dylanwad er daioni i hyrwyddo heddwch ac i atal ymrafael yng Nghymru. Yr un pryd yr oeddynt, meddai, wedi deffro yn y Cymry, gariad at eu cenedl ac wedi peri adfywiad yn yr iaith Gymraeg. Tystiai fod y Gymraeg i'r gwerinwr o Gymro yn fwy o gyfrwng diwylliant nag yr oedd y Saesneg i'r gwerinwr o Sais; ei bod yn beth digon cyffredin gweld papur Cymraeg yn nwylo gwerinwr o Gymro tra mai anaml y gwelid papur Saesneg yn nwylo gwerinwr o Sais. Aeth ymlaen i dalu gwrogaeth i'r werin Gymraeg am gefnogi'r wasg Gymraeg. Yn wir hwy oedd ei hunig gynheiliaid. Siaradodd am ymlyniad y genedl wrth yr iaith ar hyd yr oesau. Onibai am gadernid y tadau i'w hamddiffyn hi, meddai, ni fyddai'r gynulleidfa a eisteddai o'i flaen yn gallu llawenhau yn ei bendithion hi. Talodd i'r Iaith Gymraeg deyrnged deilwng am iddi gadw'n ddiogel athrylith y genedl dros y canrifoedd.

Yn y gynulleidfa honno yr oedd Augusta Hall, yn llawn eiddgarwch wrth wrando ar huodledd y gŵr hardd a gwlatgar o Gwm-du. Parodd ei glywed y tro cyntaf hwn i'w chariad at y Gymraeg a'i phenderfyniad i'w swcro gryfhau. O'r dydd hwnnw dechreuodd cyfeillgarwch rhwng y ddau a barodd am bron chwarter canrif nes i Garnhuanawc farw ddiwedd 1848. Dylanwadodd yn fawr arni a bu hithau o gymorth mawr iddo yntau.

Yn Eisteddfod Frenhinol Caerdydd, Awst, 1834, cystadlodd Augusta. Anfonodd draethawd yno ar y manteision a ddeilliai o gadw'r Iaith Gymraeg a'r wisg Gymreig. Y cystadleuydd arall ydoedd yr Arglwyddes Greenly. Ni wyddai'r naill fod y llall yn cystadlu. Y wobr ydoedd modrwy werth deg gini ac Augusta a'i henillodd. Dywedodd y beirniad fod y ddau draethawd yn gymeradwy, ond gan fod eiddo Gwenynen Gwent yn cynnwys nifer o nodiadau gwerthfawr cyfrifai mai ei heiddo hi oedd y gorau. Ni ddioddefodd cyfeillgarwch y ddwy. Argraffwyd traethawd Augusta ym 1836. Gwelir ynddo nad anghofiodd ei awdur neges Carnhuanawc ym 1826. Yr oedd cadw'r iaith yn gwbl angenrheidiol. Credai fod ei chadw yn gymorth i gadw'r Cymry'n genedl ac yn deyrngar i'r Goron yr un pryd. Yr oedd ynddi ffynhonnell ddiderfyn o ddeunydd diddorol a phwysig. Anogai'r Cymry — yn arbennig y merched a'r gwragedd — i wisgo dillad o wlân Cymru. Yr oedd y deunydd hwnnw yn addas at bob tywydd a phob tymor ac yn y pen draw yn rhatach na'r dillad cotwm mwy ffasiynol am ei fod yn para'n hwy. Yr oedd gwlanen, hefyd, yn iachach ac yn gadwraeth rhag y darfodedigaeth a laddai gymaint o Gymry'r cyfnod. Ac wrth wisgo dillad o wlân Cymru byddent yn hybu un o'u diwydiannau hwy eu hunain. Ffugenw Augusta ydoedd Gwenynen Gwent

122

a dyma, bellach, yr enw yr adwaenid hi wrtho fynychaf yng Nghymru byth wedyn. Yr oedd yn enw addas arni canys yr oedd mor ddiwyd â gwenynen. Hyrwyddo'r iaith Gymraeg, y delyn deir-res, canu gwerin Cymru, a'r fasnach wlân a aeth â'i bryd yn ystod cyfnod Cymreigyddion y Fenni. Erbyn Eisteddfod Caerdydd ym 1834 yr oedd y Gymdeithas honno wedi ei sefydlu ac yr oedd Benjamin ac Augusta Hall, Mrs. Waddington a'r Arglwyddes Greenly wedi hen ymuno â hi.

Gwaddolodd Gwenynen Gwent a'i gŵr gapeli ar yr amod eu bod yn cynnal eu gwasanaethau yn Gymraeg. Ceisiai hi ei hamgylchu ei hun yn ei thŷ â Chymraeg. Rhoddai enwau Cymraeg ar swyddi ei gweision a'i morynion a chyn belled ag yr oedd yn bosibl yr oedd yn rhaid i'r rheini fod yn Gymry Cymraeg. Rhoddai enwau Cymraeg iddynt os nad oedd ganddynt rai Cymraeg eisoes. Parhaodd arferiad ei phlentyndod o roi enwau Cymraeg i'w hanifeiliaid. Yr oedd ganddi gaplan teuluol o Gymro, a chadwai delynor swyddogol i ddiddanu'r teulu a'r ymwelwyr ag alawon Cymreig ar bob achlysur. Bu'n gyfrwng gydag eraill — Maria Jane Williams a Brinley Richards — i adfywio'r alawon. Yr oedd Cymraeg ar bopeth posibl ar ei hystad e.e. ar y tai a Swyddfa'r Post (a barhaodd hyd y dydd hwn). Nid oedd yno un tŷ tafarn gan ei bod hi'n selog dros y Mudiad Dirwestol. Rhaid oedd i bob gwas a morwyn wisgo dillad o wlân Cymru a gwisgai'r merched hetiau befar hefyd. Pan orffennwyd eu tŷ newydd, Plas Llanofer, ar ôl naw mlynedd yn ei adeildu o gerrig y fro, gwireddwyd eu huchelgais a'u breuddwyd hi a'i gŵr, cael tŷ digon helaeth i fod yn ganolfan i'r diwylliant Cymraeg. Cynhaliwyd 'house-warming' yr un adeg ag Eisteddfod 1837. Daeth torf o westeion yno a daethant i'r Eisteddfod a chael profiad heb ei fath. Ar ôl gweithgareddau'r dydd yr oedd dawns fawreddog yn y tŷ newydd a gwleda. Canai'r telynor John Jones o Ddolgellau ei delyn deir-res. Parhaodd rhialtwch a miri'r dathlu hyd oriau mân y bore. Yr oedd pawb pwysig yng Nghymdeithas y Cymreigyddion yno. O hynny ymlaen, bob tro y byddai Eisteddfod yn y Fenni, yr oedd y tŷ yn llawn ac yn ferw drwyddo. Gwelid y gwŷr a'r gwragedd bonheddig a oedd yn westeion yn y Llys yn eistedd ar lwyfan yr Eisteddfod — y gwragedd mewn gwisgoedd Cymreig. Yr oedd Gwenynen Gwent hithau yn y wisg Gymreig. Yr oedd y cyfan oll yn hysbyseb ardderchog i'r fasnach wlân Gymreig.

Cymerai Gwenynen Gwent ddiddordeb mawr ym melin wlân teulu o'r enw Harris a oedd yn Rhyd y Llwyfen, wrth droed mynydd y Blorens, yn Llanffwyst. Yr oedd yr Arglwyddes Greenly wedi bod yn cefnogi'r fasnach wlân erioed. Pwy all fesur maint ei dylanwad hi ar Wenynen Gwent? Pan enillodd Mrs. Harris wobr yn un o'r Eisteddfodau yr oedd Augusta wrth ei bodd. Ni chollai hi gyfle i hyrwyddo gwerthiant brethyn Cymru. Rhoddai anrhegion ohono i'w thenantiaid adeg y Nadolig, a gwobrwyai blant ysgol y pentref â dillad wedi eu gwneud ohono. Aeth, un tro, â samplau i'w chwaer i

fund for 1848. I shall be
obliged by a receipt by bearer.
I strongly advise the committee
not to put the money in the
funds — as it is most dangerous.
They had better write the names
place for each prize upon leavy
pieces of Cardboard & put one
in each frame & I can write
the elegues & give them to
you made bezble to yourself
as far as the funds will allow.
And if you could come up

& dine with me today or if
this is inconvenient come up
about 11. I will write all the
elegues when I know from you
how far I can draw —
I am my dear Lux
Yours very truly
Augusta Hall —

Rufain a chafodd honno het wedi ei gwneud o'r brethyn ym Mharis. Gŵyr pawb am ei chyfres o ddeuddeg peintiad yn y Llyfrgell Genedlaethol sydd yn dangos gwisgoedd gwahanol ardaloedd yng Nghymru. Trwy ei brwdfrydedd a'i hanogaeth hi gwnaeth y wisg Gymreig yn wisg ffasiynol am gyfnod go helaeth yn y ganrif ddiwethaf. Ond, yn bwysicach na dim arall bu'n gyfrwng i gadw'r fasnach wlân yn fyw yn erbyn cystadleuaeth ffatrïoedd Lloegr. Hebddi hi a'i holl weithgarwch credir gan lawer y byddai'r fasnach yng Nghymru heb oroesi i'r ganrif hon.

Bu'r un mor gefnogol i adfywiad y delyn deir-res yn y ganrif ddiwethaf. Sefydlodd ffatri ar ei chost ei hun yn Llanofer i'w gwneud am fod cymaint o'u hangen. Rhoddodd wobrau yn Eisteddfodau'r Cymreigyddion i delynorion, ac wedi marw John Jones ym 1844 gofalodd fod Thomas Griffiths, Tredegyr, yn ei ddilyn ar unwaith fel telynor swyddogol ei theulu. Bu'n gyfrwng i wneud y delyn deir-res ac alawon gwerin Cymru yn boblogaidd drwy'r wlad o Gaergybi i Gaerdydd.

Yr oedd Mrs. Delaney wedi marw ers diwedd y ddeunawfed ganrif ond parhâi cyfeillgarwch rhwng Mrs. Waddington a theuluoedd y dosbarth uchaf yn Llundain. Yr oedd Augusta, felly, yn gwybod amdanynt ac yn gyfarwydd â rhai ohonynt. Buasai'r teulu'n hen gyfarwydd â Syr Charles Morgan, Tredegyr, ac ymwelai'r ddau deulu â thai ei gilydd. Digon hawdd, felly, oedd tynnu teulu Tredegyr i mewn i gylch y Cymreigyddion. Yr oedd Syr Charles Morgan yn llinach yr Ifor Hael cyntaf hwnnw a noddai Ddafydd ap Gwilym a daeth yntau yn Ifor Hael y Cymreigyddion. Yr oedd cysylltiadau eraill bonheddig gan Augusta a Benjamin Hall megis teulu Guest, Dowlais, a theulu Williams, Llangybi, heb enwi mwy ohonynt. Fel hyn yr oedd rhwydwaith o foneddigion a boneddigesau yn noddi'r Gymdeithas. Pan ddaeth Frances a'i gŵr, y Chevalier Bunsen, i Lundain ym 1838 dyna hwythau'n gallu tynnu aelodau o'u cylch hwy i mewn. Yr oedd cysylltiadau a phersonoliaeth Gwenynen Gwent yn cydweithio i wneud ei chysylltiad â Chymreigyddion y Fenni yn un llwyddiannus iawn. Ac nac anghofier safle Benjamin Hall yntau a'i ddylanwad.

Dywedwyd fwy nag unwaith o'r blaen am frwdfrydedd Gwenynen Gwent. Yr oedd, hefyd, yn drefnydd da ac yn drylwyr ym mhopeth yr ymgymerai ag ef. Yr oedd yn hael ac yn lletygar ac yn hoffi cael ymwelwyr i'w thŷ. I raddau pell iawn hi oedd gyfrifol am lawer iawn o afiaith yr Eisteddfodau. Gallai greu awyrgylch a denu pobl i gyflawni'r hyn a ddymunai. Gallodd gydweithio â Charnhuanawc i baratoi at Eisteddfod 1848 yn arbennig. Er i un Eisteddfod arall gael ei chynnal ym mhen pum mlynedd nid oedd pethau fel y buont. Nid oes sôn i Wenynen Gwent godi ei llais yn erbyn diddymu'r Gymdeithas ym mis Ionawr, 1854. Heb gwmni a chymorth Carnhuanawc ni allai hi, er ei holl frwdfrydedd, gynnal yr Eisteddfodau ar ei phen ei hun. Yr oedd ei gŵr yn brysur iawn fel Aelod Seneddol a threuliai'r ddau fisoedd bwygilydd yn Llundain. Ni ellid cael neb tebyg i Garnhuanawc i arwain ac i symbylu ac i ysbrydoli. Bylchwyd y gwmnïaeth ddethol ac nid oedd ar gael neb a fedrai gau y bwlch. Darfu am yr hen gymdeithas ond ni ddarfu haelioni a charedigrwydd y ddau yn Llys Llanofer. Yr oedd llawysgrifau Iolo Morganwg eisoes yn eu meddiant ac yr oedd drws agored i bob Cymro a Chymraes yr oedd y Gymraeg ar eu gwefusau a chariad at Gymru yn eu calonnau. Bu Llys Llanofer yn fan cyfarfod ac yn ffynhonnell i lawer o feirdd a llenorion Cymru am flynyddoedd.

Pennod 8

Y Llydawiaid: dechrau'r Mudiad Celtaidd

I Eisteddfod y Fenni ym 1838 daeth nifer o wŷr ieuainc o Lydaw. Pam y daethant? Pwy a'u danfonodd neu a ddanfonodd amdanynt i ddod yno? Fel y gwelwyd eisoes yr oedd gan Garnhuanawc ddiddordeb arbennig yn Llydaw, yn ei hiaith a'i hanes a'i phobl ymhell cyn sefydlu Cymdeithas y Fenni. Ef oedd ar y blaen yn yr ymgyrch i gael i'r Llydawiaid y Beibl yn eu hiaith eu hunain ac yr oedd yn fwy nag awyddus i gael llenorion y ddwy wlad i gwrdd â'i gilydd. Ond i ateb y cwestiynau hyn yn llawn a boddhaol rhaid sôn yn gyntaf am ddau Lydawr arbennig iawn y mae ganddynt hwy ran flaenllaw a phwysig yn yr afiaith a fu yng Ngwent oherwydd Cymreigyddion y Fenni. Eu henwau ydyw François Rio a la Villemarqué, dau ŵr gwahanol iawn i'w gilydd o ran oedran ac o ran natur eu personoliaeth.

Ganwyd François Rio yn Port-Louis, y Morbihan, ar yr 20fed o Fai, 1797. Pabyddion selog yn siarad Llydaweg ydoedd ei rieni. Bu'r tad farw pan oedd y mab yn ieuanc a dioddefodd y teulu gryn dlodi o'r herwydd. Fodd bynnag fe gafodd Rio addysg ar yr Ile d'Arz, yn y Morbihan, ac yn Vannes. Yr oedd ei fam yn awyddus iddo fod yn offeiriad eithr dewisodd ef fod yn athro ysgol. Ym 1818 aeth i Baris ac yno, yn ychwanegol at ei waith, astudiodd athroniaeth a dechreuodd ymddiddori mewn arlunio a hanes arlunio, yn arbennig waith yr arlunwyr Cristnogol. Ym 1824 ymunodd â'r 'Société des Bonnes-Lettres' a dechreuodd ddarlithio iddi a chael gwrandawiad gan lawer o aelodau Academi Ffrainc.

Ym 1830 aeth Rio i'r Eidal i astudio gwaith yr arlunwyr Cristnogol yno. Ar ôl bod yn yr Almaen am gyfnod yn astudio athroniaeth dychwelodd i'r Eidal ym 1831. Daeth i wybod llawer o ieithoedd ac i adnabod nifer helaeth o ddynion blaenllaw y gwledydd, yn eu plith William Ewart Gladstone a oedd yn gyfaill mawr iddo. Dywedodd Gladstone amdano mai ef oedd y Ffrancwr (nid y Llydawr) mwyaf nodedig a adnabu erioed.

Ar un o'i ymweliadau â Rhufain digwyddodd rhywbeth o bwys mawr, nid yn unig i Rio yn bersonol eithr hefyd yn hanes Cymreigyddion y Fenni. Yn Rhufain ar y pryd yr oedd Frances, chwaer Gwenynen Gwent, a gwraig Bunsen, llysgennad Prwsia yno. Yr oedd hi, fel ei chwaer a'i mam, yn groesawgar iawn a thyrrai nifer helaeth o arlunwyr ac o ysgrifenwyr rhamantaidd i'w thŷ. I'w canol daeth y Llydawr Rio. Yr oedd Rio yn gwybod llawer o ganeuon gwerin ei wlad a phan ddaeth hi i wybod hynny yr oedd y croeso iddo'n fwy. Byddai'r ddau yn canu caneuon eu gwledydd i ddiddanu'r cwmni am oriau bwygilydd. Siaradent amdanynt. Anogodd hi Rio i fynd i Gymru fel y gallai astudio'r Gymraeg a'i chymharu hi â'r Llydaweg. Gallai hefyd glywed yno ganu'r hen alawon gan ddatgeiniaid i gyfeiliant y delyn.

François Rio
1797-1874

Gafaelodd y syniad yn Rio ond nid aeth i Gymru ar unwaith oherwydd ei astudiaethau.

Yn un o'i lythyrau at ei mam, dyddiedig y 10fed o Fai, 1832, gofynnodd Frances i Mrs. Waddington a fyddai hi mor garedig â chroesawu Rio pan ddeuai i Lanofer. Bu raid aros tan ddechrau'r flwyddyn ganlynol er iddo ddod i Loegr y mis Rhagfyr cynt i gasglu deunydd ar gyfer llyfr yr oedd yn mynd i'w ysgrifennu. Cafodd groeso yng Ngwent a daeth i adnabod teulu Llanarth. Nid oedd gan y rheini ryw feddwl mawr ohono gan ei fod yn ddigyfoeth ac yn ddifonedd. Ni allent ychwaith ddeall ei hoffter o adrodd barddoniaeth Llydaw a chanu ei chaneuon gwerin. Ond yr oedd un ohonynt, y ferch Apollonia, ac yntau wedi syrthio mewn cariad â'i gilydd. Fodd bynnag, rhoes Rio heibio dros dro y syniad am briodi a dychwelodd at ei efrydiau. Eithr ar ddiwedd 1833 derbyniodd lythyr oddi wrth Frances Bunsen yn ei annog i ddychwelyd i Gymru — bod gwell argoel o lwyddiant iddo yno'r tro hwn. Ac yn ôl yr aeth ar frys gwyllt. Priododd Apollonia yn ddioed. Ac yn ystod y cyfnod hwn y daeth i un o gyfarfodydd Cymreigyddion y Fenni, cyfarfod Ionawr 22, 1834. Mae'n hollol ddealladwy sut y bu i Garnhuanawc ddod ag ef. Yr oedd wedi derbyn gwahoddiad i ddod i'r cyfarfod blaenorol ond ni allod fynd oherwydd rhyw anhwylder. Dyma ef yn awr, ac er anrhydedd iddo symudodd yr hanner cant a oedd wedi ymgynnull yn eu hystafell yn Yr Haul i Neuadd y Dref am y noson. Traddododd Rio araith Saesneg er boddhad pawb, ac ar gynnig Carnhuanawc gwnaed ef yn aelod 'breiniol'.

Wedi teithio ar y Cyfandir am ysbaid daeth Rio a'i wraig yn ôl i Lanarth dros aeaf 1835—1836. Yn ystod yr amser hwnnw datblygodd cyfeillgarwch agos iawn rhyngddo ef a Charnhuanawc. Buont yn trafod popeth Llydewig gyda'i gilydd yn aml a rhoes Carnhuanawc gymorth iddo yn ei astudiaeth o'r Gymraeg a'r Llydaweg. Pryd bynnag y clywai Carnhuanawc enw Rio fe oleuai ei wedd a dywedai gydag arddeliad mai gŵr o athrylith eithriadol oedd ef. Yr oedd, meddai un tro, megis fflach mellten yn rhoi goleuni yn y ffordd ryfeddaf a mwyaf annisgwyl. Yn wir fe haerai mai Rio oedd yn bennaf gyfrifol am yr hyn a ddigwyddodd ym 1838 yn y Fenni. Yr oedd y ddau erbyn hyn yn gyfeillion agos ac yn ôl cofiant Rio galwasant ill dau gyngres ynghyd i ddathlu pumed ŵyl y Gymdeithas, gan ddanfon allan wahoddiadau i nifer helaeth o bobl flaenllaw Llydaw. Dyma eiriau ei gofiannydd:

Une députation 'approuvée par le roi Louis-Philippe' répondit à leur appel; elle comprenait de La Villemarqué, de Blois, de Kerdrel, de Mauduit, du March'allah, Louis de Jaquelot du Boisrouvray et de Francheville; la plupart d'entre eux recurent l'hospitalité de Mrs Jones à Llanarth . . .

Dyma sut y daethpwyd i gredu fod gan y brenin Louis-Philippe rywbeth i'w wneud ag ymweliad y Llydawiaid â'r Fenni ym 1838. Bu rhamantu ar hyn nes i bawb gredu mai llysgennad brenin Ffrainc ydoedd la Villemarque. Yn

Théodore Hersart de la Villemarqué
1815-1895

ôl ei gofiant eto daeth chwech gydag ef, yn ôl Gourvil pump, ond yn ôl cofnodion Cymreigyddion y Fenni pedwar yn unig. Cytunant un ac oll mai la Villemarqué oedd yr aelod pwysicaf o bell ffordd. Mae'n bwysig mynd yn ôl yn awr mewn amser a rhoi tipyn o'i hanes a'i gefndir yntau.

Ganwyd ef ym 1815, blwyddyn brwydr Waterloo, ar y seithfed o Orffennaf yn Quimperlé lle'r oedd ei dad yn berchen ystad. Yr oedd y teulu yn un o'r rhai hynaf yn Llydaw ac felly yr oedd ei wreiddiau'n ddwfn yn nhir y wlad. Codwyd y bachgen mewn awyrgylch cartrefol, Llydewig a phlant tyddynwyr yr ystad oedd ei gymdeithion bore oes. Pan aeth i'r ysgol Llydaweg oedd ei iaith gyntaf. Cafodd ei fam ddylanwad mawr arno. Gwraig garedig a lletygar ydoedd a gallai iacháu clefydau llawer o'r werin o'i hamgylch am fod ganddi wybodaeth feddygol. Dywedir wrthym, gan mor dlawd oeddynt, na allai'r bobl yma dalu iddi ac fel diolch iddi canent ganeuon gwerin Llydaw. Bu hi'n ddigon hirben i gadw llawer ohonynt mewn hen lyfr o nodiadau meddygol canys nid oedd neb eto wedi ymboeni i'w casglu a'u cyhoeddi. Bychan a feddyliai hi y byddai ei mab yn gwneud hynny cyn ei fod yn bump ar hugain oed. Gwyddys oddi wrth gofiant la Villemarqué gan ei fab yntau iddo ddefnyddio llyfr ei fam.

Tua 1833 neu 1834 aeth la Villemarqué i Baris a dechrau cyfnod pwysig iawn yn ei hanes. Aeth yno, yn y lle cyntaf, i astudio yn y Brifysgol, ond esgeulusodd ei waith. Ei brif ddiddordeb oedd y cylch o Lydawiaid gwlatgar a gyfarfyddai yn nhŷ y brodyr de Courcy. Yr oeddynt i gyd yn bybyr dros eu gwlad, ei hanes, ei llên, ei thraddodiadau, ei harferion a'i hiaith, ac ym mhen ugain mlynedd cawn la Villemarqué'n tystio i bob un ohonynt ddod â bri i Lydaw. Canent gyda'i gilydd gyfieithiadau Brizeux o hen ganeuon Llydaw, darllenent hen lyfrau Llydaw, gwisgent ddillad hynafol Llydaw a siaradent Lydaweg â'i gilydd.

Llenyddiaeth Llydaw oedd pennaf ddiddordeb la Villemarqué. Danfonai erthyglau'n gyson i'r *Echo de la Jeune France* a gychwynnwyd gan gylch o wŷr ieuainc Paris, yn eu plith y nofelydd Balzac. Testun erthygl gyntaf la Villemarqué ydoedd 'Brizeux.' Danfonodd feirniadaeth hefyd ar hen gân Lydewig dan y teitl 'Un débris du bardisme'. Ynddi fe wêl olion byw yr hen feirdd a'r unig awydd a oedd ganddo oedd rhoi amdanynt 'dorch o emau gwerthfawr'. Un o'r rhai a fynychai'r cylch hwn ym Mharis ydoedd François Rio.

Ymunodd la Villemarqué hefyd â'r adfywiad Catholig ym Mharis, a'r gŵr a aeth ag ef i un o gyfarfodydd y gymdeithas a hyrwyddai hynny oedd Jules de Franchville a oedd yn un o'r cwmni a ddaeth draw i'r Fenni ym 1838. Yr oedd la Villemarqué yn ŵr ieuanc crefyddol yn ogystal ag yn genedlaetholwr selog. Yr oedd ynddo awydd diderfyn i weithio dros Lydaw am fod ei falchder ynddi mor fawr. Anogwyd ef gan Augustin Thierry a'r bardd Lamartine, gan Villemain, un o athrawon y Brifysgol, a chan eraill.

Cyfieithodd ychydig o farddoniaeth Llydaw i'r Ffrangeg a hoffwyd ei waith ganddynt hwy a Victor Hugo. Er iddo gael ei gynghori i gymryd amser i ysgrifennu ei feddyliau'n gliriach ac yn fwy trefnus, cymaint oedd ei danbeidrwydd fel na fedrai roi amser i ddatblygu hunanddisgyblaeth. Yr oedd ei frwdfrydedd a'i afiaith yn ei gludo megis ar lifeiriant nerthol.

Ym 1838 bu digwyddiad hollbwysig yn ei hanes — cafodd gyfle i ymweld â Chymru. Yr oedd eisoes yn gwybod bod ganddi ei hanes a'i thraddodiadau arbennig ei hun yn ogystal â'i llên a'i hiaith, a bod ganddi berthynas agos â'i wlad ef ei hun. Dywed Ambrose Bebb ei fod yn gwybod am haelioni Owain Myfyr yn cyhoeddi'r hen lawysgrifau Cymraeg a theimlai paham na allai yntau wneud yr un modd. Ar yr 20fed o Ebrill, 1838, ysgrifennodd at Weinidog Addysg Ffrainc yn erfyn arno ddanfon dirprwyaeth o Lydaw i Gymru: dyma gyfieithiad o'i lythyr at y gŵr hwnnw:

. . . Deallaf, yn ôl y Comte de Montalembert, fod y Cymry sydd yn awyddus i adnewyddu yr hen rwymau sydd rhyngddynt a Llydawiaid y Cyfandir (rhwymau a'u gwna yn ffrindiau a brodyr i'w gilydd) yn paratoi i roi gŵyl er eu hanrhydedd, ar achlysur gwledd genedlaethol a gynhelir bob blwyddyn, a'u bod yn fy ngwahodd i gymryd rhan ynddi.

Ysgrifennodd Montalembert ei hun at y Gweinidog Addysg ar y 24ain o Ebrill:

. . . Prysuraf i drosglwyddo i chwi gais M. de la Villemarqué er cael cenhadaeth i Gymru, ar achlysur gŵyl fawr dairblynyddol o farddoniaeth a llenyddiaeth Geltaidd a gynhelir yno yn ystod yr haf sydd i ddod.

Nid yw o bwys bod ychydig o wahaniaethau yn nhrefn yr amserau yn y ddau lythyr. Y ffaith bwysig ydyw i la Villemarqué ddanfon cais eu hunan a chael cefnogaeth Montalembert. Dyma'r ateb, felly, i'r cwestiynau a ofynnwyd ar ddechrau'r bennod hon.

Daeth la Villemarqué draw i Brydain ar orchymyn y *Ministère de l'Instruction publique* 'i astudio iaith a llenyddiaeth Cymru mewn cysylltiad â iaith a llenyddiaeth Llydaw, ac i ddarllen y llawysgrifau Cymraeg yn Llyfrgell Coleg Iesu, Rhydychen.' Clywsai Le Gonidec yn siarad mewn gwledd ym Mharis ar Chwefror y 10fed, 1837, am y cysylltiad rhwng yr Ieithoedd Celtaidd a'r Sanscrit a bod astudio hynny'n beth pwysig iawn i ddeall eu ffynhonnell. Dyma gyfle la Villemarqué yn awr i wneud hynny ei hun ac i ddod â Chymru a Llydaw yn nes at ei gilydd. Yr oedd ar dân. Dywedir gan Gourvil mai ef a awgrymodd i Rio wahodd ychydig o Lydawiaid blaenllaw i ŵyl 1838. Ni ddywed o ble y cafodd yr wybodaeth hon, ond mae'n hawdd gweld y gallasai hyn hefyd ddigwydd a bod y cyfan yn geir yma yn bosibl. Danfonwyd y gwahoddiadau i Baris a rhai o'r taleithiau, ond er i lawer o atebion ffafriol ddod i law pump yn unig a ddaeth draw yn y diwedd.

Un o'r rhai na allasant ddod ydoedd Brizeux. Danfonodd lythyr at Rio yn ymddiheuro. Bwriadasai Le Gonidec fod yno hefyd onibai iddo gael ei gymryd yn sâl. Yr oedd la Villemarqué, Le Gonidec a Brizeux wedi eu

132

gwneud yn aelodau anrhydeddus o Gymdeithas Cymreigyddion y Fenni ym 1837, meddai L. Gougaud mewn erthygl yn yr *Annales de Bretagne*. Derbyniodd la Villemarqué chwe chan ffranc gan Weinyddiaeth Addysg Ffrainc i dalu ei dreuliau.

Siaradai pob un o aelodau'r ddirprwyaeth Lydaweg. Gadawsant San Malo ar Fedi'r 29ain, 1838, a chyraeddasant Lys Llanofer a Llys Llanarth erbyn Hydref y 4ydd. Yr oedd yr holl wlad oddi amgylch yn gwybod amdanynt, a derbyniwyd ganddynt wahoddiadau di-rif i'r naill beth a'r llall. Rhoddwyd lle amlwg iddynt yn y papurau a chanmolwyd eu galluoedd a'u tras — disgynnai pob un ohonynt o ddugiaid Llydaw! Lledaenwyd yr wybodaeth mai llysgennad y Brenin Louis-Philippe ydoedd la Villemarqué! Danfonodd y gŵr ieuanc hwnnw lythyron adref yn dweud yr hanes wrth ei deulu ac arswydent hwy rhag iddo golli ei ben yn llwyr ac anghofio pwrpas ei ymweliad.

Fel y dywedwyd yn y bennod gyntaf yr oedd gorymdaith a sioe fawr ar heolydd y Fenni ar y 9fed o Hydref. Ni welwyd golygfa o'i bath erioed o'r blaen yno nac yn unman arall yng Nghymru, na'r fath gyffro ac afiaith. Yr oedd yr holl le wedi ei addurno yn ysblennydd ac ni welwyd o'r blaen yn y gwyliau gymaint o bobl nac o gerbydau. Teithiai la Villemarqué yng ngherbyd Syr Benjamin Hall a'i wraig gyda'r llywydd Syr Charles Morgan. Buont amser hir yn cyrraedd y babell fawr. O'r cychwyn cyntaf blaenorai la Villemarqué ar aelodau eraill y ddirprwyaeth, a châi ei anrhydeddu'n fwy na hwy.

Y noson honno cynhaliwyd gwledd fawr yn Ostl Siôr i ddau cant o wahoddedigion a'r prif westeion, wrth gwrs, oedd y Llydawiaid. Yno galwyd la Villemarqué gan Syr Charles yn 'Deputé du roi de France', a pharodd araith la Villemarqué dipyn o gynnwrf er mai yn Ffrangeg y'i traddododd. Ond yr hyn a ysgubodd bawb yn llythrennol oddi ar eu traed oedd cân Lydaweg y dywedodd iddo'i chyfansoddi ei hun ar gyfer yr achlysur — *Kan-Aouen Eisteddvod* — cân a argraffwyd gan Thomas Williams, Crucywel. Gwerthwyd miloedd o gopïau ohoni. Ond y noson honno collodd pob un a'i clywodd bob llywodraeth arno'i hun. Ar y cyntaf synnent eu bod yn deall cymaint ohoni a hithau yn Llydaweg. Yna meddiannwyd hwynt gan ryw gyffro aruthrol. Codasant ar eu traed ar y cadeiriau a'r meinciau, taflasant eu hetiau i'r awyr, curasant eu traed a'u dwylo a gwaeddasant mewn gorfoledd. Synnwyd la Villemarqué, a dweud y lleiaf, gan effaith ei gân a chan ei lwyddiant annisgwyl. Pan glywodd ei deulu'r hanes arswydent a phryderent ei fod wedi mynd yn rhy bell. Pan oedd yn astudio'r gân ymgynghorodd Gourvil â phobl a oedd yn awdurdod ar y Llydaweg clasurol neu ar Lydaweg tafodieithol a'u casgliad hwy oedd nad oedd yn ddilys. Fe ddywedai Gourvil fod y gân yn cynnwys geiriau Cymraeg wedi eu cyfaddasu i roi iddynt dinc Llydewig. Yn ôl Ambrose Bebb, hefyd, nid oedd y gân na Chymraeg na Llydaweg. Ond y noson honno yn y Fenni fe gafodd effaith aruthrol ar y rhai a'i clywodd. Talodd Carnhuanawc deyrnged arbennig i Rio pan ddywedodd mai ef oedd yr hwn a daniodd y wreichionen a oedd erbyn hynny wedi troi'n fflam a fyddai'n goleuo Ewrop i gyd.

Ar yr ail ddiwrnod, sef y 10fed o Hydref, cyflwynwyd i la Villemarqué gorn hirlas a gynlluniwyd gan Garnhuanawc ar batrwm o eiddo'r hen dywysogion Cymraeg. Dywedai Gourvil ei fod o hyd ym meddiant y teulu pan ysgrifennai ef. I la Villemarqué dyma arwydd parhaol o'r cysylltiad agos rhwng Cymru a Llydaw. Yr oedd wedi ei addurno'n gelfydd iawn gyda thri chylch arian amdano. Wedi eu cerfio ar un o'r cylchoedd yr oedd y geiriau 'Oddiwrth Gymreigyddion y Fenni i Genadwr Llydawaidd Brenin y Ffrangcod, ar ei ymweliad a'r Gylchwyl, 10fed o Hydref 1838'. Ar y gwaelod, y tu mewn i'r corn, yr oedd yr hyn a alwai Carnhuanawc yn 'risial Eryri' — darn o'r Wyddfa a gafodd Arglwyddes Llanofer yn anrheg gan esgob ac a gyflwynodd hithau yn awr i Lydaw. Yr oedd addurniadau eraill y tu mewn iddo ac ar ei ymylon. Addawodd la Villemarqué y byddai'n defnyddio'r corn bob amser yng ngwleddoedd cenedlaethol Llydaw. Darllenodd Louis de Jacquelot gerdd gan Lamartine yr oedd y bardd hwnnw wedi ei chyfansoddi ac wedi ei rhoi iddo fel y gallai ei chyflwyno i'r Cymreigyddion. Gorffennwyd yr ail ddiwrnod hwn â dawns. Gwisgodd la Villemarqué wisg ysblennydd Gernywaidd a dynnodd sylw cyffredinol, a gwisgodd Madame Rio wisg gwragedd yr Ile d'Arz, cartref ei phriod.

Drannoeth y bore cynhaliwyd Gorsedd yn yr awyr agored y tu ôl i Ostl Siôr lle'r oedd y to wedi ei symud i ffwrdd fel y gellid ei chynnal 'yn wyneb haul a llygad goleuni'. Cymerodd la Villemarqué yr enw 'Bardd-Nizon'. Danfonodd lythyr at ei dad yn dweud ei fod yn awr yn fardd mewn gwirionedd, yn fardd a theitl ganddo gan ei fod wedi ei dderbyn yn ôl hen ddefodau'r bumed a'r chweched ganrif. Credai mai ei gân a ddaeth â'r anrhydedd hwn iddo. Ymrwymodd i wneud mwy nag erioed 'i garu fy Nuw, a Rhyddid, hyd Angau'. O dan deimlad cynhyrfus angerddol fe gyfaddefodd wrth y beirdd yno ei fod eisoes wedi dechrau casglu darnau gwasgaredig yr hen ganeuon 'oedd bron wedi eu difa â rhwd angof' yn Llydaw a'i fod yn mynd i gyflwyno'r casgliad 'i Lydaw, i Gymru, i holl Ewrob, ac i genedlaethau dyfodol y byd! dros byth! dros byth! dros byth!' Ac ysgrifennodd Ieuan ab Gruffydd,

> . . . yr oedd y lle megis ar dân, wrth glywed un on Brodyr y bu ei dylwythau megis ar goll ers un cant ar ddeg o flynyddoedd yn siarad Iaith ag oeddynt yn deall, bron fel y Gymraeg loyw lân . . .

Gwefreiddiwyd pawb unwaith eto gan frwdfrydedd y gŵr ieuanc hwn o Lydaw. Taflwyd aelodau eraill y ddirprwyaeth i'r cysgod ganddo a chafodd ef yr holl sylw. Ymwelodd â lleoedd hanesyddol ac â chartrefi teuluoedd uchelwyr, yn arbennig gartre Charlotte Guest. Bu'n gweld rhai o'r hen lawysgrifau Cymraeg ar gyfer ei waith i'r 'Ministère de l'Instruction publique' ac ar gyfer ei lyfr *Les Romans de la Table Ronde et les Contes des anciens Bretons,* llyfr a welodd dri argraffiad.

Dychwelodd i Lydaw ym Mawrth 1839, yn benderfynol o gadarnhau'r berthynas rhwng Cymru a Llydaw. Disgrifiodd Gymru i'w genedl — ei chymdeithasau, ei chaneuon a'i heisteddfodau. Ysgrifennodd erthyglau yn rhoi gwybodaeth am lenyddiaeth ddiweddar genedlaethol Cymru, yn llyfrau, yn bapurau newydd ac yn gylchgronau. Mynegodd ei syndod pleserus fod yr uchelwyr a'r boneddigion yng Nghymru yn ymddiddori cymaint yn yr iaith. Pan oedd cais am delynau i delynorion tlawd na allent fforddio eu prynu drostynt eu hunain rhoddent yr arian yn ddiymdroi — cymaint â £300. Ond nid felly yn Llydaw. Yn ei adroddiad i'r Gweinidog Addysg honnai mai'r un oedd iaith Aneirin, Taliesin, Myrddin a Llywarch Hen a iaith y Derwyddon. Aeth ymhellach a haerodd mai'r un oedd iaith Taliesin a thafodiaith gwerin Basse-Bretagne. Ar ddechrau Geiriadur Le Gonidec ysgrifennodd erthygl ar hanes y Llydaweg gydag enghreifftiau o'r tebygrwydd rhyngddi hi a'r Gymraeg. Sonia am ŵyl 1838 a bod y gynulleidfa a'i clywodd wedi deall ei gân.

Ni ddaeth byth wedyn yn ôl i Gymru er iddo ddod i Lundain ym 1855 i astudio llawysgrifau yn yr Amgueddfa Brydeinig. Ysywaeth, erbyn hynny, nid oedd Cymreigyddion y Fenni'n bod. Tybed a deimlai'n rhy siomedig i ddod yn ôl i'r plasau y cafodd gymaint o groeso ynddynt? Beth bynnag, dywedir bod y gwaith a gyhoeddodd yn seiliedig ar ei ymchwil yn yr Amgueddfa yn waith pwysig iawn — *Notices des principaux manuscrits des anciens Bretons avec fac-similé* (Paris, 1856).

Beth am weddill y ddirprwyaeth o Lydaw a'u hanes hwy? Bardd ydoedd Jules, vicomte de Francheville (c.1810-1866). Bu farw yn ardal y Morbihan. Cyfreithiwr ydoedd Louis de Jacquelot du Boisrouvray a anwyd yn Llundain ac a fu farw yn Kemper ym 1881. Yr oedd yn gyfaill mawr i Lamartine. Ganwyd Auguste-Felix du Marchallah neu Marhalla yn Kemper ym 1808 a bu'n gyd-ddisgybl â Montalembert, ffrind mawr Rio. Ef a ddanfonodd hanes gŵyl y Fenni i'r *Journal des Débats.* Ymddiddorai mewn hynafiaethau ac ordeiniwyd ef yn offeiriad yn Kemper ym 1854. Bu farw ym 1873. Ychydig iawn a wyddys am Joseph de Mauduit. Yr unig beth y gallai Gourvil ei ddweud amdano oedd i la Villemarqué gyflwyno erthygl iddo yn y *Journal de Rennes* ym 1877. Enwir Aymar de Blois de la Calande gan Gourvil fel aelod arall o'r ddirprwyaeth a cheir enw Kerdrel yng nghofiant Rio gan y Chwaer Mary Camille Bowe. Eithr erbyn 1960 nid oedd Gourvil yn cynnwys yn ei restr neb yn ychwanegol at y rhai a geir yng nghofnodion y Gymdeithas, sef pedwar o Lydawiaid ar wahân i la Villemarqué ei hun. Dyma enwau'r pedwar fel y'u ceir gan Gourvil ym 1960:

Antoine de Mauduit, de Quimperlé, Jules de Francheville, de Sarzeau, Louis de Jacquelot du Boisrouvray et Auguste Dumarhalla, de Quimper.

Beth a fu hanes Rio a la Villemarqué wedi 1838? Nid oes un awgrym i Rio geisio cael gan neb o Lydaw ddod i un arall o Gylchwyliau'r Cymreigyddion er iddo fod yng Nghymru tan 1850 beth bynnag cyn iddo ddychwelyd i'r Cyfandir. Mae'n wir iddo barhau'n gyfeillgar â Charnhuanawc ac iddo ddangos rhyw gymaint o ddiddordeb yng ngweithrediadau'r Gymdeithas. Fwy nag unwaith priodolodd Carnhuanawc iddo ef y diddordeb a gymerid ar y Cyfandir yng Nghymru a'i llên a'i hiaith. Mewn gwirionedd fe ddaeth pethau eraill i fynd â'i fryd, pethau crefyddol yn bennaf ac yn arbennig gelfyddyd Gristnogol. Cyhoeddodd waith mawr ar y pwnc olaf hwn mewn pedair cyfrol yn ogystal â llyfrau eraill llai. Pabydd i'r carn ydoedd a disgybl i Chateaubriand. Bu'n dioddef o afiechyd poenus o 1846 hyd ei farw ym Mharis ym 1874. Fe'i claddwyd ar yr Ile d'Arz, yr ynys dawel honno yn y Morbihan.

Gŵr ieuanc deinamig oedd la Villemarqué ym 1838, gŵr ieuanc a deimlai i'r byw y profiadau cynhyrfus a rhamantus a gawsai yn y Fenni. Symbylwyd ac ysbrydolwyd ef i fwy o frwdfrydedd nag erioed dros ei Lydaw hoff. Cymerodd bywyd ystyr newydd ac wedi iddo ddychwelyd adref aeth ati ar unwaith i orffen y gwaith yr oedd wedi ei ddechrau fel y tystiodd fore'r Orsedd. (Hwyrach i'r ffaith i Le Gonidec farw ar yr union ddiwrnod hwnnw beri iddo weithio'n ddycnach). Ymddangosodd ei *Barzaz Breiz* ym 1839, casgliad o gerddi gwerin yn cynnwys tua deg a phedwar ugain o ddarnau wedi eu dethol a'u gosod fel y dangosent hanes Llydaw o'r dechrau hyd at y bedwaredd ganrif ar bymtheg. Rhannodd y gwaith yn dair rhan — cerddi hanesyddol, arwrol a chwedlonol (dwy ran o dair o'r gwaith); cerddi gŵyl a serch; cerddi chwedlonol a chrefyddol. Dywedir ym mha dafodiaith y mae pob un. Rhoddir cyfieithiad Ffrangeg mewn rhyddiaith yng nghorff y gwaith ynghyd ag esboniad Ffrangeg, a'r Llydaweg mewn print manach ar waelod y tudalennau. Ceir ganddo, hefyd, ragymadrodd yn Ffrangeg o flaen pob cerdd yn egluro'r cynnwys ac ati. O safbwynt llenyddol yr ystyriai'r cerddi ac nid o safbwynt ieithyddol. Pan wynebwyd ef â sawl fersiwn o gerdd fe geisiai ddarganfod pa un ohonynt oedd yr hynaf. Dywedai mai sôn yr oeddynt am ddigwyddiadau cyfamserol ac mai llygriadau ar y fersiwn gwreiddiol oedd pob un diweddarach. Derbyniwyd ei waith gyda brwdfrydedd mawr canys nid oedd argraffiad fel hwn wedi ymddangos o'r blaen. Ef oedd y cyntaf i weld mai corff o lenyddiaeth oedd yr hen gerddi gwerin hyn. Fe'i canmolwyd gan lenorion blaenllaw y dydd yn Ffrainc a chyn bo hir fe'i cyfieithwyd i'r Almaeneg, i'r Saesneg, i'r Bwyleg, ac i ieithoedd eraill, ac ymddangosodd argraffiad ar ôl argraffiad yn gyflym iawn. Cafodd la Villemarqué wobr Academi Ffrainc a roddodd hwb ymlaen i'r astudiaethau Celtaidd.

Ond dechreuodd rhai amau dilysrwydd y cerddi a thaeru i la Villemarqué ffugio ei ddeunydd. Addefodd ei hunan iddo gaboli'r cerddi ond nad ef a'u dyfeisiodd. Fe fu'n crwydro'r plwyfi o amgylch ei gartref, y ffeiriau a'r gwyliau crefyddol ac yn gwrando ar bobl yn eu hadrodd ac yn eu canu yn eu cartrefi. Rhaid peidio ag anghofio llyfryn meddygol ei fam ychwaith a bod rhai o'r bobl y cadwodd ei fam eu henwau ynddo yn fyw o hyd. Serch hynny rhaid addef na wnaeth ei waith fel golygydd yn wyddonol mwy nag y gwnaeth golygyddion cyntaf yr hen lawysgrifau Cymraeg. Yr oedd yn hollol ddidwyll yn y ffordd yr aeth ati. Gogoneddu Llydaw oedd ei amcan a'i uchelgais, megis Iolo Morganwg â'i annwyl sir ei hunan. Fe ddywedir gan Ambrose Bebb ym 1941 mai la Villemarqué oedd un o gymwynaswyr pennaf Llydaw yn y ganrif ddiwethaf ac mai ohono ef y tarddodd 'yr ymdeimlad cenedlaethol sy'n cyniwair Llydaw ers canrif'. Er nad oedd a fynnai Le Gonidec ddim â'r ŵyl ym 1838 am fod arno afiechyd hyd angau gellir dweud mai ef oedd un o gymwynaswyr mawr eraill y ganrif. Bu farw la Villemarqué ryw bum wythnos o flaen Gwenynen Gwent, ar yr 8fed o Ragfyr, 1895, yn Keransker, ei gartref, yn hen ŵr hynaws pedwar ugain oed.

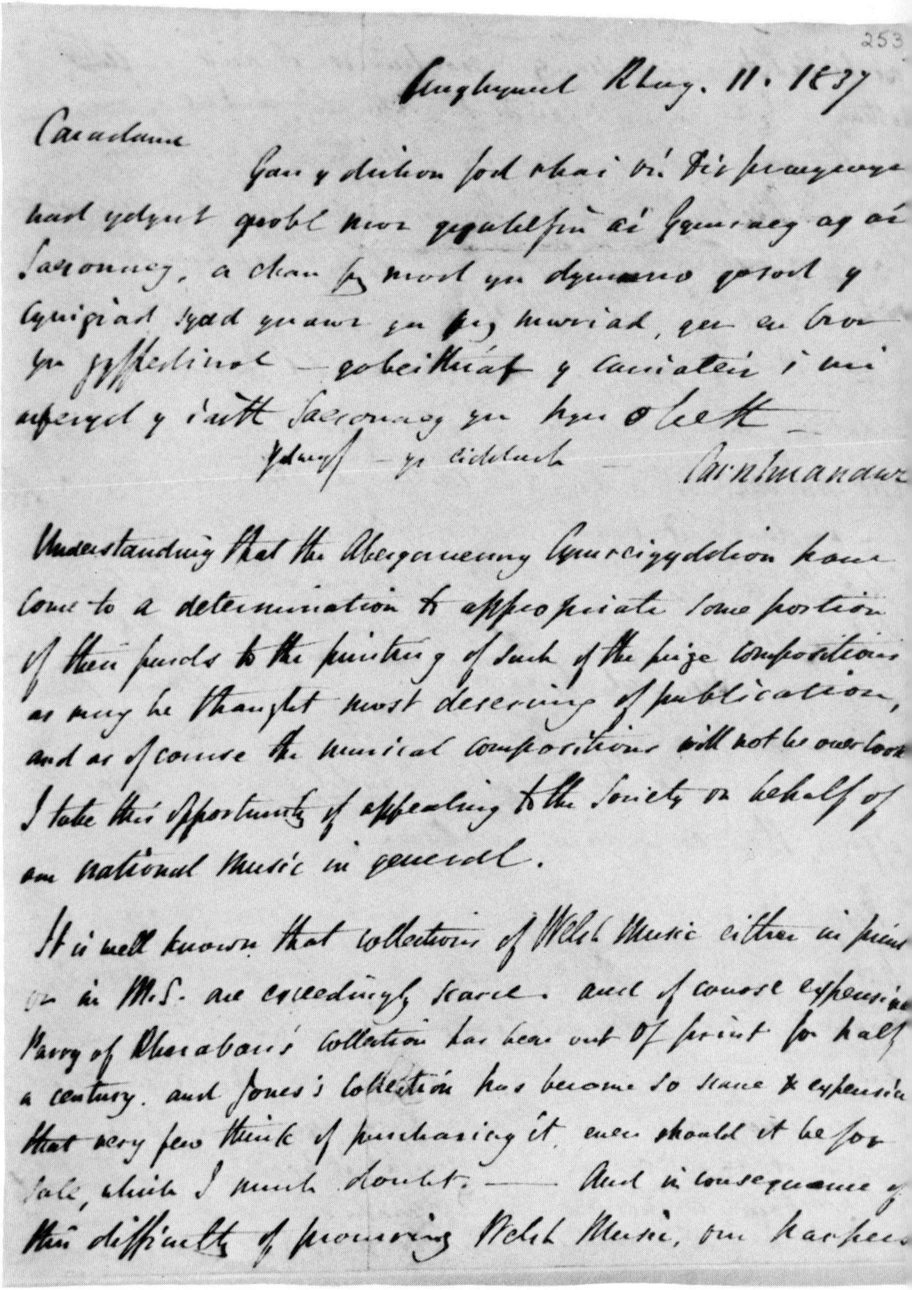

Crughywel Aug. 11. 1837

Caradawc

Gan y deallwn fod rhai o'r Pwyllgorwyr nad ydynt gwbl mor gyfarwydd â'r Gymraeg ag â'r Saesonaeg, a chan fy mod yn dymuno gosod y cynnygiad sydd genyf yn fy mwriad, ger eu bron yn gyffredinol — gobeithiaf y caniateir i mi arferyd y iaith Saesonaeg yn hyn o beth —

Ydwyf — yr eiddoch — Carnhuanawc

Understanding that the Abergavenny Cymreigyddion have come to a determination to appropriate some portion of their funds to the printing of such of the prize compositions as may be thought most deserving of publication, and as of course the musical compositions will not be overlook[ed] I take this opportunity of appealing to the Society on behalf of our national Music in general.

It is well known that collections of Welsh Music either in print or in MS. are exceedingly scarce. and of course expensive. Parry of Rhiwabon's collection has been out of print for half a century. and Jones's collection has become so scarce & expensive that very few think of purchasing it, even should it be for sale, which I much doubt. —— And in consequence of this difficulty of procuring Welsh Music, our harpers

253 Llythyr oddi wrth Garnhuanawc at Garadawc yn Gymraeg ynghyd â darn o gynnig gan Garnhuanawc yn Saesneg i'w roi gerbron pwyllgor y Gymdeithas ynglŷn â chyhoeddi alawon Cymru, am fod yr hen gasgliadau allan o gyrraedd y telynorion a'r datgeiniaid.

Pennod 9

Diweddglo

Un o'r pethau y sefydlwyd Cymdeithas Cymreigyddion y Fenni i'w hyrwyddo ydoedd argraffu a chyhoeddi llawysgrifau Cymraeg. Ym 1836 cyhoeddodd ab Iolo, mewn pamffled, hanes byr a ychwanegwyd gan ei dad ar ddiwedd cyfrol gyntaf y *Myvyrian Archaiology* ym 1801. Teitl y pamffled hwnnw ydoedd *A Short Review of the Present State of Welsh Manuscripts*. Fel canlyniad, yng nghyfarfod blynyddol y Gymdeithas a gynhaliwyd i ddathlu ei phenblwydd (ac nid yn ystod Eisteddfod y flwyddyn honno), Tachwedd 24, 1836, gwnaeth William Williams, Aberpergwm, gynnig pwysig iawn, a'i eilio gan Benjamin Hall, y dylid ffurfio Cymdeithas er mwyn argraffu hen lawysgrifau Cymraeg. Yr un noson ffurfiwyd pwyllgor dros dro yn cynnwys y ddau yngyd â W.A.Williams, Llangybi, yr Arglwyddes Coffin Greenly, W.J.Rees, Casgob, a John Bruce, Dyffryn. Nid ymddangosodd y llawysgrif gyntaf tan 1840, sef *Liber Landavensis*. Mae yn y gyfrol fawr honno wybodaeth ddiddorol am y Gymdeithas newydd. Sefydlwyd hi ym 1837, a rhoddwyd iddi enw Saesneg — *The Welsh MSS. Society*. Y Pwyllgor canolog ydoedd Benjamin Hall, Octavius Morgan yr hynafiaethydd, (un o feibion Syr Charles Morgan, Tredegyr), W.J.Rees, William Williams a John Bruce. Yr oedd yr Arglwyddes Coffin Greenly wedi marw. Yr oedd golygyddion a threfnwyr y llawysgrifau wedi eu dewis — Ieuan Glan Geirionydd, John Hughes (awdur *Horae Britannicae*), Tegid, Aneurin Owen, Carnhuanawc ac ab Iolo. Yr ysgrifenyddion ydoedd François Rio (tramor) a John Evans, person Llanofer (cartref). Yr oedd iddi aelodau gohebol hefyd, yn eu plith yr Arglwyddes Charlotte Guest, Gwenynen Gwent, merched Aberpergwm, Syr Samuel Rush Meyrick, Bardd Alaw, J.C.Prichard a'r Archddiacon John Williams. Addawsai'r Brenin William IV fod yn brif noddwr iddi. Oherwydd ei farw ef oedwyd cyhoeddi *Liber Landavensis*. Erbyn 1840 cytunasai'r Frenhines Victoria i fod yn brif noddwr ac argraffwyd ei henw mewn llythrennau bras arbennig ar dudalen flaen y gyfrol. Bwriedid i'r Gymdeithas gydweithio â'r Cymmrodorion, nid â Chymdeithas Cymreigyddion y Fenni. Bwriedid cyhoeddi llawysgrifau o ddiddordeb hynafiaethol, rhai a ddangosai gyfraniad Cymru at hanes Prydain a rhai a ddangosai gyfraniad arbennig Cymru at gychwyn a datblygiad llên Ewrop.

> . . . for it is among the legends and traditions of the Welsh that many of the materials are to be found, which supplied the nations of the Continent with their earliest subjects of comparison, and produced those highly imaginative works that continue to exercise so powerful an influence to the present day . . .

Trwy gymorth nifer helaeth iawn o danysgrifwyr o bob gradd, o Loegr, o'r Cyfandir ac o Gymru cyhoeddwyd o 1840 i 1853 bedair cyfrol swmpus iawn. Yr oedd pob un o'u golygyddion yn aelodau o'r Cymreigyddion — Rice Rees a'i ewythr W.J.Rees, Syr Samuel Rush Meyrick, ab Iolo a Charnhuanawc. Cyhoeddwyd cyfrolau eraill wedi dydd y Cymreigyddion.

Er i'r *Welsh MSS. Society* weithio'n annibynnol ar y Cymreigyddion arferai Carnhuanawc, rhwng 1840 a 1848, roi'r clod iddi hi am gyhoeddi'r llawysgrifau. Deuai â'r cyfrolau mawr yn eu tro, fel y cyhoeddwyd hwynt, a'u dodi ar y bwrdd ar y llwyfan. Rhan bwysig o'i areithiau oedd ymhelaethu ar eu cynnwys a'u pwysigrwydd tra daliai hwynt i fyny fel y gallai pob un eu gweld. Câi gyfle i gyflwyno i'w gynulleidfa, yn fonedd ac yn wreng, wybodaeth am y ddyled fawr a oedd ar Loegr a gwledydd y Cyfandir i lên a hanes Cymru. Deuai â gweithiau eraill yn eu tro hwythau — cyfrolau *Mabinogion* Charlotte Guest a llyfr Albert Schulz. Dywedai'r gwir mai'r Gymdeithas a'u symbylodd oll, ond llyfr Schulz oedd yr unig un a gynhyrchwyd yn uniongyrchol gan yr Eisteddfodau. Yr *oedd* angen addysgu'r bonedd am orffennol gogoneddus Cymru a gafodd ei ddiystyru a'i ddirmygu gan Loegr cyhyd. Yr *oedd* angen addysgu'r werin Gymraeg amdano er mwyn magu ynddynt falchder cenedlaethol a hunanbarch.

Ni ddylid bychanu'r sioeau a drefnid adeg yr Eisteddfodau. Yr oedd iddynt werth seicolegol canys tynnent sylw a bodlonent gywreinrwydd y torfeydd. Yr oedd bywydau'r Cymry'n ddigon di-liw a chaled. Yr oedd popeth megis abwyd i lithio'r bobl a'u dal. A pharhâi'r bobl i ddod i bob Eisteddfod yn dorfeydd heb ddiwedd iddynt.

Cyfrannai cerddoriaeth lawer iawn at afiaith yr Eisteddfodau a'r cyfarfodydd hwyrol. Atseiniai'r neuadd a'r gwestyau i sŵn tannau'r telynau a lleisiau'r datgeiniaid ddydd a nos. Yr oedd cerddoriaeth yn fwy cydnaws i'r cynulleidfaoedd cymysg eu hiaith na gwrando ar farddoniaeth Gymraeg. Yn aml iawn rhoid ail a thrydedd wobr am yr un gystadleuaeth, yn wahanol iawn i'r cystadlaethau rhyddiaith a barddoniaeth. Byddai'r gwobrau i'r telynorion yn cynnwys telynau — y drutaf yn ugain gini, a gellid ennill rhai gwerth pymtheg gini, deg gini a hyd yn oed wyth gini, telyn deir-res bob tro gan mai honno oedd y delyn genedlaethol. Apwyntiwyd Bassett Jones yn wneuthurwr telynau swyddogol a chafodd ei gynghori i ochelyd eu gwneud yn drymach na deg pwys ar hugain am resymau digon amlwg. Gosodid cystadlaethau i Went a Morgannwg ond nid anwybyddwyd y Gogledd na'r gweddill o'r De. Yr oedd cyfle i delynorion ieuainc gystadlu, yn ferched ac yn fechgyn a rhoddwyd fwy nag unwaith gystadlaethau arbennig i delynorion dall. Alawon Cymreig oedd y gerddoriaeth a glywid a daeth y Cymreigyddion, yn herwydd hynny, â'r wlad yn ôl i'w synhwyrau yn gerddorol. Bardd Alaw ei hun oedd beirniad cerdd yr Eisteddfodau rhwng 1834 a 1845. Un o'r bechgyn a enillodd un o'r telynau gwerthfawr pan oedd yn un ar ddeg oed oedd un John Thomas o Ben-y-bont ar Ogwr. Daeth yn ôl i'r Fenni ym 1853 yn feirniad cerdd ar ôl gyrfa lwyddiannus yn yr Academi Frenhinol — neb llai na'r gŵr a ddaeth wedi hynny yn enwog fel Pencerdd Gwalia. Yn Eisteddfod 1848 Brinley Richards oedd y beirniad

140

cerdd. Enillodd y telynor enwog John Roberts delynau ym 1842 a 1848.

Nid oedd ball ar haelioni'r rhai a roddai'r telynau — teuluoedd Tredegyr a Rhiw'rperrai, Llanarth, Cefnmabli a Llanofer yn amlach na neb arall. Daeth bri mawr ar ddysgu canu'r delyn deir-res ac ar y fasnach delynau. Ysywaeth enwau yn unig erbyn hyn yw llawer iawn o'r telynorion a'r datgeiniaid a enillodd wobrau, mwy na hanner y datgeiniaid yn dod o Ferthyr Tudful, fel y gellid disgwyl, am fod y dref fawr honno'n ganolfan gerddorol yn y cyfnod. Deuai John Thomas â'i gôr i ganu, eithr nid gwir iddynt gystadlu yno fel côr am nad oedd cystadlaethau i gorau. Rhan o'r adloniant oeddynt a chaent eu talu am eu gwaith. I agor Eisteddfod 1848, er enghraifft, canodd y côr Gân yr Eisteddfod — cyfansoddodd Tegid y geiriau a Bardd Alaw y gerddoriaeth yn arbennig ar gyfer yr achlysur. Erbyn 1853 yr oedd côr Glyn Ebwy yno. Yr oedd y gwobrau am ganu yn ddigon sylweddol — o un gini i bum gini, weithiau ariaṇ yn unig ac weithiau dlws ac arian. Cenid penillion gan uñigolion a chan bedwar llais yn ôl trefn y Gogledd a threfn y De, ac yn arbennig yn ôl trefn Gwent a Morgannwg. Yr alawon Cymreig ac amrywiadau arnynt a glywid, alawon yr ydym ni erbyn heddiw yn hen gyfarwydd â hwynt. Ar ôl cyhoeddi casgliad Maria Jane Williams ym 1844 rhoid yr alawon ynddo ef i gystadlu arnynt. Gosodid cystadlaethau i unigolion — rhai ar wahân i gantorion a chantoresau — i gyfeiliant y delyn a heb gyfeiliant.

Ar y dechrau yr oedd nifer y cystadlaethau cerddorol a llenyddol yn weddol gytbwys ond fel yr âi'r blynyddoedd ymlaen daeth y rhai cerddorol yn fwy niferus. Geiriau Cymraeg a genid i'r alawon a chafwyd ambell gystadleuaeth i gyfansoddi geiriau Cymraeg i alaw nad oedd iddi eiriau Cymraeg eisoes. Un waith yn unig y rhoddwyd cystadleuaeth am gasgliad o alawon Cymreig heb eu cyhoeddi — ym 1837. (Gwnaeth Maria Jane Williams gamsyniad pan roes y dyddiad 1838 yn ei llyfr ym 1844, *Ancient National Airs of Gwent and Morganwg*). Rhoddwyd y wobr gan yr Arglwyddes Greenly (tlws gwerth tair gini a gwobr o ddwy gini). Y gystadleuaeth yr enillodd Maria Jane Williams arni ym 1838 ydoedd gosod alaw i bedwar llais. Rhoes hi a'i chwaer a'i brawd lawer o wobrau i ddatgeiniaid ac i delynorion.

Rhoed lle amlwg iawn i'r telynorion yn yr Eisteddfodau. Yr oedd llwyfan arbennig wedi ei pharatoi iddynt a chanent eu tclynau i ddifyrru'r dorf ar wahân i'r cystadlaethau. Gwisgai'r gwragedd yn eu plith wisgoedd Cymreig a pharai eu gweld yn gwmni gyda'i gilydd dipyn o gyffro ac o gymeradwyaeth. Caent le amlwg yn y gorymdeithiau hefyd. Swynid y torfeydd o boptu'r ffyrdd gan sain eu tannau'n canu'r alawon Cymreig a ddaethai mor adnabyddus a phoblogaidd.

Rhoddwyd hwb i'r fasnach wlân. Yr oedd gwir angen am batrymau a lliwiau newydd a dyna bwrpas y cystadlaethau — creu patrymau a lliwiau ac ansawdd newydd i'r defnyddiau traddodiadol. Rhoddwyd gwell gwobrau yn

(Llun: *Hereford Times*, Sadwrn, Hydref 21, 1848)
Cerflun plastr buddugol John Evan Thomas (1810-1873), Eisteddfod 1848, yn portreadu marwolaeth
Tewdrie, Brenin Gwent, ac yntau newydd drechu'r Saeson ym Matharn ar afon Wysg, ger Abaty
Tyndyrn. Ceir fersiwn efydd o'r cerflun yn Amgueddfa Genedlaethol Cymru, Caerdydd.

yr Eisteddfodau olaf ond disgwylid mwy o frethyn, cymaint â phump a deg llathen ambell dro. Daeth cystadlaethau gwau hosanau i wragedd ac i ferched o wlân du yn gyffredin hefyd erbyn yr Eisteddfodau olaf. Tystiai masnachwyr tref y Fenni fod y fasnach wlân wedi cynyddu'n ddirfawr yn ystod y blynyddoedd. Nid mor aml o bell ffordd y gosodwyd cystadleuaeth i wneud hetiau befar.

Daeth dwy gystadleuaeth newydd i Eisteddfod 1848 — gwneud cerflun mewn plastr a gwneud llun. Yr oedd dewis o bedwar testun i'r cerflun a gwobr heb fod yn llai na deg gini a thrigain. Aeth y wobr i John Evan Thomas o Lundain, ond yn enedigol o Aberhonddu, un o dri brawd enwog. Ni chystadlodd neb ar y llun.

Yr oedd rhoddwr gwobr yn pennu'r testun i'r gystadleuaeth y dewisai roi'r wobr amdani. Ni phennai pwyllgor y Gymdeithas destun oni roddai'r wobr amdano. Parai hyn anghyfartaledd y gwobrau. Gallai unigolion a nifer o unigolion gyda'i gilydd (megis ar gyfer y prif gystadlaethau) benderfynu ar gystadleuaeth ac ar wobr amdani. Ar ddiwedd pob Eisteddfod cyhoeddid cais ar i'r rhai a ewyllysiai ddod ymlaen a rhoi i'r ysgrifennydd destunau'r cystadlaethau yr oeddynt yn addo rhoi gwobrau amdanynt. Ni chafwyd yn eu plith yn unrhyw Eisteddfod gystadleuaeth adrodd na dawnsio dawns werin Gymreig na chanu corawl.

Mae'n amlwg mai'r Eisteddfodau oedd gweithgareddau pwysicaf, yn wir unig weithgareddau'r Gymdeithas. Gwnaed paratoadau manwl ar eu cyfer ac ystyrid hwynt yn benllanw pob gweithgarwch. Sylweddolai'r pwyllgor a'r aelodau mwyaf blaenllaw ei bod yn anodd cystadlu â hwynt gan eu bod yn tynnu cymaint o dorfeydd. Felly pan oedd ysbeidiau o flynyddoedd rhwng rhai o'r Eisteddfodau y rheswm oedd bod eisteddfodau mewn lleoedd eraill bryd hynny. Ysywaeth, erbyn 1853 yr oedd y Gymdeithas wedi chwythu ei phlwc a'r Eisteddfodau gyda hi. Doeth o beth oedd i'r pwyllgor ei ddiddymu mor dawel yn Ionawr, 1854, pan nad oedd y llanw wedi troi. Ni roddodd unrhyw reswm dros wneud hynny. Tybed a deimlai'r aelodau — pobl leol oeddynt oll — nad oedd ganddynt yr arweiniad i barhau? Nad oeddynt yn alluog i drefnu Eisteddfodau hafal i'r rhai a fu? Bu Carnhuanawc farw ym 1848, Bardd Alaw ym 1851, Tegid a Josiah John Guest ym 1852. Yr oedd arweinwyr eraill hefyd wedi marw. Ond marwolaeth Carnhuanawc a gafodd yr effaith waethaf. Nid oedd cael penddelw ohono yn y neuadd yn 1853 yn dwyn y llais a'r presenoldeb yn ôl.

Rhwng y blynyddoedd 1833 a 1854 Cymdeithas Cymreigyddion y Fenni oedd y ddolen gydiol rhwng yr Eisteddfodau Taleithiol a'r Eisteddfodau Cenedlaethol cyntaf. Yr hyn sy'n peri syndod ydyw mai yng Ngwent yr oedd cartref Cymdeithas o'i bath hi hyd yn oed yn y cyfnod hwnnw. Paham nad ym Merthyr Tudful, er enghraifft, tref fawr bwysig ddiwydiannol a oedd yn enwog am ei diwylliant llenyddol a cherddorol? Mae'n hollol sicr fod yng

Ngwent yn y cyfnod fesur helaeth o Gymreictod yn yr ardaloedd y tu allan i'r trefi, ond pan sefydlwyd y Gymdeithas gan Garadawc ac Eiddil Ifor teimlent fod angen Cymdeithas o'i bath hi ar Gymry'r Fenni a'r cyffiniau. Ni ddaeth i feddwl y naill na'r llall ohonynt eu bod yn rhoddi cychwyn i Gymdeithas a fyddai'n rhoi'r holl gymdeithasau tebyg iddi yn ý cysgod. Yr oeddynt yn ffodus o'r cychwyn cyntaf i gael aelodau amlwg a thalentog i berthyn iddi, rhai yr oedd ganddynt hefyd ddylanwad a chyfoeth a phersonoliaeth. Yr oedd ynddynt yr holl deithi angenrheidiol i beri ffyniant. Ni ellir mesur yn llawn ddylanwad pellgyrhaeddol Carnhuanawc a Gwenynen Gwent. Yr oedd presenoldeb y gwladgarwr hynaws, ysbrydoledig o Gwm-du yn ddigon i warantu llwyddiant unrhyw gyfarfod. Nid oedd ond rhaid iddo godi ar ei draed i'r holl dorf fynegi brwdfrydedd a llawenydd di-ben-draw. Ac yr oedd Gwenynen Gwent yn sicr o gasglu ynghyd ddigon o foneddigion a boneddigesau i greu cyffro ac i beri edmygedd a banllefau o gymeradwyaeth yn y werin bobl a dyrrai i'w gweld yn eu cerbydau ysblennydd.

Dechreuodd y Gymdeithas ag amcanion da, y prif un er hyrwyddo a choleddu'r iaith Gymraeg. Dirywiodd pethau ac yn nhreigl y blynyddoedd anghofiwyd hynny a daeth y Saesneg yn brif iaith y cofnodion a phopeth arall oddieithr y pethau hynny na allent fod mewn unrhyw iaith ond y Gymraeg. Yr *oedd* yr iaith Gymraeg yn colli tir yng Ngwent. Dyma a ddywedir gan un J.D.G.D. mewn erthygl yn y *Monmouthshire Review*, 1933:

English, however, had become too strongly entrenched in the locality to be successfully challenged by these Welsh enthusiasts; and after 'Carnhuanawc's' death in 1848 the fortunes of *Cymdeithas Cymreigyddion y Fenni* declined and the glory departed with it.

Gwladgarwch diwylliannol oedd eu gwladgarwch hwy. Yr oedd teyrngarwch i'r Goron yn beth cwbl naturiol iddynt. Teimlent hi'n fraint bod yn gysylltiedig â'r Deyrnas Unedig. Gymaint o weithiau y pwysleisiwyd hyn gan wahanol areithwyr. Yr oedd yr addurniadau mwyaf cywrain yn y neuadd — yn flodau a phlanhigion a baneri — yn arddangos eu hymlyniad wrth y Frenhines Victoria a Thywysog Cymru. Er hynny rhoddwyd Cymru fel gwlad ac iddi ei harbenigrwydd ei hun o flaen y byd. Daeth i'r Fenni ymwelwyr o wledydd tramor lawer tro. Ac i goroni'r cyfan, ym 1838 daeth gwŷr ieuainc o Lydaw, cymrodyr i'r Cymry, a bu digon o ramantu amdanynt hwy. Cynhaliwyd Gorsedd yn bennaf er mwyn derbyn la Villemarqué yn aelod ohoni. Nid phrofwyd y fath gyffro ac afiaith yn un o'r Eisteddfodau eraill. Ysywaeth ni ddaeth ef na neb o'r lleill byth yn ôl.

Gosodwyd cystadlaethau gyda gwobrau gwerthfawr i ddenu estroniaid i gystadlu. Ond y gwaith gorau a gynhyrchwyd ydoedd gwaith mawr Thomas Stephens, yn Saesneg, ac ennill gwobr lai o lawer. Gwnaeth Josiah John Guest ei gymwynas fawr yntau trwy dalu am gyhoeddi'r gwaith. Arhosodd y gweddill mwyaf o'r cynhyrchion mewn llawysgrif neu aethant ar ddifancoll.

O'r farddoniaeth a gyfansoddwyd nid oedd dim a allai fod yn arhosol. Er hynny cadwyd y diwylliant Cymraeg yn fyw waeth beth a ddywedir am safonau.

Felly, trwy argyhoeddiad Carnhuanawc fod gan Gymru iaith a hanes a thraddodiadau yr oedd yn rhaid eu cyhoeddi i'r byd; trwy i Wenynen Gwent wneud y defnydd gorau posibl o gyfeillgarwch rhwng teuluoedd ac unigolion cyfoethog er lles y pethau hynny; trwy i wŷr adnabyddus a chefnogol siarad â'r torfeydd am y pethau hynny; trwy hybu mewn barddoniaeth a rhyddiaith, â thant ac â llais barhad y pethau hynny — am ugain mlynedd crewyd adfywiad a brwdfrydedd, ac afiaith nas gwelwyd ei debyg yng Nghymru'r bedwaredd ganrif ar bymtheg, a hynny yn y cornel o'n gwlad a elwir Gwent.

Llyfryddiaeth

1. Llawysgrifau

(i) Y Llyfrgell Genedlaethol

13,958E: Llyfr Cofnodion Cymreigyddion y Fenni

13,959E — 13,962E: Cynhyrchion yr Eisteddfodau, buddugol ac anfuddugol

13,182C a 13,183C: Llythyrau yn ymwneud â'r Cymreigyddion

13,184C: Beirniadaethau ar rai o gynhyrchion y Cymreigyddion

594B (Powel 18): Adroddiad ar Eisteddfod 1853

904C (Stephens 1): Gododin

905E (Stephens 2): Caerphilly Castle

917C (Stephens 14): The Welsh Language

919B (Stephens 16): Yr Iaith Gymraeg

920B (Stephens 17): Addysg Grefyddol i Blant

922C (Stephens 19): Nodiadau ar J.C. Zeuss, *Grammatica Celtica*

926C (Stephens 23): Lleoedd yng Ngheredigion

928B (Stephens 25): The Benefits of Education

929C (Stephens 26): Iestyn ap Gwrgant

931C (Stephens 28): A History of the Bards

934B (Stephens 31): South Wales Place Names

937B (Stephens 34): The Welsh Language, cyf. o 919B

940C (Stephens 37): Notes on Welsh Literature

942C (Stephens 39): Letters to Thomas Stephens

944B (Stephens 41): The Literature of the Kymry

946F (Stephens 43): The Literature of the Kymry

951F (Stephens 48): Trial by Jury

956C (Stephens 53): Eisteddfodau

964E (Stephens 61): Llythyrau at Thomas Stephens

1808D (Crosswood): Llythyrau at Wallter Mechain

1893D (Crosswood): Llythyrau at Wallter Mechain

43B: Catalog o lyfrgell Carnhuanawc

7104B: Catalog o lyfrgell Carnhuanawc

1464D: Telynau Cymru a thelynorion: Carnhuanawc

7181C: Llawysgrifau yn ymwneud â William Roberts,

7182E: Nefydd

(ii) Llyfrgell Dinas Caerdydd

2.280: W.J.Rees, 'Abergavenny Cymreigyddion Society 12th Anniversary, 1845, Cuttings &c', Tonn Collection

2.870: Catalog o'r llyfrau yn llyfrgell Carnhuanawc

2.1024: 'Hanes Plwyf Aberystruth', Daniel Lewis

2.1025: 'Hanes Bywyd Gruffudd ab Arthur', Nicolas ap Gwrgant

2.1026 a 1027: Thraethodau gan Morgan Evans, Caerffili

2.1028: 'Hen Chwedlau Traddodiadol Morganwg', Iolo Fardd Glas

2.1032 — 1034: Traethodau gan T.E.Watkins, Eiddil Ifor

2.1090: Llawysgrifau gan John Davies, Brychan

3.109: Llythyrau amrywiol

4.74: Llythyrau yn ymwneud â'r Llydaweg, Le Gonidec a Charnhuanawc

4.378: William Rees, Llanymddyfri: Llythyrau a phapurau amrywiol

5.107: Traethawd ar 'Barddas', Eiddil Ifor

147

2. Llyfrau

Ashton, Charles: *Hanes Llenyddiaeth Gymreig o 1651 hyd 1850* (Lerpwl 1893)

Y Chwaer Camille Bowe: *Francois Rio, sa place dans le Renouveau Catholique en Europe* (Paris)

Bradney, Joseph Alfred: *A History of Monmouthshire* (Llundain 1904-1933)

Bebb, W. Ambrose: *Pererindodau* (Y Clwb Llyfrau Cymraeg, 1941)

Bruce, James Douglas: *The Evolution of Arthurian Romance from the Beginnings down to the year 1300* — dwy gyfrol (Gottingen 1923)

Edwards, Hywel T.: *Yr Eisteddfod* (Llys yr Eisteddfod Genedlaethol 1976)

Gourvil, F.: *Un Centenaire L'Eisteddfod d'Abergavenny (Septembre 1838) et les Relations Spirituelles Bretagne — Galles* (Morlaix 1939)

Théodore-Claude-Henri Hersart de la Villemarqué (1815-1895) et le "Barzaz—Breiz" (Rennes 1960)

Harding, John Dorney: *An Essay on the Influence of Welsh Tradition upon European Literature* (Llundain 1839)

Howell, John, Llangrallo: *Colofn y Bardd* (Wrecsam 1879)

James James, Iago Emlyn: *Cyfansoddiadau Buddugol a Cherddi Eraill* (Caerdydd 1848)
Gweithiau Barddonol (Llanelli 1863)

Jones, Edward: *Enwogion Cymru o 1700—1900* (Cymdeithas yr Eisteddfod Genedlaethol 1908)

Jones, Evan; Gwrwst (ab Bleddyn): *Gwentwyson; sef Ymdrechfa y Beirdd* (Caerfyrddin 1849, trydydd argraffiad 1850)

Jones, Ifano: *A History of Printing and Printers in Wales and Monmouthshire* (Caerdydd 1925)

Jones, M.O.: *Bywgraffiaeth Cerddorion Cymreig* (Cymdeithas yr Eisteddfod Genedlaethol 1890)

Jones, Richard: Rhydderch Gwynedd a William Morgan, Gwilym Gellideg: *Cerbyd yr Awen* (Merthyr 1846)

Lloyd, J. E.: *A History of Wales*—dwy gyfrol (Llundain, ail argraffiad 1912)

Morgan, J. Hiley: *Gweithrediadau Cymdeithas Cymreigyddion Y Fenni* (Y Fenni 1834)

Morgans, David, Cerddwyson: *Music and Musicians of Merthyr and District* (Merthyr 1922)

Parry, Y Dr. Thomas: *Hanes Llenyddiaeth Gymraeg hyd 1900* (Caerdydd, argraffiad 1964)

Price, Thomas, Carnhuanawc: *Hanes Cymru* (Crucywel 1842)

Prichard, James Cowles: *The Eastern Origin of the Celtic Nations* (Llundain 1831)

Pryse, Robert John, Gweirydd ap Rhys: *Hanes Llenyddiaeth Gymreig 1300-1650* (Lerpwl 1885)

Rees, William, Gwilym Hiraethog: gol. *Ceinion Emrys* (Dolgellau 1875)

Rees W. J.: *Liber Landavensis* (Llanymddyfri 1840)

Roberts, Henry: *Gwaith Barddonawl Ioan Tegid* (Llanymddyfri 1859)

Roberts, Thomas Rowland, Asaph: *Eminent Welshmen* (Caerdydd a Merthyr 1908)

Schulz, Albert: *An Essay on the Influence of Welsh Tradition upon the Literature of Germany, France and Scandinavia*, Cyfieithiad Mrs. Berrington (Llanymddyfri 1841)

Stephens, Thomas: *The Literature of the Kymry* (Llanymddyfri a Lludain 1849) ail argraffiad, gol. Silvan Evans (Llundain 1876)
The Gododin of Aneurin Gwawdrydd, gol. Thomas Powell (Anrhydeddus Gymdeithas y Cymmrodorion 1888)

Thomas, John L., Ieuan Ddu: gol. *Y Caniedydd Cymreig* (Merthyr 1845)
Cambria upon Two Sticks (Pontypridd 1867)

Thomas, William, Gwilym Mai: *Meillion Mai* (Caerfyrddin 1849)

Thomas, William, Islwyn: *Gwaith Barddonol* gol. O. M. Edwards (Wrecsam 1897)
Letters of Queen Victoria gol. G. E. Buckle, ail gyfres cyf. I (Llundain 1926)

Villemarqué, la: *La Villemarqué sa vie et ses oeuvres* (Paris 1926)

Watkins, T. E., Eiddil Ifor: *Hanes Llanffwyst* gol. Bradney a Jones (Y Fenni 1922)

Wilkins, Charles: *The History of Merthyr Tydfil* (Merthyr 1867)

Williams, Edward, Iolo Fardd Glas: *Perllan Gwent* (Y Bont-faen 1839)

Williams, G. J.: *Traddodiad Llenyddol Morgannwg* (Caerdydd 1948)

William, Jane, 'Ysgafell: *The Literary Remains of the Rev. Thomas Price, Carnhuanawc*—dwy gyfrol (Llanymddyfri 1845-1855)

Williams, John, Ab Ithel: *Y Gododin* gol. a chyfieithydd (Llanymddyfri 1852)

Williams, William, Caledfryn: *Caniadau Caledfryn* (Llanrwst 1856)

   Cofiant Caledfryn gol. Scorpion (Y Bala 1877)

Y Bywgraffiadur Cymreig

Dictionary of National Biography

Encyclopedia Britannica

New International Encyclopedia

3. Cyfnodolion, Papurau

Athenaeum, 1854: erthygl ar Edward Williams, Iolo Fardd Glas.

Cambrian Journal, 1855: adolygiad ar *Literary Remains.*

Cylchgrawn Llyfrgell Genedlaethol Cymru cyf. XI, XII, XIII: erthyglau gan Maxwell Fraser ar deuluoedd Llanofer.

Y Geninen, Gŵyl Ddewi, 1891: erthygl ar Thomas Stephens gan John Davies, Pandy.

Yr Haul, 1934: erthygl ar Garnhuanawc gan D.D.L. Evans.

Journal of the Welsh Bibliographical Society, cyf V: erthygl gan D. Rhys Phillips ar 'The Literary Associations of the Vale of Neath'.

Monmouthshire Merlin rhwng 1833 a 1853.

Monmouthshire Review, 1933: erthygl gan J.D.G.D. 'One Hundred Years ago'.

Red Dragon, 1884: erthygl gan John Davies Pandy ar Garadawc.

Report of the Seventeenth Meeting of the British Association for the Advancement of Science: held at Oxford in June, 1847.

Seren Gomer rhwng 1833 a 1854.

Silurian 1840: 'Hanes Lleoedd yn Swydd Geredigiawn', gan Thomas Stephens.

South Wales Daily News, Sadwrn, Ion. 1896, erthygl ar Arglwyddes Llanofer.

'Transactions' Cymdeithas Anrhydeddus y Cymmrodorion, 1964, 1968: erthyglau ar Benjamin Hall a'i wraig gan Maxwell Fraser.

Transactions of the Woolhope Naturalists' Field Club, Herefordshire, cyf. XXXII, erthygl ar yr Arglwyddes Greenly gan A.E.W.Salt.

West Outlook, 1923: erthygl gan T.Gwynn Jones ar Garnhuanawc.

Western Mail, Ebrill 21, 1921: 'Canmlwyddiant Thomas Stephens' gan John Ballinger.

Yr Ymofynnydd, 1895: Erthygl ar Thomas Stephens.

   1949 (Awst), rhifyn coffa Thomas Stephens.

Yr Awdur

Ganed yn Nantymoel, Morgannwg, yn ferch i Weinidog. Symudodd yn ifanc iawn i'r Rhondda ac addysgwyd hi yn Ysgol Ramadeg y Merched, Y Porth, ac yng Ngholeg y Brifysgol, Caerdydd lle graddiodd gydag anrhydedd yn y dosbarth cyntaf yn y Gymraeg. Wedyn bu am flwyddyn yn paratoi ar gyfer y Dystysgrif Addysg a chael dosbarth cyntaf eto. Cafodd radd M.A., ar ddeunydd sy'n sylfaen i'r llyfr hwn. Bu'n bennaeth yr Adran Gymraeg yn Ysgol Ramadeg y Frenhines Elisabeth yng Nghaerfyrddin ac yna yn Ysgol Ramadeg y Merched, Y Barri, ac wedi troi honno yn Ysgol Gyfun dan yr enw Brynhafren bu yno yn bennaeth yr Adran Gymraeg am gyfnod. Mae'n briod â W.C. Elvet Thomas.

Lluniau

Dymunir cydnabod ffynonellau'r lluniau canlynol:—
Llyfrgell Genedlaethol Cymru. Tudalen 10, 14, 16, 18, 20, 22, 30, 46, 47, 49, 50, 86, 92, 106, 114, 121, 124, 138.
Amgueddfa Genedlaethol Cymru. Tudalen 96, 118.
Illustrated London News. Tudalen 2, 62, 78.
Edward Cole-Jones, Wisconsin, U.D.A. Tudalen 110.
Y Chwaer Mary Camille Bowe, *François Rio, sa place dans le Renouveau Catholique en Europe*, (Boivin, Paris) Tudalen 128.
La Villemarqué, *La Villemarqué, sa vie et ses oeuvres*, (Champion, Paris, 1926) Tudalen 130.
Llyfrgell Dinas Caerdydd. Tudalen 142.

Cynllun y Clawr

Cynlluniwyd gan Peter Seward. Dymuna'r awdur a'r cyhoeddwyr gydnabod cyfarwyddyd a chymorth Adran Ddylunio'r Cyngor Llyfrau Cymraeg a noddir gan Gyngor Celfyddydau Cymru.